Paul Collowald, pionnier d'une Europe à unir

Une vie à dépasser les frontières

P.I.E. Peter Lang

Bruxelles · Bern · Berlin · New York · Oxford · Wien

Sabine Menu

Paul Collowald, pionnier d'une Europe à unir

Une vie à dépasser les frontières

Europe des cultures
Vol. 17

Un livre ne se rédige pas seul : que les relecteurs, collègues ou amis, soient ici chaleureusement remerciés pour leurs commentaires et leurs conseils.

Avec le soutien de l'Université de Strasbourg, du Centre européen Robert Schuman (Scy-Chazelles), de la Fondation Jean Monnet pour l'Europe (Lausanne), de la Fondation Hypocrène (Paris), de la Fondation Robert Schuman – PPE (Bruxelles).

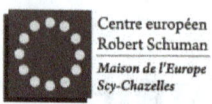

Illustration de couverture: Au FEC, Robert Schuman, avec un plaisir non dissimulé, reçoit l'*Hortus Deliciarium* des mains de Paul Collowald, secrétaire général des ICS, (1954) (page 38).

Cette publication a fait l'objet d'une évaluation par les pairs.

Toute représentation ou reproduction intégrale ou partielle faite par quelque procédé que ce soit, sans le consentement de l'éditeur ou de ses ayants droit, est illicite. Tous droits réservés.

© P.I.E. PETER LANG s.a.
Éditions scientifiques internationales
Brussels, 2018
1 avenue Maurice, B-1050 Bruxelles, Belgium
brussels@peterlang.com ; www.peterlang.com

ISBN 978-2-8076-0762-0
ePDF 978-2-8076-0763-7
ePub 978-2-8076-0764-4
Mobi 978-2-8076-0765-1

ISSN 2031-3519
DOI 10.3726/b14641
D/2018/5678/66

Information bibliographique publiée par « Die Deutsche Bibliothek »

« Die Deutsche Bibliothek » répertorie cette publication dans la « Deutsche Nationalbibliografie » ; les données bibliographiques détaillées sont disponibles sur le site <http://dnb.ddb.de>.

Sommaire

Préface 9

Introduction. « L'Europe ? La grande aventure
pacifique de ma génération » 13

I/ Grandir dans une Europe aux frontières sous tensions (1923-1945)

Jeunesse et formation en Alsace 21

Vie bouleversée par la guerre 31

Résistance en Alsace-Moselle 39

Un Malgré-Nous 51

II/ Franchir les frontières pour gagner la paix – le journalisme à Strasbourg (1945-1958)

Années universitaires et débuts dans le journalisme 67

Dans les pas de Robert Schuman 83

Changer l'Europe, changer le monde 99

Les débuts dans l'actualité européenne 113

III/ Ouvrir les frontières pour dire l'Europe – au cœur de l'information des institutions européennes (1958-1981)

Entrée dans la fonction publique européenne à Luxembourg 147

Départ pour la Commission européenne à Bruxelles 161

Étapes d'une carrière européenne...179
L'engagement de l'Européen...197

IV/ Dépasser les frontières – fin de carrière au Parlement européen et retraite militante pour l'Europe et l'information

Vers les élections européennes de 1984..211
Avec Pierre Pflimlin au Parlement européen 221
Persévérer dans la transmission du projet européen.....................231
Réinventer l'Europe...249

Conclusion. Oser l'Europe 265
Postface. Entretien de Sabine Menu avec Paul Collowald.............269
Liste des ouvrages et documents cités 273
Index 283
Liste des abréviations...289

Préface

Paul Collowald est un de ces personnages qui contribuent à faire l'Histoire sans pour autant accéder à la notoriété. Il aura cependant joué un rôle considérable dans deux domaines d'importance. L'Europe et l'information.

Alsacien né en 1923, il aurait pourtant pu garder rancune de ce que l'Alsace avait vécu ou de ce qui l'avait animé dans la Résistance. Il a préféré le travail pacificateur commun avec l'ennemi d'hier, qui n'avait pas été un ennemi « national » : il a pu faire appel à Eugen Kogon, interné dans le terrible camp de Buchenwald, expérience dont Kogon tirera le livre à grand succès *Der SS Staat (1946)* (en français *L'Enfer organisé* publié en 1970). Qu'est-ce à dire ? Pour nous tous qui, sur l'initiative d'Emmanuel Mounier, avions créé le Comité français d'échanges avec l'Allemagne nouvelle, Eugen Kogon était la preuve que les « Allemands » était une notion fausse. Dès après la guerre, il avait créé, avec son ami Walter Dirks, la revue *Frankfurter Hefte* (qui existe encore !). La revue a lié amitié avec *Esprit*, la revue d'inspiration semblable d'Emmanuel Mounier.

Paul Collowald a œuvré aux côtés de l'Européen convaincu que fut Pierre Pflimlin, dans l'admiration d'un autre pacificateur, né lui aussi allemand en tant que Luxembourgeois, Robert Schuman. J'ai pu vérifier l'essentiel du portrait qu'il a tracé du « père de l'Europe » en 1949 : « *Calme et modestie, simplicité et bonne humeur, désintéressement foncier, dévouement quasi mystique au bien commun, une puissance de travail extraordinaire et une vie intérieure profonde et riche, fondée sur les assises solides d'un christianisme vécu sans compartimentage comme sans forfanterie* ». Un christianisme qui a fait ouvrir à Rome une procédure en béatification...

La révolution que Robert Schuman et Jean Monnet ont apportée tient en une phrase, que rapporte ici l'auteur : « *C'est la première fois, dit Monnet, que j'ai vu des discussions de cette nature : Ils ne sont pas une négociation où tout le monde cherche seulement à défendre ses intérêts. C'est la recherche commune de l'intérêt de tous* ».

C'est une formule qui ne pouvait que déplaire au Général de Gaulle qui a voué au couple Schuman/ Monnet une antipathie profonde et durable, non dépourvue de mesquinerie. De Monnet, il m'a dit en janvier 1962 : « *Je l'ai utilisé, mais c'est un apatride. Je ne dis pas cela en mauvaise part, mais il n'a pas le sens national* ». À la mort de Schuman, en septembre 1963, il a empêché le chancelier Adenauer de se rendre aux obsèques et interdit au préfet de la Moselle d'inviter Jean Monnet au dîner organisé à Metz après la cérémonie.

Ce qu'il faut malheureusement relever, c'est que l'Europe de Paul Collowald, de Pierre Pflimlin et de Robert Schuman est morte ou du moins mourante. À Bruxelles, l'« Europe des États » du Général triomphe de l'Europe de la trans-ou supranationalité. Certes, l'Europe est beaucoup plus intégrée qu'elle ne l'était dans les années 1950 ou 1960 et le Parlement a vu ses pouvoirs augmenter, mais ce sont les États qui exercent le vrai pouvoir… Dans les relations franco-allemandes, on peut prendre comme symbole le changement de statut imposé en 2005 à l'Office franco-allemand pour la jeunesse, créé en 1963 par le Traité de l'Élysée. Jusqu'alors, le Conseil d'administration était composé pour moitié par des représentants des deux sociétés civiles. Désormais, le Conseil est formé des représentants des deux administrations, la société civile n'étant présente que dans un comité consultatif.

***

Paul Collowald aura été, avec Jacques Rabier, le champion de l'information européenne, ou plus exactement de l'information sur l'Europe. Avec ténacité, il a fortement contribué à un changement spectaculaire : Parler de l'unité européenne et de ses problèmes n'est plus un tabou. Ce qu'a été la situation voici encore quelques années, un évènement mineur de décembre 2006 peut le montrer. À Berlin, dans la salle de réunion du gouvernement, la chancelière [Merkel] avait réuni les représentants de la société civile, Association des villes, Églises, Mouvements de jeunesse, etc, pour leur demander ce qu'ils pouvaient et comptaient faire pour l'Europe pendant les six mois de présidence allemande commençant le 1er janvier 2007. Chacun présenta un plan précis, sauf un participant, le seul journaliste présent. Rédacteur-en-chef du grand hebdomadaire *Die Zeit*, Giovanni di Lorenzo expliqua que la presse ne pouvait rien faire pour un sujet aussi peu intéressant que l'Europe. En ce temps pas si lointain, les éditeurs français expliquaient que le mot Europe dans un titre de livre était contre-productif. Bien des journalistes ont appris par Paul Collowald l'intérêt du sujet, intérêt accentué par des évènements et des débats que les médias ne pouvaient décidément pas ignorer.

Paul Collowald, jamais vraiment à la retraite, pouvait alors se rappeler le temps où, à Strasbourg, le FEC, le Foyer de l'étudiant catholique du Frère Médard, pratiquait déjà des ouvertures pas encore évidentes. Aujourd'hui, son long travail en profondeur ne lui a pas encore permis d'accéder à la notoriété qu'il mérite pourtant depuis longtemps. Puisse ce beau livre y contribuer !

Alfred Grosser

Introduction

« L'Europe ? La grande aventure pacifique de ma génération »

L'Europe ? Qui s'y intéresse, qui la comprend ? Hormis un groupe réduit de professionnels de l'Europe, d'intellectuels et de citoyens, elle est perçue depuis les origines de son intégration dans les années 1950 comme lointaine et complexe. Paul Collowald a été parmi les premiers à s'en soucier. Durant la dernière décennie, des référendums ont donné une majorité au « non » à l'Europe : non au projet constitutionnel en 2005 en France et aux Pays-Bas et, en 2016, à l'Union européenne (UE) au Royaume-Uni. Les raisons invoquées par les votants ont révélé à chaque fois un déficit flagrant d'information et de compréhension. L'Europe reste en effet abstraite. Pourtant les conséquences de ce « non » ont été bien réelles : en 2005, il n'y a pas eu d'avancée sur les fondements du projet politique européen et en 2016 s'est ouverte la perspective d'une suppression des libertés de circulation des personnes et du commerce entre le Royaume-Uni et l'UE.

L'Europe ? Paul Collowald est de ceux qui ont fait les premiers pas concrets vers son unité. Journaliste en 1946, il franchit le Rhin pour réaliser un reportage sur la jeunesse allemande. Il la découvre encore plus déboussolée que la sienne, et il ressent fortement la nécessité pour son époque de gagner la paix par la réconciliation franco-allemande.

La paix ? Le ministre des Affaires étrangères Robert Schuman répondra directement au journaliste lors d'un tête-à-tête improvisé à Strasbourg en août 1949. Paul Collowald est bouleversé par cette rencontre placée sous le signe de la confiance : lui, journaliste inconnu pour le ministre, peut dialoguer pendant près d'une heure avec celui qui provoquera la « révolution du 9 mai 1950 » débouchant sur la création d'une Communauté européenne fondée sur l'égalité des droits entre États européens, la souveraineté partagée et la solidarité. La Déclaration Schuman est un tournant dans sa vie : l'Europe à unir devient le combat de sa jeunesse et l'idéal qu'il poursuit jusqu'à aujourd'hui.

Avec le récit de la vie de Paul Collowald, nous replongeons aux sources de l'Europe et 70 ans de construction européenne reprennent vie. Son expérience est extrêmement riche : journaliste à Strasbourg jusqu'en 1958, puis porte-parole du vice-président Robert Marjolin et, à partir de 1967, de Raymond Barre, ensuite directeur à la direction générale de l'information de la Commission européenne et enfin directeur général de l'information au Parlement européen dans les années 1980, et jusqu'à aujourd'hui militant de l'Europe... De la Déclaration Schuman au Brexit, de l'Europe des Six à celle des bientôt 27, des premiers pas de l'Union économique et monétaire à la crise de l'euro, des bases de l'Europe sociale à la stratégie de Lisbonne et ses développements successifs, de la première ébauche d'une Université européenne à aujourd'hui : il voit des liens là où un manque de recul historique ou d'information suffisante n'en verrait pas. Il explique aussi que le projet d'une Europe à unir, certes vieux de 70 ans mais si révolutionnaire, prend du temps à se concrétiser, nous incitant à être à la fois vigilant et persévérant.

À de nombreuses reprises, il a partagé son expérience et son engagement européen dans ses articles publiés dans la presse francophone européenne, ses contributions à des conférences ou à des colloques scientifiques, les entretiens qu'il a accordés à des chercheurs comme Michel Dumoulin, Anne Dulphy, Christine Manigand et Étienne Deschamps, ou encore dans son livre paru en 2014 aux Éditions de la Nuée Bleue, *J'ai vu naître l'Europe. De Strasbourg à Bruxelles, le parcours d'un pionnier de la construction européenne*. Jamais un livre n'a toutefois retracé sa vie, de l'enfance aux frontières, formé aux lettres et au catholicisme social, au jeune adulte parmi les Malgré-Nous, jusqu'aux plus hautes responsabilités de l'information européenne qu'il a occupées à Luxembourg et à Bruxelles, en passant par les débuts de sa carrière comme journaliste et militant européen dans le Strasbourg de l'après-guerre. Les deux premières parties de ce livre sur sa jeunesse, la guerre et ses débuts dans le journalisme à Strasbourg, constituent des récits inédits et éclairent sous un nouveau jour les autres étapes de sa vie.

C'est parce qu'il est l'un des survivants de la Seconde Guerre mondiale que Paul Collowald se passionne pour l'Europe. Au-delà du souhait de garder la mémoire de ceux qui ont écrit les premières pages de la construction européenne, il s'agit de mettre en évidence que son expérience de la guerre est constitutive de son engagement européen. C'est à cause de cette guerre dont il a subi directement les tensions aux frontières qu'il a fait de l'Europe à unir l'une de ses grandes motivations, bien au-delà d'une simple activité professionnelle. Contribuer à dépasser les frontières est alors devenu le fil conducteur de sa vie: celles physiques qui existaient comme des barrières entre les États et les peuples européens; celles aussi dans les pratiques administratives et politiques, dans les mentalités, quand Paul Collowald constatait qu'elles constituaient des obstacles au dialogue et à la coopération; sa propre ouverture et son sens du contact enfin, qu'illustre le long index de ce livre… Dès le départ, l'information figure pour lui au cœur de ce projet politique afin d'impliquer les citoyens, tel que Robert Schuman l'avait en tête.

Journaliste puis fonctionnaire – à rebours de l'image souvent véhiculée des fonctionnaires européens déconnectés de la réalité, l'information a été pour lui une question bien concrète : expliquer aux journalistes et aux citoyens ce que l'Europe fait, commenter la portée et les limites des décisions européennes au regard de ses principes fondamentaux de la souveraineté partagée et de la solidarité, dire aussi, sans relâche, ses déceptions face à l'Europe inachevée et ses espoirs quant à l'Europe à réinventer…

Cette biographie complète celle rédigée dans la même série par Michel Theys sur Jacques Rabier, son collègue et ami, directeur du premier service de presse et d'information de la Haute Autorité puis Commission européenne, et inventeur de l'Eurobaromètre. Des années 1950 à nos jours, leurs trajectoires de vie se sont croisées pour ne plus se séparer. Ils sont des pionniers de l'information sur l'Europe, soucieux depuis le commencement de la faire exister au-delà des cercles administratifs et diplomatiques européens.

La littérature en histoire et en science politique a fait le constat que la multiplication des outils de communication de l'Union européenne – par le biais de brochures, de manifestations publiques ou plus récemment des réseaux sociaux – n'a guère contribué à améliorer nos connaissances et notre intérêt sur ce sujet. Les récents rendez-vous électoraux en France, Allemagne, Autriche, Hongrie et Italie ont même montré une défiance croissante exprimée par les électeurs qui ont accordé de manière significative leur vote à des partis qui rejettent l'Europe. La crise politique, économique et sociale en est la raison principale, l'Europe étant devenue pour beaucoup synonyme d'austérité budgétaire, mais l'absence d'un espace public européen, où informations et débats seraient véhiculés, est aussi pointée du doigt.

La conviction de Paul Collowald tirée de son action et de son observation est que l'information sur l'Europe repose sur une responsabilité partagée : sans l'information qui émane des institutions européennes et nationales, l'Europe n'a pas de réalité pour les citoyens et le désintérêt, voire la défiance vis-à-vis de ce projet se développe car il est complexe ; sans les relais critiques de l'information que constituent les médias, l'Europe ne s'ancre pas dans nos vies, débats et aspirations. Enfin, sans l'intérêt et la vigilance des citoyens, l'information n'a pas de sens.

Certes, l'expérience de Paul Collowald correspond aux premiers « balbutiements » de l'information au sein de la Commission, où il fallait se battre pour asseoir l'idée d'une information en dehors des cercles diplomatiques, où tout était à construire pas à pas mais où régnait un certain esprit d'initiative et pas mal d'autonomie. Ce monde n'existe plus mais les trois problèmes demeurent. La vie de Paul Collowald témoigne de son combat tous azimuts pour expliquer et agir afin que l'on ne renonce pas à cette exigence d'informer sur l'Europe. Pour la rendre moins lointaine, moins complexe, moins ennuyante.

La jeunesse est aussi au cœur de ce livre. C'est à cause de sa jeunesse sacrifiée par la guerre et son expérience, à 26 ans, de la Déclaration Schuman que Paul Collowald se prend de passion pour la construction européenne. Il est représentatif d'une génération de jeunes catholiques qui profitent de l'essor des mouvements de jeunesse dans l'entre-deux-guerres et qui, une fois la guerre achevée, veulent s'engager pour une paix durable.

Pour étayer cette dimension générationnelle qui est cruciale à notre avis pour comprendre l'engagement de Paul Collowald, je me suis permis, en accord avec lui, d'insérer des bribes de récits sur la vie de mes grands-parents allemands et français, contemporains de part et d'autre du Rhin des mêmes tragédies et espoirs. Il y a mon grand-père allemand, Richard Bernhard, qui a connu aussi les horreurs de la guerre, dans le camp opposé ; et mon grand-père français, Roger Menu, formé à la Jeunesse ouvrière chrétienne, qui choisira après-guerre le combat politique en devenant sénateur-maire MRP d'Epernay (Marne).

La série « (l'Europe des) Histoires vivantes » vise à mettre en valeur le témoignage direct de personnages-clés de la construction européenne. La méthode choisie ici se fonde donc en premier lieu sur le recueil et l'analyse d'une trentaine d'entretiens effectués avec Paul Collowald à

Bruxelles entre avril 2017 et juin 2018. À ceci est associée une série de ressources primaires issues essentiellement des archives personnelles de Paul Collowald et de ressources secondaires tirées d'entretiens que des chercheurs ont réalisé avec lui, ainsi que des articles et des chapitres rédigés par Paul Collowald ou d'autres auteurs concernant son action. Une revue de la littérature, qui est indicative et figure dans la bibliographie en plus des notes de bas de page, a été réalisée pour croiser les informations et contextualiser le propos. De nombreux encadrés en reproduisent des extraits tout au long du livre. Les écrits les plus importants concernant Paul Collowald sont recensés dans la bibliographie.

À l'attention d'un large public intéressé par la construction européenne d'hier et à venir, ce livre s'adresse aussi aux spécialistes qui trouveront, dans ce récit de vie d'un pionnier de l'information européenne, des éclairages utiles car fondés sur le témoignage de première main.

I/ Grandir dans une Europe aux frontières sous tensions (1923-1945)

« Qu'est-ce qu'un homme révolté ? Un homme qui dit non. Mais s'il refuse, il ne renonce pas : c'est aussi un homme qui dit oui, dès son premier mouvement ».

Albert Camus, *L'homme révolté*, 1951

Jeunesse et formation en Alsace

Un enfant des frontières

Paul Collowald a grandi entouré de plusieurs frontières au cœur du continent européen. Dans sa jeunesse, elles sont des murs dressés entre les pays qui voisinent sa région natale. Elles sont aussi régulièrement contestées et deviennent l'un des prétextes au déclenchement du conflit militaire le plus sanglant de l'histoire, la Seconde Guerre mondiale.

Aîné d'une famille de quatre enfants – il a trois sœurs, Adrienne, Gilberte et Bernadette la cadette née en 1934 – Paul voit le jour le 24 juin 1923 à Wissembourg, ancienne ville du Saint-Empire Romain germanique et membre de la Décapole alsacienne, située aujourd'hui à l'extrême pointe nord-est du Bas-Rhin.

Sa famille paternelle est originaire d'Etzling près de Forbach en Moselle, proche de la frontière avec l'Allemagne (Sarrebruck n'est qu'à une dizaine de kilomètres) et du Luxembourg. Ses ancêtres sont de petits paysans travaillant parfois en Sarre dans les mines. C'est là que Paul enfant passe ses vacances d'été, perché dans les arbres du verger... même s'il doit parfois se résigner à ne pas goûter les quetsches quand elles ne sont pas encore mûres avant la rentrée des classes.

Paul vit dans une région où les frontières politiques sont mouvantes : après la Première Guerre mondiale, la Moselle et l'Alsace sont rattachées à la France après avoir été annexées au Reich allemand de 1871 à 1918. Etzling s'appelait alors Etzlingen. Une des batailles décisives du conflit franco-allemand de 1870 s'est déroulée sur la colline du Spicheren à quelques kilomètres de là. Une rue est d'ailleurs dédiée à un certain Abbé Collowald, le curé du lieu qui y a soigné de nombreux blessés.

À la fin de la guerre de 1870, les familles de ses parents vont habiter à la frontière entre le Reich et la France : du côté du grand-père maternel, comme d'ailleurs dans l'histoire familiale de Robert Schuman, on est douanier pour contrôler les frontières de l'Union douanière du Reich. La mère de Paul Collowald, Marie Fritsch, est née à Avricourt, à la frontière avec la France. Émile, le père de Paul, travaille après 1918 comme fonctionnaire en charge des relations entre l'administration nationale des chemins de fer d'Alsace et de Lorraine et les douanes pour le transport des marchandises entre la France, la Belgique, le Luxembourg, l'Allemagne et la Suisse, même si les échanges sont alors limités – c'est la période du « glacis économique » pour l'Alsace et la Moselle.

Déjà, pendant la Grande Guerre, celle de 14-18 où l'un de ses oncles perd la vie, de vastes territoires de l'Est et du Nord de la France sont dévastés. Malgré la paix et le retour à la France, les frontières restent sous tensions, là où Paul grandit : la construction d'un système militaire défensif, la Ligne Maginot, ensemble de fortifications le long des frontières orientales de la France, est décidée en 1930 afin de protéger les populations. Avec l'arrivée d'Adolf Hitler au pouvoir en Allemagne et ses revendications belliqueuses, cette ligne est renforcée en 1934. À proximité, la Sarre réintègre le Reich allemand en 1935 et la démilitarisation de la Rhénanie ordonnée par le traité de Versailles en 1919 est stoppée par Adolf Hitler en 1936. L'armée allemande s'y installe. La Ligne Maginot, comme on le sait, ne protègera finalement pas et l'armée allemande envahira la France au printemps 1940.

Paul Collowald a bien connu enfant ce contexte de frontières (l'Allemagne n'est qu'à quelques kilomètres de Wissembourg) et en même temps il n'en a aucun souvenir précis. De part et d'autre on chante le Rhin, mais on ne le traverse pas. De mère et grand-mère francophones, il parle français à la maison et c'est naturellement en français qu'il suit l'enseignement primaire au collège Stanislas de Wissembourg. Il reçoit une éducation religieuse (baptême, catéchisme et communion) à l'abbatiale Saint Pierre et Paul de Wissembourg, la plus vaste église gothique d'Alsace après la cathédrale de Strasbourg. C'est un enfant qui va volontiers à l'Église pour servir la messe. Il devient aussi louveteau.

Wissembourg est une place militaire – le chancelier Otto von Bismarck avait souligné après 1871 l'importance de la prise de cette ville pour éviter les « *incursions* » des Français et « *avoir un glacis où nous puissions nous défendre avant qu'ils atteignent le Rhin* »[1]. En temps de paix,

---

[1] Otto von Bismarck : « *Ce n'est pas pour l'Alsace-Lorraine que nos guerriers ont répandu leur sang, mais pour l'Empire allemand, pour son unité, pour la protection de ses frontières. Nous avons pris ces pays afin que les Français, dans la prochaine guerre, ne puissent commencer leurs incursions à la pointe de Wissembourg, mais pour avoir un glacis où nous puissions nous défendre avant qu'ils atteignent le Rhin* ». Otto von Bismarck, « Discours

la présence d'une garnison apporte un gain économique important du fait du recrutement régional et de l'installation des familles d'officiers. Elle rythme aussi les activités de la ville avec, comme le souligne un autre jeune Wissembourgeois de cette époque, les « *défilés des troupes partant en manœuvres, les prises d'armes du dimanche matin, la musique militaire* »[2]. Petit, Paul Collowald est fasciné par le petit détachement des Chasseurs alpins qui parade toutes les semaines en ville :

> « *J'ai marché assez tôt et ma mère me racontait que très vite j'ai voulu imiter leur pas rapide au rythme de la musique quand ils passaient dans la Grand'Rue pour aller ensuite vers la place de la Collégiale ; mais très vite aussi, je me retrouvais par terre ! (…) Les dimanches, les Chasseurs alpins jouaient au kiosque à musique sur la place de Wissembourg, près de la Collégiale. Enfant, j'adorais aller les écouter* »[3].

Parmi ses sept oncles du côté paternel, deux figures émergent dans son souvenir : le cadet, Alexandre, qui a étudié au Conservatoire de musique de Strasbourg avant de devenir organiste à Metz ; et Pierre, « l'oncle curé », qui l'accueille dans son presbytère au cours de l'été précédant son entrée au collège pour l'aider dans l'apprentissage du latin.

De l'autre côté de la frontière, à Ettlingen en Allemagne et à une dizaine de kilomètres de la France, se trouve le jeune Richard, mon grand-père : né en 1921 et cadet d'une famille de quatre garçons, il est aussi scout et aime la nature. Dans sa famille, on ne parle pas non plus de ce qui se passe de l'autre côté du Rhin. Johann le père, couturier de métier, a été amputé d'une jambe près de Reims lors de la Grande Guerre. Dès les années 1930, le discours revanchard vis-à-vis de la France prendra le dessus dans la politique allemande.

Le collège épiscopal de Zillisheim

Travaillant à l'interface du fret et des douanes, le père de Paul Collowald change tous les trois-quatre ans d'affectation. La famille se déplace ainsi dans une demi-douzaine de villes en Moselle et Alsace, notamment Saint-Louis, Forbach, Sarreguemines. Le choix de l'internat s'impose au jeune

---

du glacis », novembre 1874. Cité in Fernand L'Huillier, *Histoire de l'Alsace*, Paris : Que sais-je ? 1947, pp. 96.
[2] Auer Bacher Pierre, *Souvenirs d'une période trouble*, Paris : Éditions le Manuscrit, 2008.
[3] Entretien personnel avec Paul Collowald (printemps 2017).

Paul, même si c'est un arrache-cœur pour sa mère de ne plus avoir son aîné. Dès l'âge de dix ans, il ne rentre dans sa famille qu'aux vacances de Noël, Pâques et l'été.

Paul Collowald est envoyé au collège épiscopal de Zillisheim, près de Mulhouse, pour entamer ses études secondaires en section classique (français, latin, grec). Créé en 1869, le Petit Séminaire de Zillisheim vise à former les enfants du monde rural et des villes du Haut-Rhin à la prêtrise ou à une carrière laïque. Immense bâtisse située en pleine campagne, elle accueille à cette époque entre 100 et 200 garçons chaque année. Le collège « *devient rapidement le bastion des intellectuels catholiques haut-rhinois* »[4].

Loin de la chaleur familiale, le jeune Paul fait l'expérience d'une « *rude école* » à l'internat et en classe, comme lorsqu'au début de son apprentissage de l'allemand, on lui demande de faire la lecture :

> « *Le prof était d'origine allemande. Cela s'est très mal passé avec moi. Il savait qu'il y avait une forte proportion de ses élèves qui parlaient alsacien à la maison. Or je ne parlais ni allemand, ni alsacien. Pendant un certain temps, c'est passé inaperçu car le niveau des autres n'était pas élevé non plus ; on ânonnait souvent plus qu'on ne parlait. Un jour il me demande de lire à haute voix, et j'ânonne. Il me prend par les cheveux et me soulève, en disant "Vous vous moquez de moi, vous faites l'idiot !" Ma première rencontre avec la langue de Goethe... un grand malentendu. Cela s'est arrangé plus tard* »[5].

Malgré cela, Paul Collowald se plaît au collège et les enseignants, essentiellement des prêtres, sont pour lui des figures marquantes. Il partage ces années avec le futur député-maire de Colmar Edmond Gerrer, ainsi qu'Alphonse Irjud, qui deviendra le rédacteur en chef du *Nouvel Alsacien*. Ces années de formation sont le « *retour aux sources des humanités chrétiennes* », dira Edmond Gerrer.[6]

Paul Collowald participe à la création du groupe sportif du collège de Zillisheim. Les sports se développent dans l'entre-deux-guerres dans les organisations de jeunesse en Alsace[7]. À l'initiative de l'Abbé Grasser,

---

[4] Lien consulté le 31 juillet 2017 : http://www.college-zillisheim.com/Historique-15.aspx.
[5] Entretien personnel avec Paul Collowald (printemps 2017).
[6] Éloge au Palais Rohan à Strasbourg en 1992, lors de la cérémonie au cours de laquelle Paul Collowald reçoit la Médaille Robert Schuman à côté de Frère Roger de Taizé – recevant quant à lui le prix Robert Schuman.
[7] Fuchs Julien, *Toujours prêts ! Scoutismes et mouvements de jeunesse en Alsace 1918-1970*, Strasbourg : Édition La Nuée Bleue, 2007.

pendant le week-end, on associe les élèves volontaires à la construction d'une piste entourant le stade de foot. Pour Paul, ces activités physiques tuent l'ennui de l'internat et contribuent à développer son esprit d'équipe et sa volonté de se dépasser :

> « *Au foot, j'étais un gardien de but excellent. J'étais aussi un bon sprinter. Mais je n'étais en revanche pas bon marathonien. Je me rappelle, un jour on jouait au foot contre la classe supérieure, on en était à 0-0. Je dis à un copain qu'il vienne me remplacer au but, et je prends l'aile droite, pour centrer. Je fonce à toute vitesse, je centre, mon copain saute, et but ! J'avais cette envie de gagner. Et le foot, c'était une école de courage, de ténacité et surtout d'équipe* »[8].

Le scoutisme par intermittence

Les Scouts de France jouent un rôle important dans la formation de Paul Collowald. Créé en Angleterre en 1908, le scoutisme est l'un des mouvements de jeunesse qui, avec les auberges de jeunesse et l'Action catholique, se développe rapidement dans l'entre-deux-guerres en Alsace[9] et en France où il compte au total 100 000 jeunes en 1939[10].

À cette époque, tous les mouvements de jeunesse s'articulent autour de trois pôles d'après Rémi Fabre : éducation, mission et convivialité. En particulier dans le scoutisme, on y apprend tout ce que l'on n'apprend pas à l'école, par des méthodes « donnant la primauté à *l'action sur la parole,* (…) *l'habileté manuelle, l'esprit d'observation et d'initiative, la débrouillardise* », « *la force de caractère* », « *la capacité d'autonomie* », guidé par un chef scout et non une autorité adulte. « *L'esprit de groupe* » s'acquiert par des « *pratiques symboliques* (…) *(signes vestimentaires, rituels…)* », ainsi que par la convivialité et le jeu[11].

L'internat met un frein à l'engagement scout du jeune Paul. Toutefois, grâce à son oncle Alexandre qui a pour beau-frère un prêtre aumônier des scouts près de Metz, Paul peut continuer de participer à des camps pendant les vacances. Il fait sa Promesse sur le tard, en 1938, à Pralognan (Savoie).

---

[8] Entretien personnel avec Paul Collowald (été 2017).
[9] Fuchs Julien, *op. cit.*
[10] Fabre Rémi, « les mouvements de jeunesse de l'entre-deux-guerres » in *Mouvement Social*, 07/1994, pp. 11.
[11] Fabre Rémi, *op. cit.*, pp. 15-21.

Par ses études secondaires et son affiliation à des mouvements de jeunesse, Paul Collowald se prépare aux études supérieures et à un engagement actif dans la société alsacienne et française de l'entre-deux-guerres. Au-delà des cercles paroissiaux, l'Alsace s'appuie sur un tissu associatif riche, hérité de la période de l'annexion de 1871 à 1918. Ses multiples mouvements de jeunesse confessionnels (catholique, protestant, juif) se font parfois concurrence mais restent unis par le « *ciment de la question régionale* » avec la bataille pour la sauvegarde de la législation civile locale face aux tentatives de remise en cause du Concordat par le Cartel des gauches en 1924, ou la mobilisation face à la montée des sympathisants de l'autonomisme alsacien ou face au nazisme dans les années 1930[12]. Paul adolescent n'est pas encore conscient des enjeux politiques liés au statut particulier de l'Alsace et de la Moselle ou à la culture régionale. Lui-même ne pratique pas l'alsacien en famille, il l'apprend avec ses camarades lors des récréations. Mais il grandit dans un milieu dont l'identité régionale, souvent contestée, le rend sensible à son respect. Dans cette région frontalière, il baigne dans un environnement où les identités sont forcément plurielles.

De l'autre côté du Rhin, le jeune Richard, mon grand-père, s'est aussi engagé dans le scoutisme. Une fois que cela lui est interdit par le régime nazi, et ayant refusé d'intégrer la *Hitlerjugend* par rejet de l'embrigadement, il poursuit, seul ou avec deux ou trois camarades, ses loisirs d'adolescent en enfourchant sa bicyclette. Il devient membre de la *Radfahrer-Verband*, l'association des cyclistes, et obtient un *Bleibenausweis für Jugendherbergen*, une autorisation de séjour en auberges de jeunesse. Régulièrement, il prend une paire de saucisses fumées (*Landjäger*) dans sa besace et file découvrir le pays de Bade, puis va au-delà.

Mais ce n'est pas vers le Rhin puis la France, pourtant les destinations les plus proches, qu'il se dirige : depuis 1933, la liberté est perdue en Allemagne, il est impossible d'aller à l'encontre des idées du *Führer* qui a décidé de dresser les Allemands contre la France. Au cours de l'été 1937, Richard se rend en train et à bicyclette à Munich, Augsbourg, Zell am See en Autriche, à St Moritz en Suisse et au lac Majeur en Italie ; en 1938, à Pise, Venise, Gênes, Rapallo, Florence et Milan ; en 1939, à Hambourg, puis en Prusse à Königsberg (Kaliningrad) et au mémorial de guerre de Tannenberg, aujourd'hui en Pologne. Ses nombreuses cartes postales

---

[12] Fuchs Julien, « Concurrences et ententes au sein des mouvements de jeunesse. Le cas alsacien (1918-1960) » in *Vingtième Siècle*, n° 119, 2013/3, pp. 116.

en témoignent. Son enthousiasme est tellement grand à la découverte de l'Italie qu'il projette de s'installer à Milan une fois sa formation de comptable achevée.

Le rêve de Saint-Cyr

Quant à Paul Collowald, il envisage de préparer le concours de l'École militaire de Saint-Cyr pour devenir officier. On pourrait croire que cette idée remonte à son enfance, marquée par les défilés des régiments à Wissembourg et le contexte frontalier. Or, c'est le film *Les Trois de Saint-Cyr* de Jean-Paul Paulin, sorti au printemps 1939[13], qui est le facteur déclencheur. Et ce n'est pas tant pour le maniement d'armes, qu'il n'apprendra qu'à la fin de la guerre, que pour la formation d'excellence, le service à la Patrie, le panache de l'élite militaire ou encore le perfectionnisme qui y est associé, qu'il nourrit ce projet.

Ses figures de référence sont alors des militaires engagés dans une mission sociale : Ernest Psichari, l'ami de Jacques Maritain et petit-fils d'Ernest Renan, officier et écrivain, lieutenant dans l'artillerie coloniale et tertiaire dominicain ; et le maréchal Lyautey, issu d'une famille aristocratique légitimiste, ancien élève de Saint-Cyr et penseur-acteur du « rôle social de l'officier », tel qu'il le décrit dans un article anonyme publié dans la *Revue des Deux Mondes* en 1891.

Qu'admire Paul Collowald, alors âgé de 16 ans, en particulier chez Lyautey ? Mort en 1934 comme une sorte de héros national, sa figure est exaltée dans le scoutisme français[14]. Le jeune Paul est marqué par sa pensée avant-gardiste fondée sur l'inclusion des principes du catholicisme dans une réforme sociale. Il lira plus tard Raymond Postal qui reprend des extraits du journal intime de Hubert Lyautey paru en 1876 :

> « *C'est une faiblesse d'être encore étroitement légitimiste, comme d'être étroitement d'un parti quelconque, pour ce parti lui-même. Il s'agit bien de cela maintenant ! nous tournons ventre à terre, c'est évident, le monde change de voie ; ces mots qui signifiaient encore hier, ne signifieront plus rien demain. Quant à l'avenir, je crois vaguement y entrevoir le socialisme émerger de la tempête. Réforme sociale !*

---

[13] Extrait du début du film : « *St-Cyriens de première année, depuis quelques heures vous êtes dans cette école, où vous ont attiré vos aspirations, votre besoin d'action, et votre ardeur à servir ! Servir, le plus noble mot du langage militaire* » (visionné sur www.youtube.com le 22 mai 2017).
[14] Fabre Rémi, *op. cit.*, pp. 25.

> *Réforme sociale ! Voilà le cri que jette au ciel l'écho des vagues qui s'élèvent déjà si menaçantes. Je crois que voilà l'avenir, mais comment, voilà ce que nous ne saurions voir. Ce changement social, cette transformation complète des sociétés organisées comme nous les avons connues jusqu'ici, se feront-ils contre Dieu ou avec lui ? »*[15]

On retrouve plus largement dans le projet de Saint-Cyr les principes de l'éducation de Paul : esprit d'initiative, dépassement de soi, habileté, sens du service et du travail en équipe, courage et générosité ; un projet qui lui permet de développer, au travers de l'image de « l'officier social », ses aspirations naissantes pour une société où la dignité humaine est centrale.

Ceci est en phase avec le catholicisme social qui a émergé en France et en Alsace-Lorraine à partir de la publication de l'Encyclique sociale *Rerum Novarum* par Léon XIII en 1891. Il se démarque de la droite catholique légitimiste en acceptant le fait démocratique et la réforme sociale[16]. Les catholiques sont appelés à s'engager pour améliorer les conditions de vie et moraliser la société. Cela donne lieu à la mise en œuvre d'une action catholique concrète comme l'organisation des « Semaines Sociales », sorte d'universités populaires. De son côté, le mouvement politique démocrate d'inspiration chrétienne est enclin à la résolution pacifiste des tensions européennes, tout en restant patriote[17].

Dès 1926, Marc Sangnier, l'une des figures du catholicisme social en France, organise le Congrès international de Bierville, près de Paris, où pendant un mois, avec le soutien politique et financier du gouvernement, 10 000 jeunes français et allemands se rencontrent. Le combat de Marc Sangnier pour le rapprochement de la jeunesse franco-allemande et pour la paix en Europe se poursuit en 1930 lorsqu'il crée la Ligue française des Auberges de Jeunesse, puis en 1932, la « mission de paix », avec 5 000 jeunes qui se réunissent au Trocadéro[18]. Dans d'autres pays en Europe

---

[15] Postal Raymond, *Présence de Lyautey*, Paris : Éditions Alsatia, 1946, pp. 91-92.

[16] Baechler, Christian, « La réception de l'encyclique "Rerum novarum" par les catholiques alsaciens » in Mengus Raymond (dir.), *Cent ans de catholicisme social en Alsace : de l'encyclique Rerum novarum (1891) à la fin du XIXe siècle*, Presses universitaires de Strasbourg, 1991.

[17] Delbreil Jean-Claude, « Les démocrates d'inspiration chrétienne et les problèmes européens dans l'entre-deux-guerres » in Berstein Serge, Mayeur Jean-Marie et Milza Pierre, *Le MRP et la construction européenne*, Bruxelles : Éditions Complexe, 1993.

[18] Hors-série n° 10 de l'hebdomadaire *La Vie* « Ces Chrétiens qui ont fait l'Europe » auquel a contribué Paul Collowald, mai 2000, pp. 41-51.

comme en Belgique, l'engagement des jeunes catholiques peut prendre une tournure plus politique face à la montée en puissance de l'hitlérisme[19].

Paul Collowald n'est pas, à ce stade, ancré dans le militantisme syndical ou politique, tel qu'il découle notamment de l'Action catholique dite spécialisée qui, parmi les mouvements de jeunesse, émerge à partir de 1927 en France et ailleurs en Europe : la Jeunesse ouvrière chrétienne (JOC) – où mon autre grand-père, Roger, né en 1910, sera actif en tant qu'ouvrier chaudronnier puis moniteur de formation aux ateliers de la SNCF à Epernay, et où il rencontrera une autre jociste, Francine, née en 1912, sa future épouse ; et la Jeunesse agricole catholique (JAC) ou la Jeunesse étudiante chrétienne (JEC). D'origine modeste, Roger apprend à utiliser la parole en public au sein du foyer sparnacien, avec le Sillon de Marc Sangnier. Il rejoint ensuite la JOC où, lors des cercles d'études, chacun fait part de ses idées pour améliorer les conditions du monde ouvrier et dont la devise est « voir, juger, agir ». Il se forme comme d'autres jeunes militants aux principes de justice sociale et de solidarité européenne.

Paul, à travers le scoutisme, comme Richard, qui fréquente les auberges de jeunesse, et Roger ou Francine, militants jocistes, sont représentatifs d'une jeunesse catholique formée dans ces mouvements européens de l'entre-deux-guerres. Ces jeunes Européens avant l'heure prennent conscience de leur rôle dans le progrès social. Ils sont en quête d'un monde différent de celui de leurs aînés, allant chercher dans ces lieux de formation, chacun à sa manière, de quoi se divertir avec d'autres jeunes et prendre leur avenir en main.

Dans le contexte de l'accélération des tensions internationales, avec la remilitarisation de la Rhénanie (1936), l'annexion de l'Autriche et des Sudètes (1938), l'occupation de la Tchécoslovaquie par l'Allemagne et le protectorat de la Bohème-Moravie (1939), le scoutisme alsacien organise des débats sur le danger totalitaire. Du côté allemand, Hitler a malheureusement su capter les aspirations de la jeunesse à se former et à se divertir ; et c'est pour mieux les embrigader et leur inculquer l'idéologie nazie. Avec le BDM[20], le pendant féminin des *Hitlerjugend*,

---

[19] Deschamps Étienne, « L'Esprit nouveau (1931-1936). Des nouvelles relèves catholiques dans la Belgique francophone de l'entre-deux-guerres » in Dard Olivier et Deschamps Étienne (dir.), *Les relèves en Europe d'un après-guerre à l'autre. Racines, réseaux, projets et postérités*, Bern : Peter Lang, 2005, pp. 129.

[20] *Bund Deutscher Mädel.*

ma grand-mère Luise, née en 1919 près du lac de Constance, pourra pour la première fois faire autre chose que de rester à la ferme après l'école : elle apprécie bien les cours de gymnastique qui y sont organisés, jusqu'à alors réservés à une élite.

Le patriotisme, une valeur ancrée parmi la jeunesse européenne de l'entre-deux-guerres, est désormais attisé de part et d'autre des frontières. « *En 1938, les Éclaireurs unionistes écrivent leur vibrante "Chanson d'Alsace"* : *"Oui, nous t'aimons, notre chère Alsace. (…) Que nos bras soient toujours forts, pour lutter jusqu'à la mort, prêt à défendre ton sort"* »[21]. Les catholiques sociaux font l'objet d'attaques de la part de la droite nationaliste[22].

La guerre va mettre un terme aux rêves de nos jeunes Européens. Elle va anéantir leurs aspirations et voler à Paul et à mes grands-parents leur jeunesse. Mais leur formation les préparera à se révolter contre le système oppressant qui se met en place et à y résister en y opposant leurs valeurs.

---

[21] Fuchs Julien, 2007, *op. cit.*, pp. 144.
[22] Delbreil Jean-Claude, 1993, *op. cit.*

Vie bouleversée par la guerre

Évacuation vers Sarrebourg (Moselle)

Le 1ᵉʳ septembre 1939, l'Allemagne envahit la Pologne, qui cesse une nouvelle fois d'exister comme État indépendant. Dans la foulée, la France et le Royaume-Uni déclarent la guerre à l'Allemagne. Paul et sa famille habitent alors à Sarreguemines en Moselle, à la frontière franco-allemande. La mobilisation générale contraint la famille Collowald à abandonner sa maison pour être évacuée à Sarrebourg. Comme des centaines de milliers de personnes, à savoir les habitants de tous les villages à dix kilomètres de la Ligne Maginot, ils ont reçu l'ordre de partir.

Chacun ne peut emmener, en tout et pour tout, que trente kilos de bagages. En tant que fonctionnaire à la SNCF gérant les questions frontalières, on demande toutefois à Émile Collowald de rester à proximité. La famille n'est donc pas dirigée vers les départements français situés plus au sud, qui ont été prévus pour accueillir les Alsaciens et les Mosellans évacués.

S'en suit la « drôle de guerre », où l'on attend vainement des offensives armées de part et d'autre de la frontière. En allemand, on l'appelle *Sitzkrieg*, c'est-à-dire « guerre assise ». La Ligne Maginot et la Ligne Siegfried se font face, sans combats majeurs. Sarrebourg sert de base arrière aux troupes françaises. À partir de mai 1940 débute, par contraste, la « guerre-éclair » dite *Blitzkrieg*, et en quelques semaines la France s'effondre face à Hitler.

L'invasion par l'armée allemande en mai 1940 entraîne Paul Collowald, un mois avant ses 17 ans, sur les routes avec deux camarades. Le voyage, commencé en train, se termine à pied à cause des *Stukas*, les avions mitrailleurs plongeurs allemands. Lorsque les trois jeunes gens arrivent à Belfort, la ville est déjà occupée par l'armée allemande mais des soldats polonais se battent encore dans l'un des Forts. Entré dans une librairie pour acheter une carte topographique afin de se rendre vers la Loire et combattre, Paul Collowald est choqué d'entendre le libraire l'accuser d'être l'un de ceux à cause de qui « tout recommence ». Ne faut-il pas tous se battre au contraire ? Il se sent attaqué et découragé. Son désarroi augmente quand il s'aperçoit que, dans la rue, les soldats allemands distribuent gentiment des chocolats aux enfants. Écœuré, il rentre comme il peut à Sarrebourg où se trouvent ses parents et ses sœurs.

Dès juillet 1940, la réalité change dramatiquement[1]. L'Alsace est incluse dans le *Gau Baden-Elsass* (pays de Bade) et le *Gauleiter* Robert Wagner, un proche d'Adolf Hitler placé directement sous ses ordres, entreprend sa politique de nazification. Le *Führer* lui octroie les pleins pouvoirs afin de mener sa politique de consolidation de l'espace vital (*Lebensraum*) du peuple allemand sur le continent européen. La Moselle suit la même évolution : elle fait désormais partie du *Gau Westmark*, qui comprend la Sarre et le Palatinat, et est placée sous le contrôle du *Gauleiter* Josef Bürckel. L'Alsace et la Moselle sont ainsi annexées de fait au IIIe Reich, sans qu'aucun acte officiel ne soit signé pour transférer ces territoires d'un État à l'autre. Sarrebourg vit l'une des premières manifestations publiques du régime nazi en zone annexée, avec la visite d'Adolf Hitler qui vient y passer en revue ses troupes le 26 décembre 1940.

Quels sont précisément les objectifs poursuivis par les *Gauleiter* Wagner en Alsace et Bürckel en Moselle ? Les deux zones sont intégrées à l'union douanière allemande. Leur économie, désormais coupée de la France, est mise au service des efforts de guerre allemands. Un remembrement agraire est décidé et les fermes laissées par les personnes évacuées sont occupées par des Allemands. Le franc français est remplacé par le *Reichsmark*. Il s'agit aussi de toucher la vie quotidienne et de marquer les esprits. Ainsi, tout lien avec la France doit être démantelé : drapeaux bannis, statues des héros français descellées… Et premier lien entre tous, la langue française est interdite au profit de l'allemand, rendu obligatoire. Dans les pratiques administratives de l'occupant, les prénoms sont germanisés : Raymond devient Reimund ; Armand, Hermann ; Claire, Klara ; Jeanne, Johanna, etc. Les noms des places et des rues sont aussi germanisés. Le pouvoir nazi en vient même à se fixer l'objectif, absurde, de réécrire les noms inscrits sur les tombes…

Dès 1941, les jeunes Mosellans et Alsaciens sont fortement incités à participer aux activités de la jeunesse : pour les garçons, celles des

---

[1] Sources : Département de la Moselle, « Les Malgré eux en Moselle » (2012) ; le numéro spécial de la revue *ami hebdo* « Comprendre l'incorporation de force », automne 2012 (et leur site internet) ; Hiegel Henri, « L'enrôlement des Mosellans dans le RAD et la Wehrmacht de 1940 à 1945 », Académie Nationale de Metz, 1982 ; le journal du CUEJ *News d'Ill*, décembre 1992.

Hitlerjugend et pour les filles, du BDM. Cela devient obligatoire en août 1942. La religion est quant à elle bannie de la vie publique : la cathédrale de Strasbourg est fermée au culte et l'enseignement religieux est supprimé dans les écoles. Très vite, celles-ci doivent former à l'idéologie national-socialiste et toute la société s'organise suivant la structure de l'Allemagne hitlérienne, comme le décrit Julien Fuchs dans le livre issu de sa thèse de doctorat, *Toujours prêts !*, pour lequel il a eu une correspondance avec Paul Collowald.

> À la rentrée des classes d'octobre 1940, les écoles ont pour mission de garantir une instruction dans l'esprit du national-socialisme. Elles s'organisent désormais selon la loi du 30 janvier 1934, qui retire aux Länder leur indépendance en matière scolaire. L'école devient alors le lieu privilégié de l'endoctrinement. Les enseignants alsaciens qui veulent continuer à exercer doivent suivre en Allemagne des sessions de recyclage idéologique (*Umschulung*) ; dans les contenus, l'idée de conscience nationale est centrale, comme celle de race. (…)
>
> La nazification de l'Alsace passe aussi par la mise en place d'un réseau complexe d'institutions. L'*Elsässischer Hilfsdienst* (Secours alsacien) est créé, puis remplacé par l'*Opferring* (le « cercle du sacrifice ») le 1er octobre 1940. La structure est impressionnante : en 1942, elle compte 2 700 cellules locales. L'adhésion est recommandée, chacun étant fortement incité à y manifester son envie de rentrer dans une formation du parti, dans les *Hitlerjugend* pour les jeunes. De leur côté les femmes sont incitées à rejoindre la *NS-Volkswohlfahrt*, organisation nationale d'entraide chargée des œuvres sociales. Les enfants, eux, doivent fréquenter les jardins d'enfants qu'elle met en place. Sous prétexte de cure de grand air, des milliers d'enfants alsaciens sont également envoyés en Allemagne, où les accueillent des familles volontaires. Des *Kreistage* (journées de districts) sont organisées. Gigantesques manifestations du parti dans une débauche d'oriflammes, ces rassemblements sont censés représenter l'union des Alsaciens au sein du Reich. 3 000 jeunes de la *Hitlerjugend* défilent à l'occasion du Kreistag de Strasbourg le 12 octobre 1940.
>
> Julien Fuchs, *Toujours prêts !* 2007, *op. cit.*, pp. 168

Âgé de 17 ans, Paul subit malheureusement cette pression de l'embrigadement… à laquelle il tente d'échapper : la langue allemande et les valeurs proclamées au travers des organisations de jeunesse nazies lui sont étrangères. L'esprit belliqueux et la brutalité des *Hitlerjugend* n'ont rien à voir avec les principes du scoutisme qu'il connaît. Il abhorre l'organisation militaire et l'endoctrinement qui se met en place autour de lui. Sa première réaction est de se tenir à l'écart des manifestations publiques. Il décide aussi de persévérer coûte que coûte dans la poursuite de ses études supérieures. Il espère ainsi échapper à l'étau qui se resserre si rapidement et brutalement sur la population alsacienne et mosellane.

Les « épreuves » du bac

Outre les privations – alimentaires par exemple – liées à la guerre et celle de la liberté d'agir et de penser comme on le souhaite, la famille Collowald est bouleversée par la maladie de la mère atteinte d'hémiplégie. Paul garde le souvenir d'une mère qui, désormais alitée, maintient tout de même son esprit en éveil par la lecture et la radio, et garde une grande sérénité. Il éprouvera toute sa vie un profond respect envers elle.

Paul poursuit son projet d'études commencé à Zillisheim, où il a passé sans difficultés les épreuves de son premier bac en juin 1939. Conséquence du déclenchement de la guerre, il prépare le second bac au collège de Sarrebourg, qui fait partie de l'académie de Metz. En juin 1940, il choisit la filière philosophie et envisage de passer la session de mathématique en septembre afin d'obtenir des points supplémentaires au concours de Saint-Cyr. Mais d'autres épreuves l'attendent dans la réalisation de ce projet. Suite à la défaite de mai 1940 qui entraîne l'annexion, l'administration du Reich se substitue à l'académie de Metz et aucune session d'examen n'est prévue.

Paul apprend par hasard qu'une session de bac est organisée à Nancy, en zone occupée. Il ne veut pas laisser passer sa chance. De sa propre initiative, sans aviser ses parents, il demande un laissez-passer à la *Kommandatur* afin de s'y rendre « *pour aller chercher des livres* ». Il obtient l'« *Ausweis* », mais « *für eine einmalige Fahrt* », un unique voyage. Par le biais de relations familiales à Nancy, on lui donne aussi l'adresse du lieu où se déroulent les épreuves de l'écrit. La suite confirme son habileté et les conséquences paradoxales de l'annexion :

> « *Après les épreuves écrites, au retour de Nancy, je m'arrange pour arriver à Sarrebourg avec un trajet à la tombée de la nuit, pour échapper plus facilement aux contrôles de la police car il y a la frontière entre la France occupée et l'Alsace-Moselle annexée. À Lunéville où s'effectue le contrôle, je sors du côté des rails et quand le train se remet en marche, je remonte. L'Ausweis restera donc valable pour un second passage* [à l'occasion de l'oral du bac] ! *C'est alors que s'est posé un nouveau problème : interrogé sur la géométrie dans l'espace, j'avoue platement mon ignorance en précisant que le professeur n'a pas eu le temps de traiter tout le programme en raison des circonstances… – Mais dans quel lycée étiez-vous ? me demande l'interrogateur. Je réponds Sarrebourg. – Bon, je vois, dit-il compréhensif. Résultat, j'ai mon bac, évidemment sans mention. Par ailleurs, l'administration allemande me fera parvenir le document de l'Abitur sur la base de la validation en continu de l'année de philo, clôturant les études secondaires accomplies à Sarrebourg* »[2].

---

[2] Entretien personnel avec Paul Collowald (printemps 2017).

Deux baccalauréats... mais contraint de modifier ses projets

C'est ainsi que, par un concours de circonstances, Paul Collowald obtient en quelque sorte deux baccalauréats, allemand et français, au lieu d'un, mais se retrouve tout de même bloqué dans le projet qui lui tient le plus à cœur, Saint-Cyr. Dans le contexte de l'immobilisme de la « drôle de guerre », ce projet continuait à l'habiter, il s'y accrochait. Il n'avait pas hésité à traverser le front à bicyclette pour aller chercher des livres à Sarreguemines, où se trouvait l'ancien appartement familial :

> « *Au cours de la "drôle de guerre", il y avait des rumeurs qu'à Sarreguemines des troupes à la mauvaise réputation s'étaient installées dans les maisons, et les détérioraient : avec l'autorisation de mes parents – j'étais encore mineur, j'ai pris ma bicyclette et je me dirige vers la zone militaire, où l'on me demande ce que je peux bien y faire, à Sarreguemines, car c'est le front ; – "Eh bien, leur dis-je, je dois aller récupérer des livres et mes parents ont laissé des souvenirs auxquels ils tiennent". On me laisse passer. Dans la maison que je trouve vide, je découvre notre appartement plutôt en désordre. Toutes les portes sont ouvertes, à tous les étages. Je vais voir au-dessus de chez nous et trouve, sur la table, des brochures et des livres, notamment ceux laissés par un des frères de la famille d'en haut qui préparait Saint-Cyr. Je les emporte* »[3].

Située désormais en territoire annexé, l'Université de Strasbourg est fermée et transférée à Clermont-Ferrand. Paul ne sait trop quoi faire. Pour débuter ses études supérieures, il effectue deux semestres en Mathématiques générales et Physique générale à la *Technische Hochschule* de Stuttgart de novembre 1940 à mi-mai 1941. Son objectif reste à terme d'intégrer Saint-Cyr et il veut éviter tout enseignement qui serait lié de près ou de loin à la politique. Il suit aussi une option d'escrime, alors à la mode en Allemagne. Durant l'été 1941, on le réquisitionne pour souder pendant un mois des porte-bagages de vélos : cela s'appelle... le *Ferieneinsatz*, ou « mission-vacances ».

Ses études supérieures sont un refuge pour échapper à l'embrigadement dans les organisations de jeunesse nazies ou l'incorporation dans le RAD[4]. Et d'une certaine façon, vivre à Stuttgart

---

[3] Entretien personnel avec Paul Collowald (printemps 2017).
[4] *Reichsarbeitsdienst* = Période de formation militaire, précédant le service dans la *Wehrmacht* pour les jeunes hommes.

lui permet, paradoxalement, d'échapper au harcèlement que subit la population annexée d'Alsace et de Moselle.

Une amie, Marianne, ancienne guide, a raconté en 2012 en quoi consistait le RAD qu'elle a dû effectuer dans l'Odenwald, près d'Essen. Son témoignage, qui reprend celui de nombreuses Malgré-Elles, souligne l'embrigadement subi.

> [La classe d'âge] 1923 fut la première à être incorporée. J'ai cru que le ciel me tombait sur la tête. Je ne me suis pas présentée au premier conseil de révision. Nous étions en vacances, Titine et moi. Un rappel me parvint. Je prétextais une maladie. Puis il y eut une sommation : si vous ne vous rendez pas à la convocation, la Gestapo viendra vous amener d'office. Je pensais d'abord fuir, profitant de notre filière pour gagner la France, mais les sévices pour les miens auraient été trop durs. Contrainte et forcée, j'ai donc répondu à l'appel. (…)
>
> Tout s'enchaîna alors rapidement. J'ai eu mon ordre d'affectation en Allemagne au lieu-dit Kirchbrombach (…). Pour moi c'était vraiment l'étranger. La date de départ était imminente. Le moral à zéro, j'ai pris ce train vers l'inconnu, maudissant Hitler, ses sbires, bref la guerre.
>
> Accueillie dans une grande maison, genre auberge de jeunesse, par l'équipe dirigeante, j'étais bien décidée à ne pas me laisser faire, à réagir. (…) On nous a distribué notre paquetage car il fallait illico revêtir l'uniforme. (…) Nous étions enregistrées, toutes les informations concernant notre formation nous furent dispensées : travaux pratiques, instruction théorique, respect strict des horaires : lever, toilette, cérémonie des couleurs, repas, cours, détente, souper, couvre-feu.
>
> (…) La cérémonie de la *Vereidigung* (prêter serment au Führer) approchait. Comme j'étais engagée envers la France, ma Patrie, nouvelle difficulté. Avec les filles on en discutait. Mais le ciel a volé à mon secours, estimant sans doute que j'avais assez souffert de ce service contre nature. Un matin, armé d'un seau d'eau, de savon noir et d'une brosse, je devais nettoyer un grand escalier en bois. Subitement, je me suis mise à saigner du nez. Cela n'arrêtait plus, envoi à l'infirmerie. (…) J'ai prétexté des maux de tête, toutes sortes de malaises. On s'inquiétait de moi. Le médecin est venu et m'a ordonné le repos. Au bout de quinze jours, j'ai été renvoyée chez moi : *untauglich* (inapte). Une *Führerin*, haut gradée, m'a ramenée à Strasbourg en passant par Wiesbaden où j'ai encore dû me soumettre à un contrôle médical. J'ai donc échappé à la cérémonie de prestation de serment. Ma joie fut grande.
>
> Récit publié par Marianne Heidmann (épouse Giordani) en 2012

En novembre 1941, la *Reichsuniversität* de Strasbourg est inaugurée par le régime nazi lors d'une manifestation publique de grande ampleur. Paul s'inscrit à la Faculté des Sciences au début de l'année 1942 et y retrouve avec effroi la propagande nazie, qui pousse les jeunes étudiants à s'engager dans l'armée allemande. Dans cette atmosphère oppressante, il y a pourtant une chose qu'il apprécie : ce sont les cours du physicien Carl Friedrich von Weizsäcker, le frère aîné du futur président allemand Richard von Weizsäcker. En plus de la qualité de son enseignement, il raconte aujourd'hui qu'il a noué avec ce professeur une « relation de confiance » malgré les circonstances :

> *« Avec les six ou sept étudiants alsaciens de la Faculté des Sciences se noue peu à peu une relation de confiance avec ce professeur allemand. À deux ou trois reprises, nous sommes invités chez lui pour des échanges très libres. Cela se passait discrètement dans son appartement situé dans une petite rue qui aboutit à l'allée de la Robertsau. Je me rappelle aussi d'un weekend dans les Vosges : après une randonnée, on était en train de pique-niquer en écoutant la radio, et on apprend le débarquement des Alliés dans le sud de l'Europe. On s'est regardé, on a eu du mal à cacher notre espoir, et il a bien perçu quelle était notre opinion (…) Plus tard, à la lecture du "Silence de la mer" de Vercors, j'ai retrouvé (comparaison n'est pas raison) ce type de relation de confiance qui n'est pas complicité, dans une atmosphère d'humanité. Dans le Silence de la mer, c'était un soldat allemand au milieu d'une famille française. À Strasbourg, c'était un physicien allemand avec quelques étudiants alsaciens »*[5].

Le hasard fait qu'au cours des mois où Paul étudie à Stuttgart, Richard, mon grand-père, s'y trouve aussi, en formation militaire. Il vient de faire la connaissance de Luise, lors d'une promenade dans un parc de la ville. Le mois de mai 1941, qui marque pour Paul le retour à Sarrebourg, est pour lui le départ pour le front russe. Tout semble opposer Paul et Richard, l'un jeune étudiant alsacien annexé de force qui rêve de Saint-Cyr, l'autre un jeune soldat allemand qui a dû mettre son projet italien entre parenthèses pour servir la patrie selon les projets hitlériens. Mais sont-ils devenus si différents ?

La lettre qui suit est un extrait du courrier de guerre adressé par mon grand-père à Luise : on y comprend que derrière le ton initial très officiel du combattant allemand, se révèle au fil des semaines son abomination de la guerre.

---

[5] Entretien personnel avec Paul Collowald (été 2017).

> *Le 25 octobre 1941*
>
> *Ma chère Luise,*
>
> Merci beaucoup pour ta gentille lettre du 5 septembre qui m'est parvenue il y a quelques jours. En ce moment nous avons quelques jours de repos et je trouve enfin le temps de t'écrire.
>
> (…) Combien de temps cela durera, je ne peux malheureusement pas le dire avec ma maigre compréhension. Moi personnellement cela m'est égal, j'ai vécu les événements dès les premiers jours aux premières lignes du front et j'espère que je pourrai aussi y fêter la fin victorieuse. En Russie, plus rien ne peut me bouleverser, quoi qu'il advienne. Vous, au pays, vous ne pouvez pas vous imaginer la conduite de la guerre en Russie. Par les journaux, la radio et les films on vous donne certainement beaucoup à voir et à entendre ; mais ce que nous vivons et voyons dans les chars, souvent au cœur du front, personne ne peut vous le décrire ; seuls ceux qui l'ont vécu et vu de leurs propres yeux savent. Je n'aurais jamais cru que l'on puisse devenir aussi cruel et en éprouver en plus de la joie. Au combat, les sentiments humains s'arrêtent pour tous ; les hommes et les armes ne font qu'un et ne connaissent que destruction. Pour ces hordes, la moindre pitié est prise pour de la peur. J'ai dû le subir moi-même plusieurs fois, je fus seulement un peu plus rapide. Mais je veux en terminer maintenant avec ce sujet qui n'est guère agréable, et revenir à ta gentille lettre…
>
> *Richard*
>
> (extrait traduit par l'auteure)

Quand il écrit cette lettre, Richard a 20 ans et il est depuis près de six mois sur le front russe. Il y restera cinq années, alternant le front et les séjours à l'hôpital quand il est blessé ou malade. Il fera quelques déplacements en Allemagne, par exemple les *Ernteeinsatz*, la « mission-moisson ». En 1943, lors de l'une de ses rares permissions, il se marie avec Luise.

On sent dans cette lettre qu'il a déjà perdu tout espoir dans l'humanité, y compris la sienne. Mais surgit aussi un grondement sourd en lui : bien que fier soldat combattant – a-t-il d'autres choix ? – il rejette, écœuré, le conflit dans lequel Hitler l'a placé, lui simple fantassin, en première ligne. Lors d'un séjour à la caserne d'Erlangen en 1942, il se révoltera, brûlant devant ses compagnons soldats une photo du *Führer*. Il tient à exprimer le fond de son âme, même si c'est au risque d'y perdre la vie. L'officier qui surveille son groupe détourne le regard. Un autre acte courageux en ces temps atroces.

Résistance en Alsace-Moselle

La Résistance en Alsace-Moselle

Résistance, avec ou sans majuscule, au fil des années, Paul Collowald a constaté à quel point ce mot recouvrait des réalités très variées en Alsace et en Moselle, encore difficile à rendre compte aujourd'hui dans les travaux des historiens :

> « *Au départ, cela peut être un sursaut patriotique de nature personnelle ; puis, cela peut prendre une dimension plus collective, qui peut conduire à faire partie d'un réseau de type militaire, comme le "Réseau Martial" à Thann. Des définitions ont été esquissées : résistance passive et résistance armée. Mais il y a des initiatives qui se situent entre les deux pôles, sans compter l'existence, en zone libre, des initiatives d'abord dispersées, qui aboutiront à la création de la Brigade Alsace-Lorraine, sous la direction d'André Malraux. Des centaines de témoins se sont exprimés au cours de commémorations, dans des publications ou des ouvrages scientifiques et sur des sites internet. Ce qui complique la tâche des historiens qui s'attaquent à ce thème. Ce fut certainement l'un des problèmes pour Eric Le Normand qui, sous l'autorité de l'AERIA* [Association pour les études sur la Résistance intérieure des Alsaciens] *réalisa le DVD intitulé* La Résistance des Alsaciens *en 2017. Mais pour ce "combat pour la mémoire", il reste encore à dire et redire, au-delà des archives officielles, ce qu'a été la Résistance de la très grande majorité des Alsaciens* »[1].

Dans le cas de Paul, il n'y a pas eu de résistance armée. Il participe à la diffusion de tracts appelant à s'opposer à l'incorporation de force dans les activités du régime nazi. Résister, c'est aussi tenter de rester soi-même : parler français, soutenir ses amis scouts ou étudiants, garder sa dignité en ne se laissant pas influencer par l'idéologie dominante, croire… ce sont ses combats du moment présent, ensemble avec de nombreux jeunes Alsaciens et Mosellans. Il est frappant de constater combien la résistance passe pour lui et ses compagnons par la foi : prières et groupes

---

[1] Entretien personnel avec Paul Collowald (printemps 2018).

de réflexion biblique sont les moyens qu'ils privilégient pour tenir face à la barbarie. Chez Paul, la résistance spirituelle est une dimension-clé dans son combat contre l'occupant.

Le scoutisme entre en clandestinité

En Alsace et en Moselle, le scoutisme, toutes tendances confondues, est venu en aide aux personnes évacuées le long de la Ligne Maginot en 1939-40[2]. Concernant les réseaux de résistance dans des territoires français annexés, ils ne sont pas intégrés aux réseaux de la « France intérieure ». Ils sont beaucoup plus difficiles à activer avec la répression qui y sévit. Le *Gauleiter* Wagner sème la terreur à Strasbourg. Dès juillet 1940, le camp de rééducation de Schirmeck, destiné aux Alsaciens récalcitrants, est créé. En mai 1941, c'est le camp de concentration du Struthof qui est installé.

Pour Paul, la résistance passe par des actes mineurs en apparence, mais pas sans risque. Elle s'exerce par différents biais. En Alsace et en Moselle, le scoutisme est interdit par l'ordonnance du 16 août 1940. Il se maintient dans la clandestinité et Paul est actif dans les petites unités scoutes à Strasbourg et Sarrebourg. Il s'agit de rester loyal à sa promesse et de faire preuve de courage : non plus en portant l'uniforme, désormais trop dangereux, mais en restant fidèle à son esprit.

Avec sa petite imprimerie reçue un jour de Noël, et dont il se débarrassera ensuite par précaution quelque part dans la forêt d'Etzling, Paul imprime les noms et slogans des combattants de la France libre et confectionne des papillons de papier. Lors de ses déplacements entre Sarrebourg et Strasbourg, il en décore les wagons, au risque d'être pris sur le fait. En 1946, dans le premier numéro du *Calendrier* à l'initiative de l'Abbé Metz, directeur du journal *Le Nouvel Alsacien*, il raconte son effroi lors de la rencontre avec une « Tête de Mort » au cours de l'un de ses voyages en train.

---

[2] Fuchs Julien, 2007, *op. cit.*

> En ce début de semaine, par une froide après-midi d'hiver, le train me ramenait rapidement vers Strasbourg où je continuais mes études de Sciences. Comme toujours, mes poches étaient garnies de petits « papillons » confectionnés durant le dimanche après-midi : simples rectangles de papier collant de la grandeur d'une boîte d'allumettes où j'avais imprimé les derniers slogans de Radio-Londres et les cris les plus variés de nos cœurs de Français prisonniers ; le tout était encadré de nos couleurs nationales et de celles de nos alliés anglais. Le train n'était guère chauffé et, en circulant dans le couloir pour me réchauffer, je pus constater que les compartiments étaient presque vides… parfait, pensais-je, je pourrai tranquillement coller mes traditionnels rectangles. Nous traversions au ralenti l'un des cinq tunnels qui jalonnent le trajet Réding-Saverne et je progressais sans difficulté dans mon travail. J'allais juste quitter un compartiment que je venais « d'étiqueter » quand je vis apparaître au loin le jour blafard ; je m'installais alors dans un des coins du coupé pour attendre le prochain tunnel. La lumière rentrait de nouveau à plein flots par la vitre embuée et me montra que j'avais… un vis-à-vis. Je commençais à le dévisager machinalement sans grand intérêt, quand tout à coup je sentis une sueur froide me couler le long des tempes… là, devant moi, dans sa tenue d'hiver, le col du manteau relevé, à demi somnolent… un *Sturmführer* de la SS !!! Détail piquant, comique et tragique à la fois, près de sa casquette où étincelait la « tête de mort », un de mes papillons : « vive de Gaulle, vive la France » narguait son sinistre symbole ! Que cet officier de la SS se déplace, se retourne, s'étire et me voilà dans de beaux draps, car il y a 10 minutes son compartiment était encore « vierge », ceci il doit le savoir. Les minutes passent comme des siècles, j'épie chaque geste et suppute les chances que j'ai d'atteindre le prochain tunnel sans encombre. Mon vis-à-vis commence à remuer et cherche une position plus confortable ; il n'a qu'à regarder vers les filets pour prendre son livre et il se retrouvera nez à nez avec le « vive de Gaulle » encadré de bleu-blanc-rouge. Enfin ! Le train s'engouffre dans le noir et je gradue… mon « décrochage » : je tape des pieds, souffle dans les mains et sur un retentissant « *Donnerwetter is das kalt hier* » je sors en battant de la semelle. Ouf ! Il s'agit de changer rapidement de wagon et bientôt je suis à l'autre bout du train. Inutile de vous dire que j'attendais avec un peu d'impatience l'arrivée à Strasbourg.
>
> « Voyage avec une "Tête de Mort" », par Paul Collowald,
> premier numéro du *Calendrier* (1946)

À Sarrebourg, Paul vole au secours de jeunes recrues à l'arrière de la Ligne Maginot. Il est en liaison avec Marie Scius (qui deviendra Mme Bourgine), pharmacienne et cheftaine scoute, qui gère une filière d'évasion. Il prend des messages au camp des prisonniers, des listes de courses pour améliorer leur sort.

Le 22 avril 1944, Paul confirme sa vocation scoute : il célèbre son Départ routier au pied du Mont Sainte-Odile, près du mur païen, en présence de Roby Lux, commissaire scout, et de l'Abbé Hirlemann, l'aumônier. Bravant l'interdit et le danger liés à cet acte, le cérémonial est respecté à la lettre. Son pseudonyme devient Panthère S.R. (*Scout Routier*).

Le Front de la Jeunesse d'Alsace

Paul Collowald participe aux activités clandestines du Front de la Jeunesse d'Alsace, composé d'étudiants des Facultés de lettres, médecine, droit et sciences de l'Université de Strasbourg. Dès 1941, Alphonse Adam, étudiant en lettres âgé de 23 ans, coordonne l'ensemble du mouvement, avec, entre autres, ses sœurs Micheline et Pélagie (dite Péla, qui deviendra Mme Simon), Lisbeth Poprawski, Fernand Lefebvre, François Pfister, Raymond Pfohl, Émile Hincker et Paul Collowald.

D'après le témoignage de Francis Rapp, professeur à l'Université de Strasbourg, le point de départ est le groupe de prières, la *Studentenseelsorge*, toléré à l'université par l'occupant. Ensuite, suivant le récit de Lisbeth Poprawski en 1992, « *le mouvement s'est réellement organisé au début de l'année 1942 à la bibliothèque du séminaire de latin (…), au Mont Sainte-Odile* [et] *dans deux restaurants "À l'Ange" à Schiltigheim et à "La Tête Noire" tenu par Joseph Seger* »[3]. Le Presbytère de l'Abbé Léon Neppel, curé de Schiltigheim, abrite aussi des réunions.

Le Front de la Jeunesse d'Alsace est une tentative d'organiser une réponse à l'embrigadement. L'une des premières missions du Front consiste à fabriquer des papiers pour les futurs incorporés de force dans la *Wehrmacht*, précisant qu'ils sont de nationalité française et non volontaires (par exemple en les rédigeant en russe) ; ou des tracts pour inciter les Alsaciens à refuser cette incorporation de force. Micheline Adam agit comme « taupe » dans un service administratif où elle volait les pièces d'identité que Lisbeth Poprawski remplissait ensuite « *en belle écriture gothique* ». Raymond Pfohl est l'un des responsables de la filière d'évasion du Hohneck dont il connaît bien le secteur, avec sa sœur Jeannette (qui deviendra Mme Beck) et Jacqueline Schisselé, sa future épouse, dont les parents ont également une maison familiale à Mulbach-sur-Munster. Dans l'appartement de la famille Pfohl, boulevard d'Anvers, Paul Collowald est souvent accueilli lors de ses passages à Strasbourg.

Lors de la cérémonie commémorant le 70e anniversaire des « Fusillés du 15 juillet 1943 », Mireille Hincker, présidente du Souvenir Français, parlera de près de 500 personnes ayant participé au Front de la Jeunesse d'Alsace. Les centres de résistance sont à Strasbourg, à Saverne, à Haguenau, dans la vallée de la Bruche, avec une liaison assurée avec Mulhouse et Metz. Plusieurs de ces jeunes résistants guident des prisonniers évadés,

---

[3] *News d'Ill*, décembre 1992, *op. cit.*

ou les récalcitrants à l'enrôlement forcé dans l'armée allemande, vers la France libre ou la Suisse.

Chez les Guides de France, une unité clandestine est constituée sous l'égide de Lucienne Welschinger et Lucie Welker, avec Paulette Falbisaner, Léontine (dite Titine) Schmitt et Marianne Heidmann, la jeune fille du RAD dans l'Odenwald. Nommées les « Pur-Sang », l'un de leurs premiers objectifs *« concerne l'amélioration de la vie quotidienne* [des prisonniers de guerre] *enfermés à Strasbourg dans les fortifications Vauban. Il s'agit de leur faire parvenir des lettres de leurs familles, des vivres ou des cigarettes* »[4].

Les Pur-Sang organisent une filière d'évasion par la vallée de la Bruche, dont profitent plus de 350 personnes[5]. Des prêtres les accompagnent, comme les Abbés Metz, Magron, Kragl et Cadé, comme le rappelle Francis Rapp. Quant à l'aumônier du Mont Sainte-Odile, l'Abbé Hirlemann, il « *agissait avec le brigadier Kuntz et sa fille Hélène dite Nénette, qui avait fait de leur maison forestière du Willerhof une plaque tournante du réseau des passages* »[6].

Marianne Heidmann se souvient du soutien intellectuel et spirituel qu'apportait le cercle constitué par l'Abbé Metz[7] :

> « *Parallèlement au groupe de guides, nous* [avec Titine Schmitt] *fréquentions les réunions de formation religieuse de l'Abbé Metz qui étaient tolérées, car ouvertes à tous. Nous y avons rencontré Paulette Falbisaner avec laquelle nous avons de suite sympathisé. Un des sujets traités portait sur Saint Paul avec approfondissement de ses épîtres. De réunion en réunion, nous avions de quoi occuper notre esprit et le quotidien nous était moins pénible. Nous avons parlé à Paulette de nos réunions de guides. Elle a choisi de se joindre à nous. Ainsi le "trio" est né et comme les mousquetaires, nous avions pu dire "une pour tous, tous pour une"* ».

---

4 Fuchs Julien, 2007, *op. cit.*, pp. 188.
5 https://www.latoilescoute.net/L-heroisme-au-quotidien-les-Pur consulté le 31 juillet 2017.
6 Cités dans les notes de Francis Rapp (archives personnelles de Paul Collowald). Témoignage de Francis Rapp « Vivre dans Strasbourg annexée » consulté le 15 octobre 2017 http://lesresistances.france3.fr/documentaire-aj/francis-rapp,-vivre-dans-strasbourg-annexee.
Voir aussi le témoignage de Hélène Wucher « La passeuse solitaire du mont Saint-Odile » consulté le 15 octobre 2017 http://lesresistances.france3.fr/documentaire-aj/helene-wucher-la-passeuse-solitaire-du-mont-saint-odile.
7 Récit de Marianne Heidmann (épouse Giordani) publié en 2012.

Quant aux réunions avec les Guides, Marianne se rappelle que

> « *Nos rencontres de guides nous ont permis d'apprécier la grande fraternité des Scouts de France, l'idée du service et l'amour de la Patrie. Nos cheftaines, bien plus âgées que nous, nous ont servi d'exemple. Dès 1940, elles étaient entrées en Résistance. Lucienne et son frère André ont organisé les filières de traversées des Vosges et ainsi ont pu donner l'occasion à de nombreux prisonniers de guerre évadés des camps allemands de répondre à l'appel de de Gaulle.* »

Le « groupe du Sainte-Odile »

Ses formes de résistance s'élaborent aussi dans un lieu emblématique, le Sainte-Odile. Ce Mont, d'une grande beauté naturelle surplombant la plaine d'Alsace, devient le lieu où convergent ceux qui s'opposent au nazisme. Des étudiants et scouts s'y retrouvent à partir de 1942 pour participer à des cercles bibliques organisés les dimanches. L'idée est lancée par des scouts routiers du clan Saint Pierre et Paul, dont l'aumônier est l'Abbé Held qui s'évadera à l'automne 1942 pour rejoindre le grand séminaire replié à Royat. Se fondant dans la foule des pèlerins qui viennent participer à l'adoration perpétuelle organisée par 25 villages depuis les années 1920, ces « *fidèles d'un nouveau genre* » peuvent retrouver la liberté bannie par l'occupant, comme le rappelle Paul Collowald dans son allocution à l'Hôtel de Ville de Strasbourg à l'occasion du 70e anniversaire des « Fusillés du 15 juillet 1943 » :

> « *Si je cherche un qualificatif pour caractériser "notre" Mont Sainte-Odile j'hésiterais entre plusieurs définitions : une bulle de protection ; un caisson d'oxygène de liberté où nous pouvions parler, rire et chanter en français, une bibliothèque de prêt de livres français etc… ».*[8]

Dans son récit publié en 2012, Marianne Heidmann raconte la joie qui les animait :

> « *Des sorties étaient organisées, entre autres des montées au Sainte-Odile, où nous rencontrions l'Abbé Bannwarth, sous l'œil complaisant du directeur, Mgr Brunissen. Le Mont Sainte-Odile, lieu de pèlerinage nous aidait à nous ressourcer. Nous n'étions pas seules et avons constaté que d'autres jeunes avaient eu la même idée que nous. Ce fut la joie, car eux aussi étaient scouts venus de Colmar, Mulhouse, voire même de la Lorraine. Nous avons fusionné et ainsi naquit "le groupe du Sainte-Odile". L'équipe dirigeante du Mont avait changé et c'est l'Abbé Hirlemann qui fut nommé directeur. On a vite compris qu'il était un ancien scout ; nous avions donc un aumônier et nous sentions en famille.*

---

[8] Archives personnelles de Paul Collowald.

> *Les bons moments prennent fin trop vite. Il nous fallait quitter les hauteurs et redescendre dans la morne plaine où le quotidien était bien pesant. Tôt le matin, nous nous arrachions donc du Mont pour gagner Ottrott et prendre le petit tram nous ramenant à Strasbourg ».*

Les souvenirs de Miquette Schieber sont aussi révélateurs de l'enthousiasme suscité par ces rencontres dans ce havre de paix où chacun peut venir reprendre des forces pour résister :

> « *Je ne rate aucune escapade du dimanche. On va souvent au Mont Sainte-Odile, soit entre scouts, soit avec une bande d'étudiants. On descend en gare d'Ottrott, où les Allemands sont encore nombreux à nous surveiller, puis on monte à pied au couvent, toujours sous leur garde suspicieuse, mais dès notre arrivée, on disparaît. L'aumônier, qui est un résistant, nous a indiqué une porte dérobée vers son logement. Dissimulée dans un mur, elle s'ouvre quand on fait pivoter une rosace de façon adéquate. Dès qu'il n'y a personne dans le couloir, on se glisse les uns après les autres dans l'escalier et on reste ensemble jusqu'au soir, à rire entre nous et à parler librement français. Nous rentrons un soir par l'un des tout derniers trains de la vallée de la Bruche, bondé de Strasbourgeois ragaillardis par cette journée au plein air. En descendant sur le quai, dans la foule, quelqu'un entonne la chanson populaire* Nach dem Winter kommt es wieder ein Mai [Après l'hiver arrive toujours le mois de mai]. *En un rien de temps, du quai numéro cinq à la porte d'entrée, c'est toute la gare qui reprend à pleine voix, sans qu'aucun soldat allemand puisse y trouver à redire, l'espoir brûlant d'une liberté retrouvée ».*

Les réunions au Sainte-Odile prennent une tournure de résistance morale, spirituelle, culturelle : pour Francis Rapp, c'était fondamental « *pour raviver la flamme et refaire les forces* » et être formé à des philosophes et théologiens nouveaux pour eux, tels que Kierkegaard et Theilard de Chardin. Dans les notes de Jeannette Pfohl, on peut lire que c'était un

> « [lieu pour] *les étudiants désirant fuir l'atmosphère lourde de Strasbourg (…), chercher les forces nécessaires pour supporter le poids de l'occupation, nous tenions pour ne pas nous laisser aller au désespoir, pour résister aux idées perverses qui nous assaillaient de tout côté, pour garder la flamme de notre idéal de chrétien (…), dans un cadre merveilleux ».*[9]

Paul Collowald retiendra de cette expérience la possibilité de « s'évader » et l'importance du cheminement individuel et collectif dans la foi pour guider son action.

---

[9] Archives de Jeannette Pfohl (épouse Beck) transmises à Paul Collowald en 2015.

> Au début de l'occupation ce fut plutôt une sorte d'attache sentimentale qui nous poussa à gravir de temps à autre les pentes de la Montagne ; étudiants, étudiantes, routiers, chefs et cheftaines venaient y respirer un air plus pur, oublier pour quelques heures le cauchemar de la plaine pour ne plus voir l'Alsace que « d'en haut », sans Teutons et sans « faisans dorés », martelant avec arrogance les pavés de nos rues. Plus ou moins consciemment, ce n'était alors qu'une sorte « d'évasion » du réel, un désir éperdu de vivre une journée entre jeunes du même bord avec des rires et des chants, des jeux et des chahuts… comme s'« ils » n'étaient pas là. Bientôt le fait de se retrouver toujours presque les mêmes créa un certain climat particulièrement favorable à l'éclosion de solides amitiés, puis de réunions plus organisées et surtout plus fécondes. Nous nous serrions bien les coudes et, dépassant rapidement ce stade de l'« évasion », nous nous acheminions irrésistiblement vers une conception plus constructive et plus dynamique de nos rencontres : mise en commun de nos difficultés et de nos expériences individuelles, étude des besoins spirituels de notre jeunesse, recherche d'une spiritualité plus vivante dans une religion plus christocentrique et plus proche du réel.
>
> (…) [À la veillée du 31 décembre 1943] Devant ce monde craquant de haine et d'égoïsme, devant ces ruines et ces morts qui accompagneraient immanquablement l'assaut final et la libération, quel message pourrions-nous proclamer, quel témoignage porter ? Sinon celui de la Vérité et de la charité. Être des « enfants de Lumière et d'Amour », voilà le serment que nous nous sommes faits en nous étreignant les mains quand retentirent les douze coups implacables, signifiant la fin d'une année et d'une époque révolue.
>
> « La jeunesse d'Alsace dans la Résistance – quelques instantanés »,
> Panthère S.R., *Calendrier* (1946)

Le « groupe du Sainte-Odile » est le lieu où s'exprime une jeunesse qui a décidé de résister à l'idéologie nazie. En même temps, cela se traduit par un comportement *a priori* simple : lutter pour être le plus normal possible dans une période anormale. Ces jeunes catholiques trouvent dans les valeurs morales qu'on leur a enseignées autrefois et que l'on continue de leur transmettre au Sainte-Odile, du sens et du réconfort. C'est ainsi que Paul a retrouvé, dans un dossier jauni, des textes recopiés à la main, notamment la prière de Charles Péguy sur l'Espérance, « *cette petite espérance qui n'a l'air de rien du tout. Cette petite fille espérance. Immortelle.* (…) », textes ensuite diffusés dans la clandestinité. Malgré les difficultés, ces jeunes ont l'énergie de leurs vingt ans et à cet âge, on laisse aussi exprimer sa joie de vivre par des chants et des fous-rires, comme ils le montrent en fêtant le Mardi-Gras à Strasbourg en 1943, à l'invitation de Miquette Schieber. Les rencontres au Sainte-Odile seront enfin pour Paul le lieu où il prendra ses premières décisions d'adulte.

Arrestations, détentions et condamnations

Les conséquences sont en revanche très lourdes pour celles et ceux qui sont arrêtés par la Gestapo. Plusieurs témoignages de proches de Paul Collowald en attestent.

Les cheftaines aînées des Pur-Sang sont arrêtées en janvier 1943 et, après un procès sommaire par le Tribunal du Peuple, Lucienne Welschinger est condamnée à mort, alors que les autres cheftaines se voient infliger des peines de prison. Lucienne échappera heureusement à l'exécution, sur intervention du gouvernement de Vichy, comme en témoigne Marianne Heidmann en 2012. Paulette Falbisaner, Titine Schmitt et Marianne Heidmann sont arrêtées en mai 1943 et enfermées au camp de Schirmeck. En 2012, Marianne Heidmann publie un récit dans lequel elle raconte son arrivée au camp de Schirmeck le 4 mai 1943, puis sa détention.

> L'accueil à la *Kommandatur* fut particulier. Visage contre le mur, nous avons dû attendre le bon vouloir de Karl Buck, le commandant du camp. Quand il m'a reçue, ce fut par un « *du, Rotznase du* » (« toi, petite morveuse »). Pas Titine. D'accord, je n'avais que 19 ans, Titine quatre ans de plus, mais quand même. Toujours aucune explication du mobile de notre incarcération. Des soldats en armes nous ont conduites « au Bunker », bâtiment où se trouvaient les cachots. À chacune le sien. Le militaire qui m'a ouvert la porte de ma cellule m'a crié : « *Avant toi, ce cachot était occupé par Wodli, nous l'avons fusillé* ». Charmant, le mode d'intimidation, me suis-je dit. La porte se referma sur moi : deux tours de clés, deux loquets poussés. Ce bruit hanta mes jours. Me voilà dans un rectangle de six fois mon pied de large sur onze fois mon pied de long (je chausse du 38). Pas de lavabo, donc pas d'eau, pas de WC, quatre murs couverts de graffitis. Leur lecture a occupé les jours suivants. J'ai tout de suite pris mes marques en gravant un trait avec mon pouce ne voulant pas oublier les dates. C'était très important à mes yeux. Il y avait une lucarne avec des barreaux, évidemment en hauteur, donc inaccessible pour moi pour regarder dehors. J'ai poursuivi l'examen de mon domaine. À ma gauche un treillis de fer fixé au mur. J'ai compris que ça servait de lit. À ma droite, une planche étroite et une autre un peu plus large. Ma perspicacité y a vu une banquette et une table. Mobilier minimum dont j'ai appris à me servir : en rabattant la grille du lit, faute de place, il fallait remonter le banc et la table. L'inverse se faisait le matin. Astucieux ! L'inspection des lieux faite, je m'interrogeais : « *Et maintenant, qu'est-ce qui t'attend ?* ». Un œilleton sur la porte permettait à la surveillante de nous épier. Que peut-on penser en pareille circonstance ? Rien pour le moment. Finie la liberté, on ne sait pas de quoi demain sera fait. (…) Premier jour d'incarcération, c'était le 4 mai 1943. J'ai mesuré la pauvreté de mon état : je ne disposais de rien. Cela me fit penser à la « femme pauvre » de Léon Bloy, livre que l'Abbé Kragl m'avait conseillé de lire. La nuit venue, je me suis étendue tout habillée. Les gardiens faisaient la ronde, accompagnés de leurs chiens qui aboyaient ; je n'étais pas rassurée.

> Le lendemain et les jours suivants se ressemblaient. Au réveil, on nous apportait une cuvette d'eau pour la toilette et je n'avais aucune affaire : pas de savon, pas de brosse à dents. RIEN. Puis petit déjeuner : un ersatz de café – malt –, un bout de pain moisi, jaune, vert, répugnant, un peu de margarine ersatz. Quand on a faim, on mange n'importe quoi. J'ai su plus tard que le pain était fourni par l'armée. C'était un pain noir qui ne pouvait plus être servi à la troupe, car immangeable. C'était bon pour nous, les moins que rien.
>
> Récit de Marianne Heidmann (épouse Giordani) publié en 2012

Dans la suite du récit de Marianne Heidmann, on apprend qu'elle et Titine Schmitt sont transférées dans une baraque avec d'autres détenues, tandis que Paulette Falbisaner reste en isolement, n'ayant souvent à manger qu'un jour sur deux et se voyant retirer son grabat. En 1946 sont publiés des extraits du carnet de Paulette Falbisaner où elle raconte en allemand sa nuit de Noël 1943 où, s'adressant à sa mère incarcérée elle-aussi à Schirmeck mais qu'elle n'a pas revu depuis longtemps, elle tente de s'accrocher à tout message d'espérance.

> Depuis dimanche, dans le mur calcaire de ma cellule, j'ai gravé quatre flammes d'une couronne de l'Avent avec la point de ciseaux. Cette grande attente se rapproche, le Christ arrive, pour apporter la vie, la paix, la joix, et la liberté… même à ceux qui sont en détention. Lui, ce tout petit enfant, que je dessinais aujourd'hui avec beaucoup d'effort et de maladresse sur le mur. (…)
> Malgré tout, Noël, ma chère mère… Cela fait maintenant quatre mois que je n'ai pas pu me mettre en relation avec elle… Il y a quelques jours, un ami, lui-même détenu, m'a proposé de faire passer un billet pour elle, dans la baraque où elle est détenue. Y parviendra-t-il encore ce soir ?
>
> Premier numéro du Calendrier (1946)
> (extrait : traduction de l'auteure)

Du côté du Front de la Jeunesse d'Alsace, la situation est encore plus dramatique. Trahi par un camarade, Alphonse Adam est arrêté le 6 janvier 1943 alors qu'il est sur le point de passer la frontière suisse pour échapper à la répression. Son ami Robert Kieffer avait déjà traversé cette frontière mais, par amitié, revient sur ses pas ; il sera pris dans le guet-apens. Peu après, en février, « les treize de Ballersdorf » sont exécutés à la Sablière du Struthof[10], ce qui laisse présager du pire.

Exclu de l'Université de Strasbourg, puis torturé[11] et incarcéré à Strasbourg, Schirmeck et Bühl (pays de Bade), Alphonse Adam fait l'objet

---

[10] *News d'Ill*, op. cit.
[11] *Idem.*

d'une parodie de procès les 6-7 juillet 1943 pour avoir distribué des tracts engageant à ne pas se présenter aux conseils de révision pour intégrer la *Wehrmacht*. Au-dessus de la salle du Tribunal au premier étage se trouvait une galerie où avait été admis une quinzaine d'étudiants. Parmi eux se trouve Lisbeth Poprawski, habillée en robe bleue à pois blancs et socquettes rouges, ce qui lui vaut un bravo d'un étudiant qu'elle ne connaît pas encore, Paul Collowald, qui est venu prendre des notes clandestinement. Petits actes héroïques, même s'ils paraissent dérisoires face à la barbarie en marche. Le but du procès est de terroriser l'auditoire. Les accusés sont humiliés en public. Dans son allocution en hommage aux victimes, Richard Seiler, président du Souvenir français pour Strasbourg-ville, rappelle que le président du « Tribunal du Peuple », le procureur nazi Roland Freisler, celui qui a présidé le procès des jeunes Scholl à Munich, s'est déplacé « *spécialement de Berlin pour la circonstance et pour bien marquer les esprits* »[12].

Paul Collowald a retrouvé quelques traces de ses notes prises en cachette, furtivement.

« *Vers 10 heures.*
Lecture de l'acte d'accusation.
Président fait venir A.A. [Alphonse Adam] *devant lui...*
Essaye de le déstabiliser, en lui faisant des remarques désagréables et ironiques sur sa tenue, sur sa langue
– Que parlez-vous à la maison ?
– le dialecte et le français
Reprend le c.v. : les études au Collège épiscopal ; deux semestres de droit, évacuation, retour
Puis Freisler énumère toutes ses trahisons pour en arriver au conseil de révision
– Musterung, pas légal, proclame A.A.
– Fureur de Freisler : Comment ! Votre sang allemand n'a donc pas parlé ! vous êtes un traître !
– Non, je ne suis pas un traître !
– Non seulement vous en êtes un, mais vous avez entraîné d'autres camarades dans le malheur, en diffusant des tracts appelant à ne pas se présenter au Conseil de révision !
A.A. plaide son éducation française, l'impossibilité du jour au lendemain, de changer de mentalité...
Freisler : (coupe la parole) Moi je ne connais que le sang !
A.A. essaie de plaider le caractère « idéaliste » de son combat
Freisler : Non c'est de la trahison, du sabotage de la Wehrmacht
A.A. Je me croyais dans le droit, l'Alsace était française. Personne ne nous a dit que nous étions des « Reichsdeutsche »... »

---

[12] Allocution de Richard Seiler, président du Souvenir français pour Strasbourg-ville le 15 juillet 2011. (archives personnelles de Paul Collowald)

Jusqu'à la fin, la famille et les amis d'Alphonse Adam espèrent qu'il s'en tirera avec une peine de prison. Mais la sentence tombe, terrible : parmi les quinze condamnés, Alphonse Adam et cinq autres (Robert Kieffer, Pierre Tschaen – celui qui avait trahi le réseau – Charles Schneider, Joseph Seger et Robert Meyer) sont exécutés le 15 juillet 1943 à 6 heures du matin, au Port du Rhin à Strasbourg. Le Rhin, témoin des si nombreuses victimes des conflits que les frontières suscitent…

Alphonse Adam laisse une lettre en allemand à sa famille dans laquelle il exprime toute la puissance de sa foi chrétienne, son patriotisme et sa résistance ultime :

> (…) *Je serai toujours avec vous. Dieu le Père portera les prières que je ferai pour vous. Soyez extrêmement courageux dans ces temps d'épreuve qui vous attendent. Occupez-vous de la santé de ma chère Isabelle. Vous devez vivre pour la petite Pélagie. Sinon mon souhait est de vous revoir aussi vite que possible dans la gloire de Dieu. Ma jeune vie, que je sacrifie pour la justice de Dieu et mon idéal chrétien social, n'appartient qu'à Dieu. C'est lui qui me jugera dans l'éternité. Mon amour, mon très grand amour fraternel vous accompagnera tout au long de votre vie. Je vous embrasse affectueusement. Au revoir dans l'éternité de Dieu.*
> *Alphonse*
>
> (en français) : *Au revoir au Paradis !*
>
> (extrait : traduction de l'auteure)

L'Abbé Neppel dit une messe pour les fusillés à Schiltigheim, ce qui lui vaut une descente de la Gestapo et un interrogatoire serré. L'Alsace est durement touchée par les arrestations[13]. D'après Richard Seiler, durant la seule année 1943, 2 410 personnes sont condamnées par le pouvoir nazi, dont 63 à mort, 592 à des travaux forcés et 1 755 à des peines de prison. François-Georges Dreyfuss avance le chiffre de sept fois plus d'Alsaciens arrêtés par la police allemande que dans le reste de la France pendant la Seconde Guerre mondiale[14]. L'Université de Strasbourg transférée à Clermont-Ferrand subit les rafles, et un certain nombre d'étudiants comme de professeurs sont déportés à Dachau le 25 novembre 1943[15].

---

[13] *News d'Ill*, op. cit.
[14] Dreyfuss François-Georges, *Histoire de l'Alsace*, Paris : Éditions Hachette, 1979.
[15] 130 étudiants et professeurs de l'Université de Strasbourg repliée à Clermont-Ferrand sont déportés vers les camps de concentration et près de 500 sont arrêtés au cours des rafles. Un ouvrage collectif publié en 1996 par les Presses universitaires de Strasbourg a recueilli de nombreux témoignages : *De l'Université aux camps de concentration, témoignages strasbourgeois*.

Un Malgré-Nous

Les ruses pour échapper à l'incorporation

Paul Collowald a tenté d'échapper au destin des Malgré-Nous, ces jeunes hommes alsaciens et mosellans incorporés de force dans la *Wehrmacht*. Il s'y soumet finalement pour ne pas mettre en danger sa famille, qui risquait la déportation pour rééducation, l'*Umschulung*.

Le service militaire obligatoire dans l'armée allemande est instauré pour les Alsaciens le 25 août 1942 et les classes d'âge 1920-1924 sont les premières concernées. Paul Collowald est donc en première ligne. Mais Henri Hiegel, de l'Académie nationale de Metz, explique que « [dès le] *mois de mai [1941] la gendarmerie des arrondissements de Sarrebourg et de Sarreguemines reçut l'ordre de dresser en secret la liste des jeunes gens, nés entre 1914 et 1925 et aptes à entrer dans* [la] *formation* [des Waffen-S.S.] »[1]. L'appel au volontariat, ici comme ailleurs en Alsace et en Moselle, est un échec cuisant pour le pouvoir nazi. Dans un mémoire de recherche de l'Université de Strasbourg soumis en 2017, Geoffrey Diebold comptabilise 2428 volontaires, dont 1142 dans la Wehrmacht, 872 pour les Waffen-S.S. et 114 dont on ne sait pas exactement pour quelle armée ils se sont engagés[2].

À partir de l'été 1943, ce sont les incorporations de force dans le RAD puis la *Wehrmacht* qui commencent, au moment où l'Allemagne nazie recule sur plusieurs fronts militaires. Henri Hiegel rappelle la harangue du *Gauleiter* Bürckel aux jeunes Mosellans :

« *Fin mars 1942 en visitant le camp de Dreisbach près de Merzig,* [le Gauleiter] *rappela aux R.A.D. Männer que 20 000 engagés alsaciens et lorrains avaient*

---

[1] Hiegel Henri, 1982, *op. cit.*, pp. 77 ; Voir aussi Mengus Nicolas, *Malgré-Nous ! : les Alsaciens et les Mosellans dans l'enfer de l'incorporation de force*, Wissembourg : Presses du Belvédère / La Tour Blanche, 2010 ; le numéro spécial de *l'ami hebdo*, « Comprendre l'incorporation de force », automne 2012, et le site internet www.malgré-nous.eu.

[2] Diebold Geoffrey, « Les engagés volontaires alsaciens dans la Wehrmacht et la Waffen SS (1940-1945) », mémoire de recherche sous la direction de Ségolène Plyer, Faculté des sciences historiques, Université de Strasbourg, 2017, pp. 156.

*servi dans l'armée allemande (en réalité ce n'étaient que 3 500) et qu'il ne pouvait tolérer qu'au moment où se décidait le sort de l'Europe, les Mosellans restassent dans l'indécision ou l'attente politique, afin d'être chaque fois parmi les vainqueurs et la presse répéta que l'Allemagne ne pouvait tolérer les attentistes (*keine Halben*) dans la Marche de l'Ouest, la* Westmark »[3].

Sa classe d'âge étant convoquée à partir d'octobre 1943, Paul tente d'échapper à son incorporation de force. Il est conscient de ce que celle-ci implique, vu son activité dans les réseaux de la Résistance. Son engagement l'oblige évidemment à refuser cet enrôlement.

> Septembre 1942
>
> L'ordre nous est venu de recenser les bonnes volontés de notre pays. La jeunesse alsacienne ne peut rester en dehors de la lutte qui se joue pour l'avenir de sa terre natale. Elle n'a qu'un désir, qu'une volonté : lutter pour la libération de son sol et établir les bases d'un nouvel ordre politique et social fondé sur des principes chrétiens.
>
> CAMARADE !
>
> TOI qui comprends la gravité de l'heure, réponds à cet appel. Présent tu auras été le jour du combat, présent tu le seras avec nous le jour de la VICTOIRE. TA VIE, TON ENTHOUSIASME, mets-les au service de la CAUSE LIBERATRICE, cette cause dont dépend ton propre avenir. Ce sera en proportion de ton effort que l'on tiendra compte des revendications justes et appropriées, par lesquelles nous voulons régler le sort de notre génération. En exigeant notre part dans l'organisation politique de notre pays nous entendons partager les responsabilités qui incombent à cette charge ! Cette part de responsabilités vis-à-vis de nous-mêmes, vis-à-vis de nos concitoyens, PRENDS-LA, TOI AUSSI, SUR TES EPAULES. Répands autour de toi et avec prudence et selon les ordres que tu auras reçu du porteur de ce tract, qui t'initiera et te transmettra les directives selon lesquelles il faudra agir, cet ultime appel :
>
> GROUPEZ-VOUS, ORGANISEZ-VOUS, CREEZ des sections, des équipes. Votre adhésion, votre enthousiasme, le sacrifice même de votre vie renforcera le Front de la Jeunesse alsacienne qui se constitue et qui grandit chaque jour davantage. La sainteté de notre cause nous garantit son triomphe
>
> FAITES enfin confiance à vos chefs. Ils sont à la hauteur de leur tâche et dignes de l'effort que vous ferez pour exécuter leurs ordres
>
> SACHEZ aussi que vous n'êtes pas seuls dans cette lutte. Nombreux sont ceux qui se sont déjà prononcés pour nous. Ailleurs aussi on suit avec intérêt les phases de notre « BATAILLE »
>
> RESERVE surtout tes moyens, ton ardeur pour l'heure décisive qui sera fixée par les chefs responsables

---

[3] Hiegel Henri, 1982, *op. cit.*, pp. 78.

> N'EXPOSE pas tes amis par des paroles imprudentes ou par un désir trop vif d'action aux poursuites de la Gestapo !
> SOIS PRUDENT, TOUJOURS PRUDENT, telle est la recommandation qu'il ne faut se lasser de répandre autour de soi
> FAIS AVEC NOUS LE SERMENT de ne jamais défaillir devant les exigences de cette lutte avant que nous ayons atteint notre but qui est le bonheur de l'Alsace et la grandeur de la France
> JEUNES ALSACIENS, MES AMIS, À L'ACTION ET POUR DE BON !
> VIVE L'ALSACE ! VIVE LA FRANCE !
> VIVE LE FRONT DE LA JEUNESSE ALSACIENNE !
>
> <div align="right">Tract du Front de la Jeunesse d'Alsace (publié in <i>News d'Ill</i>, op. cit.)</div>

Pour échapper à l'incorporation de force, Paul Collowald a recours à plusieurs stratagèmes. Il se justifie dans un premier temps en utilisant des raisons familiales : maman alitée et trois jeunes sœurs à la maison. Puis il prétexte une hospitalisation, qui est en fait « organisée » avec le docteur Muller. On l'opère d'un kyste au pied et il obtient la *Ärztliche Bescheinigung*, le certificat médical, pour justifier le report de son incorporation. Pour d'autres jeunes hommes, ce stratagème de l'infirmité les mutilera à vie. Lors de la seconde convocation en janvier 1944, il obtient un nouveau report pour cause d'examens à l'université.

Mais le 22 mai 1944, Paul est finalement enrôlé dans la *Wehrmacht* pour éviter à sa famille d'être déportée vers un camp de rééducation sur les territoires orientaux du *Reich*, comme la Silésie. Il se rappelle : « *Il y a eu une émotion certaine quand j'ai annoncé à mes parents que j'avais décidé de rester et de ne pas m'évader ; j'ai attendu que mes petites sœurs soient couchées pour le leur dire* »[4]. Cette décision de jeune adulte, il la prend peu de temps avant sur le chemin du Mont Sainte-Odile, comme le relate Jacqueline Schisselé (épouse Pfohl) dans une lettre qu'elle lui adresse en août 2012 :

> « Un souvenir précis me revient souvent : cette journée à Sainte-Odile où à l'aller vous m'aviez dit que vous veniez méditer sur ce que vous deviez faire : fuir l'enrôlement allemand ou vous y soumettre. Vous m'aviez expliqué que votre maman était handicapée et que vous hésitiez à lui faire courir le risque de représailles. Et sur le chemin du retour vous aviez pris la décision de vous laisser enrôler. Combien de fois n'ai-je pas repensé à cette scène, symbole finalement du drame de l'Alsace. Du fond du cœur je vous ai plaint… et admiré ».

---

[4] Entretien personnel avec Paul Collowald (printemps 2017).

Moments graves, mais aussi provocation, insolence, chants, rires… leurs seules armes pour résister, au fond.

Résistance de ceux qui doivent partir : Paul raconte, « *Je suis parti en bus à Saarbrücken depuis Sarrebourg. On a traversé les faubourgs de Saarbrücken en chantant la Marseillaise !* »[5].

Résistance de ceux qui restent : dans sa lettre de 2012, Jacqueline Pfohl raconte sa distribution de drapeaux français à la veille de la libération de Strasbourg le 23 novembre 1944, avec Marianne Rudloff, sœur de Marcel Rudloff[6] qui s'était évadé en 1942 pour échapper à l'incorporation de force et rejoindre l'Université de Strasbourg repliée à Clermont-Ferrand.

> *Pour le 22 novembre 1944, nous avions fabriqué des petits drapeaux bleus, blancs, rouges en papier, et nous devions aller le soir, les jeter un peu partout à travers la ville. Au dos, nous avions imprimé le mot « courage ». Le jour de la « distribution » (…) nous sommes parties bras dessus bras dessous vers les endroits sensibles : place Broglie, place Kléber, rue de la Mésange, Conservatoire, lâchant ici et là, des petits paquets de nos drapeaux.*
>
> *Il nous en restait encore quelques-uns lorsque nous nous sommes demandé où nous allions les disperser. Nous avons alors pensé à l'annexe de la Gestapo Avenue des Vosges, d'autant plus que juste à côté, habitait une amie de ma mère, patriote comme pas deux, Mme Lelorain.*
>
> *Notre « forfait » accompli, j'ai raccompagné Marianne jusque chez elle. Il faisait sombre forcément : novembre et Abdunkelung [Obscurcissement]. J'ai buté dans un tas de sable installé là contre les bombes au phosphore. Prise d'un fou-rire inextinguible, sous l'effet de la tension nerveuse je pense, je n'arrivais plus à me relever. Marianne à son tour, par contagion s'est esclaffée sans pouvoir s'arrêter. Ce que nous avons pu rire ! Que de bons souvenirs !!!*
>
> *Mais le plus beau s'est produit le lendemain. En arrivant à proximité de la Fac, j'ai vu un gros attroupement. Je me renseigne auprès d'un type qui en venait. Il me dit qu'il y avait un contrôle d'identité car « on cherche des terroristes »… Je réfléchis un instant et me dit qu'il valait mieux que je ne me présente pas à ce contrôle (j'avais déjà eu plusieurs histoires avec le Studentenführer). Je suis donc revenue sagement chez nous.*
>
> *Et le soir… maman me dit : « Sais-tu ce qui est arrivé ce matin devant la maison de Loulou (Mme Lelorain) ? – Non. Figure-toi qu'il y avait plein de petits drapeaux français devant la Gestapo (annexe) et comme il a plu cette nuit, un type de la Gestapo était agenouillé par terre pour tenter d'enlever ces drapeaux incrustés dans les rainures du dallage. Et il pestait, il pestait, et il était entouré d'un groupe de badauds qui essayaient de ne pas rire…*
>
> Lettre de Jacqueline Pfohl à Paul Collowald, été 2012

---

[5] Idem.
[6] Marcel Rudloff deviendra après-guerre avocat, puis élu politique : conseiller municipal à partir de 1965 et adjoint au maire de Strasbourg en 1971, puis maire de Strasbourg de 1983 à 1989, conseiller général du Bas-Rhin de 1976 à 1988, président du Conseil régional d'Alsace en 1980, 1986 et 1992, sénateur en 1977 et 1986, nommé au Conseil constitutionnel en 1992 (https://fr.wikipedia.org/wiki/Marcel_Rudloff consulté le 28 décembre 2017).

En formation en Pologne (1944-45)

Quand Paul est enrôlé de force dans la *Wehrmacht*, celle-ci est aux abois. En infériorité numérique par rapport aux Alliés, elle recule sur tous les fronts, Est et Ouest. Mais Hitler veut la guerre totale, jusqu'au bout ; jusqu'à la destruction de tout.

Paul raconte sa formation en Pologne et son acte de résistance spontané, irréfléchi, mais heureusement sans conséquence pour lui :

> « *Pour notre "Ausbildung"* [formation]*, on s'est rendu en Pologne, à Sandomir* [en polonais, Sandomierz, à 200 kilomètres au sud de Varsovie]. *On nous a sélectionnés. On découvre que je sors de l'université, et on me propose de rejoindre le Feldwebel pour être son assistant. Ils avaient trouvé dans mon sac deux livres en allemand, le premier, l'une des dernières œuvres du théologien alsacien, le chanoine Charles Pfleger ; l'autre de Maria Rainer Rilke,* Lettres à un jeune poète*. On nous dit : "la semaine prochaine on réunit des gens pour faire un stage pour être officier". Convoqué par le Hauptman qui s'exprime sur son cheval, il s'adresse à nous : "Sie sind natürlich freiwillig hier" ("vous êtes évidemment volontaires"). Je lève la main : "Nein, Herr Hauptman, nein ich bin ein Elsässer, ich bin nicht freiwillig hier" ("non, je ne le suis pas, je suis Alsacien"). C'est venu spontanément, de manière irréfléchie. Je ne savais pas ce qui allait se passer… J'aurais pu aller en Conseil de guerre. Mais il n'a rien fait… Après réflexion, je me suis dit qu'après tout, il pouvait y avoir des officiers de la Wehrmacht cultivés et connaissant la situation de l'Alsace* »[7].

Paul est rattaché au génie (*Pionierabteilung*), fort de sa formation universitaire… et de l'absence de celle militaire, sa chance finalement. Il raconte :

> « *On a construit des ponts en attachant des bateaux avec des barres d'acier, pour créer un plancher et faire passer les chars et les fantassins* »[8].

Parmi les nombreuses lettres qu'il envoie à ses amis du Sainte-Odile, Paul a retrouvé quelques courriers de guerre (*Feldpost*) adressés à Jeannette Pfohl entre juillet et octobre 1944 dans lesquels il exprime, dans un style mordant et amer, ses frustrations et ses peurs ; mais aussi sa foi, pilier qui s'affirme au fur et à mesure des épreuves de sa vie. Dans la première lettre, il raconte la première journée de sa majorité à 21 ans.

---

[7] Entretien personnel avec Paul Collowald (printemps 2017).
[8] *Idem.*

9 juillet 1944

Chère Jeannette,

Selon mon habitude depuis 1 mois et demi, vite quelques mots pour accuser réception de votre lettre du 29 juin. Merci pour vos bons vœux [d'anniversaire des 21 ans] ; les « actes d'indépendances » liés à ma majorité n'ont pas été particulièrement brillants le 24 juin : j'ai passé la matinée à poser des barbelés et l'après-midi à cirer les bottes et à nettoyer la chambre de mon sous-officier. Pas mal, hein ? À l'heure qu'il est vous pendelez [faites les allers-retours] entre Mühlbach et Strasbourg ; beau temps ? ici nous sommes en sueur du matin au soir, du soir au matin… et ce n'est pas une simple figure de style. Soleil, bleu fixe, orage ; pas le moindre souffle de vent, à part le vent de tempête qui nous soulève de terre juste avant l'orage. Me voilà un mois ici ; physiquement et moralement j'aspire toujours au dimanche où j'ai maintenant ma messe et ma communion assurées. Il n'y a pas trop longtemps on a fusillé 20 otages sur la place du marché ; chaque jour on signale des escarmouches avec les partisans. L'atmosphère devient toujours plus lourde à mesure que le front se rapproche ; des bruits couraient au sujet de notre départ. Ce qu'il y a de sûr c'est que nous préparons la défense de la ville et que le cas échéant nous y participerons directement… En union dans la joie, Paul S.R. »

Lettre en français issue des archives personnelles de Paul Collowald

27 août 1944

Chère Jeannette,

Je reviens de la rivière où je suis allé prendre un bain et faire la lessive dont le but normal est de blanchir le linge mais dont le résultat pratique se borne à un beau gris et… à vous donner de belles mains blanches [les mains sales par le maniement des fusils rendent le linge gris]; le reste du temps ils ont une couleur brune [les chemises brunes des SA] dont la cause avouée est le soleil [il y avait une blague entre Allemands antinazis « Ja er ist ganz braun aber nicht von der Sonne », « il est brun mais ce n'est pas à cause du soleil »]… évidemment. Encore 3 semaines d'instruction dans un ex-camp de juifs rempli de poux, entouré de barbelés et l'on pourra penser à la permission précédant le départ au front. Autre possibilité : Einsatz sans perm. Physiquement on nous en fait voir de drôles ; rythme accéléré de fin d'instruction. J'ai eu 3 semaines animées au début du mois d'août : occupions la tête de pont de l'autre côté de la Vistule, puis repli, puis instruction parallèle et… finalement le front nous faisait de l'œil à 10 kms et l'artillerie russe commençait à régler ses tirs sur nos positions dominant le fleuve où j'ai vécu d'inoubliables couchers de soleil. Je vous quitte ; vais allonger mon souper par quelques pommes de terre. Portion très réduite, pas moyen de recevoir de paquets. Bonjour à toutes les amies. Dans Sa Joie, Paul

Lettre en français issue des archives personnelles de Paul Collowald

> 1ᵉʳ octobre 1944
>
> *Chère Jeannette, dans ce bled pas d'électricité, le jour tombe vite, encore quelques mots. Vous avez certainement appris par mes rares lettres et les nouvelles de Roby que le séjour de Sandomierz s'est achevé d'une façon assez brûlante. Puis 6 semaines d'instruction dans un ex-camp de Juifs plein de bestioles sympas. Enfin on nous a « abgestellt » [déplacés] sans permission. Depuis 10 jours dans l'unité de ligne ; dans 2-3 jours nous partons, paraît-il, pour les Karpathes. La seule chose de sûr est le départ. Plus de nouvelles de chez moi depuis le 6. IX. Enfin, c'est le moment ou jamais de vivre la confiance totale en Notre Père.*
>
> Lettre en français issue des archives personnelles de Paul Collowald

Toutes ses lettres se terminent par un message d'espérance. Parmi ceux du groupe du Sainte-Odile qui sont restés, Marianne Heidmann raconte en 2012 que la prière est restée leur lien pendant cette période :

> « *Au Mont Sainte-Odile, nous n'étions pratiquement plus que quelques guides. Paul Collowald a été mobilisé, Fernand Lefèbvre et François Pfister ont cherché à fuir en Suisse. Lors de la dernière réunion avant ces départs, nous avons décidé de garder malgré tout un lien par la prière. Quel que soit l'endroit où nous étions, nous nous engagions à prier un Notre Père tous les jours à midi. Nous restions ainsi unis dans la fraternité scoute et en tirions la force d'accepter le quotidien quel qu'il soit* ».

Dans le *Calendrier* de 1946, sous le titre : « Il y a un an… Noël en Haute-Silésie ! », Paul Collowald raconte son Noël de l'année 1944 en Pologne. On y ressent à nouveau la ferveur de sa foi, socle qui lui permet de tenir, mais aussi de lier de manière épisodique des relations de confiance avec la Résistance polonaise.

> Les seules heures lumineuses, les seules semaines où j'avais encore l'impression de vivre en « homme » et non plus comme un numéro de la Wehrmacht, (…), c'est en Haute-Silésie que je les ai vécues. L'accueil de ces braves Polonais, annexés comme nous, brimés dans leur langue et leurs traditions comme nous, fut vraiment ce qu'il y a de plus chaleureux et de plus fraternel. Partout où l'on savait que sous cet uniforme abhorré et méprisé se trouvait un Alsacien-Lorrain, c'est-à-dire un Français, les portes s'ouvraient comme par enchantement, des articles introuvables sortaient des arrière-boutiques, les sourires se faisaient complices et engageants. (…) Personnellement, c'est dans la petite ville voisine que je trouvais un immense réconfort dans ma solitude quasi-totale d'étudiant au milieu de ces Allemands, pour lesquels il n'y avait qu'un thème de conversation du matin au soir : les femmes et le Wodka. Ce fut là que je fis la connaissance de l'archiprêtre et de ses vicaires. Celui-ci vénérable prêtre de 72 ans, avait gardé toute sa fraîcheur et sa lucidité ; sa plus grande joie était de parler français avec moi – il avait fait ses études à Fribourg en Suisse – de s'entretenir de la France, de sa littérature et son rayonnement spirituel. Chaque soir à 18h je m'échappai de l'école

> du village qui nous servait de caserne pour venir me recueillir à l'église et y recevoir Celui qui restait notre seule force, notre seul aliment spirituel, loin du pays et loin de la famille. Puis, et ce fut bientôt une vieille tradition, je passais au presbytère pour le repas du soir où tout le monde s'efforçait de parler français pour me faire plaisir. (…) Et bientôt il était l'heure de monter furtivement dans la fameuse chambre « isolée » du 1ᵉʳ étage où se trouvait cet objet si précieux à l'époque : un appareil de radio pouvant capter les ondes de foi et d'espoir qui venaient de Londres. C'est là que je pus suivre la fin de la campagne de France, les combats de l'Alsace et de Moselle, la bataille de Colmar, la prise de Metz, Sarrebourg, Saverne, Strasbourg. Quel cafard de ne pas y être, mais quelle joie de savoir ma famille et mes amis restés au pays, délivrés de la botte ennemie !
>
> « Il y a un an… Noël en Haute-Silésie ! », Paul Collowald,
> premier numéro du Calendrier (1946)

Une nuit, alors que Paul Collowald est de garde, des munitions sont volées. Le lendemain, lui et son compagnon alsacien sont convoqués pour se justifier. Ils expliquent avec précision la garde qu'ils ont effectuée et sont finalement contraints à peler les pommes de terre pendant 48 heures… *« Mais c'est vrai que, du côté des Polonais, ils savaient que cette nuit-là, c'était à nous de faire la ronde. Nous n'étions donc pas au-dessus de tout soupçon… »*[9].

Paul Collowald se remémore aussi cette permission au sujet de laquelle il avait, dit-il, « *l'angoisse de revenir avec l'uniforme allemand à la maison* » :

> « *J'ai en mémoire ce moment très douloureux : je sentais monter en moi la honte (surtout après mon rêve de Saint-Cyr) de revenir en permission à Sarrebourg, sous l'uniforme ennemi ! Certes, une honte tout à fait injustifiée puisque nous avions été abandonnés, arrachés à notre patrie, donc plutôt victimes que coupables. Sur le front Est, c'était la retraite qui allait tourner en débâcle et les permissions ont été évidemment supprimées. Personne, à Sarrebourg, ne m'a jamais vu en uniforme allemand… »*[10].

Toute tentative d'évasion est rendue difficile par la méfiance que ses supérieurs ont développée à son égard, vu son refus d'incorporer le peloton d'officier et ses « contacts » (religieux) avec les Polonais. Dans des notes rédigées en 1983, Paul Collowald raconte :

> « *Le 50ᵉ Pion. Régiment* [régiment des pionniers] *avait été jeté sur plusieurs points chauds de l'offensive victorieuse de l'armée soviétique ; il avait été également utilisé pour favoriser une tentative de contre-offensive avec les chars lourds (Tiger) qui avaient besoin des ponts du génie. Dans la région Brandebourg-Magdebourg, la compagnie fut décimée, et je décidai de m'évader* ».

---

[9] Entretien personnel avec Paul Collowald (printemps 2017).
[10] *Idem.*

Son évasion, au cœur de la débâcle finale de l'armée allemande et de la peur d'être fait prisonnier par l'armée soviétique, a lieu le 30 avril 1945. Elle est fondée sur un stratagème risqué.

> *La guerre se poursuit et la défaite allemande est en marche. Les deux fronts se rapprochent, Russes et Alliés. On se rapproche de l'Elbe. Je suis dans une ferme, le Feldwebel est blessé. Je pense à m'évader. Je lui donne une rasade de schnaps. Je prends mon uniforme, mes papiers, et mets le tout dans le trou des toilettes de l'étable. Je prends le bleu de travail d'un ouvrier agricole, je suis à 20-25 kilomètres de l'Elbe. En route, je me fais arrêter par deux Feldgendarmen installés dans leur side-car à un carrefour. Ils sont impressionnants avec leur grand collier métallique qui s'étale sur leur poitrine. Je leur dis : « Franzose. Arbeit [STO]. Kaputt, Kaputt, Barake, boum, boum. Nix papier ! J'ânonne quelques mots seulement en allemand. Ils m'écoutent, peut-être en ont-ils eux aussi marre. J'ai de la chance : je les entends parler alors que je suis censé ne rien comprendre, « Was machen wir mit diesem Kerl... » [qu'est-ce que l'on va faire de ce gars-là] et se tournant vers moi « Gehen Sie ! Los ! » [partez !]. Je réponds « – Hein ? Ah, los ? au revoir ! ». Je passe l'Elbe en radeau près de Torgau avec d'autres déportés et des prisonniers français en fuite ; les Américains sont de l'autre côté. Je ne fais pas trop de confidence sur mon évasion et je suis embarqué dans les trains vers Paris. C'est un train de marchandises où tout le monde est entassé pêle-mêle. Il n'y avait plus de place à l'intérieur des wagons, mais comme il faisait assez beau, j'ai décroché, avec l'aide d'un autre évadé, une porte d'une maison détruite et nous l'avons posé provisoirement sur les tampons... pour pouvoir rentrer quand même en France, sans attendre le prochain « train » ! J'arrive à Paris le 11 mai 1945 à la Gare de l'est ou du nord, je ne sais plus. Des comités d'accueil avaient été constitués. Il y avait un stand de la Croix Rouge et un des Scouts de France. N'ayant ni argent, ni papiers, je demande aux Scouts : auriez-vous la gentillesse d'envoyer un télégramme à mes parents pour leur dire que je suis vivant et que j'arrive !*
>
> Notes personnelles de Paul Collowald rédigées en 1983

Contre toute attente, Paul est de retour en mai 1945. Sur le télégramme adressé à sa famille figurent quelques mots : « *Rentré France bonne santé arrivée imminente* ». L'essentiel. Sa sœur cadette, alors âgée de onze ans, se souvient :

> « *C'était la première fois que j'ai vu pleurer maman et, d'abord très inquiète, je comprends qu'elle tient à la main ton télégramme de Paris et elle pleure de joie... tu es vivant et tu arrives !* »[11]

Tous ne reviennent pas, comme par exemple Pierre Schmitt, l'un de ses amis parti pour éviter que ses parents âgés subissent la déportation. Envoyé sur le front russe, il y meurt.

---

[11] Anecdote racontée par Paul Collowald lors d'un entretien personnel au printemps 2017.

Richard, mon grand-père, a passé cinq années en Russie, tour à tour combattant, blessé, malade et prisonnier de l'armée soviétique. Il a survécu à deux attaques de typhus, aux blessures générées par les éclats d'obus et aux gerçures des hivers russes durant lesquels la température était souvent inférieure à quarante degrés. Fait prisonnier par les Américains, il obtient le 15 mai 1945 l'autorisation du maire de Lüchow de rejoindre Luise au lac de Constance. Il y arrive le 26 mai. Il pèse 38 kilos. Il n'a qu'un vœu : que les horreurs qu'il a vécues cessent. Et puis, ce désir d'utiliser l'énergie de ses vingt ans pour reprendre le cours de sa vie, au plus vite. Comme Paul. Ce sera pour Richard la reprise d'une fonderie dès l'été 1945 où il travaillera toute sa vie.

Le retour à Sarrebourg

Une fois de retour à Sarrebourg où il a retrouvé sa famille, Paul Collowald est officiellement démobilisé le 4 juin 1945 par le Centre départemental de libération des prisonniers de guerre de Metz. Dans ces semaines d'après-guerre, il se met à la recherche de petits boulots en attendant de savoir quoi faire. Son oncle Alexandre, grâce à un de ses contacts à la préfecture, lui propose de participer au service de déminage : en juin, il devient contrôleur technique de la région de Sarrebourg. Mais à peine rentré sain et sauf de Pologne, il y risque sa vie. Lors d'une opération de démonstration sur le fonctionnement du bazouka, cet engin en mauvais état explose et projette un fragment qui lui passe à un centimètre de la carotide. Transporté d'urgence à l'hôpital militaire Legouest à Metz, il reçoit les premiers soins appropriés et s'en sort bien, au grand soulagement de l'équipe de déminage…

Il propose aussi ses services au chef scout de Sarrebourg. L'usage du français ayant été interdit pendant cinq ans, beaucoup de jeunes parlent surtout le dialecte : Paul Collowald leur enseigne donc le français quelques heures par jour pour faciliter leur avenir.

Il demande à André Cruiziat, le Commissaire général des Scouts de France, qui avait lui-même lutté contre les tentatives du régime de Vichy de créer un mouvement unique de jeunesse[12], de le guider dans son orientation. Ce dernier lui confirme qu'il a dépassé la limite d'âge pour se présenter au concours d'entrée de Saint-Cyr, mais lui propose d'autres projets. Et dès juillet 1945, Paul Collowald est mis sur la piste de contribuer à la réconciliation franco-allemande par le biais d'activités pour la jeunesse.

---

12. *La Croix* « André Cruiziat, l'un des fondateurs de Vie Nouvelle, est décédé », 21 août 1998.

> Quartier Général
> Commissariat Général
> Amitiés Scoutes
> Service de Placement

Paris, 31 juillet 1945

Cher ami,

Féron et moi nous essayons de résoudre ton cas à la lumière de ce que tu nous as écrit. Tes lettres nous permettent d'assez bien te comprendre et de juger de ta situation. Plusieurs possibilités pourraient s'offrir :

1° – Servir dans l'armée. Effectivement, le milieu militaire dans ce qu'il a de traditionnel (au mauvais sens du terme) paraît reprendre le dessus. Il n'en reste pas moins que là où il y a un chef de valeur il se fera du bon travail. Il faut bien savoir qu'il en est ainsi dans tous les secteurs qui sont tous plus ou moins décadents. Entreprendre une tâche de reconstruction, c'est accepter de chausser des bottes d'égouttier et de travailler contre vents et marées sur le terrain qu'on s'est choisi. Comme te l'a dit Féron nous avons étudié les possibilités de l'Armée ; je t'envoie une copie de la première réponse reçue ce matin. Tu pourrais par ailleurs écrire directement de ma part au Commandant Le Coannet (…), lui exposer ton cas (pas trop longuement). C'est un scout ; il cherche à faire un bataillon alpin d'élite et t'aidera certainement à partir si tu as quelque chose dans le ventre.

2° – À l'heure actuelle, l'occupation de l'Allemagne exige une reprise des problèmes de la jeunesse allemande. Un fonctionnaire du Ministère de l'Education Nationale va prendre cette responsabilité à Baden-Baden. C'est un camarade, garçon très sûr qui je le crois sera à la hauteur de cette tâche difficile. Il cherche des collaborateurs, parlant allemand bien entendu : tu me paraîtrais assez adapté à ce genre de bagarre, ta connaissance du monde et de la psychologie allemande serait vraisemblablement extrêmement utile – j'ai l'impression qu'avec MOREAU [le camarade en question] tu pourrais faire de l'excellent travail. Ecris-lui de ma part (…).

3° – Dans le secteur des centres d'apprentissage de jeunes travailleurs on a des contacts extrêmement riches avec la jeunesse ouvrière ; on peut faire énormément pour sa culture, sa préparation à la vie et en même temps lui ouvrir les yeux sur la renaissance nécessaire et faire son éducation sur les moyens pour y parvenir. Tu pourais t'adresser à Fred MAURER ou à Pierre STAHL, à Strasbourg.

4° – Enfin, le Mouvement Scouts de France cherche quelques secrétaires généraux permanents qui soient les animateurs du scoutisme dans une région donnée. Tu imagines, là encore, les répercussions d'un tel service. Tu peux écrire de ma part au Commissaire Général Ajoint, Jacques CHAVEYRIAT, à Paris.

Voilà mon vieux. J'aimerais qu'à la réception tu me dises ce que tu fais pour que nous puissions suivre ton affaire.

Fraternellement,

André CRUIZIAT

Un ami l'encourage aussi à écrire et Paul raconte, dans une rédaction qu'il fera deux années plus tard pour améliorer son style, avoir cherché l'inspiration en essayant de « *puiser* » dans son « *expérience récente* », mais il renonce : il constate amèrement « *le décalage entre la richesse du vécu et la pauvreté de l'exprimé* » et qu'il est « *vain de vouloir revêtir de pauvres mots humains des sentiments souvent inexprimables* »[13]. Il dit de cette période qu'elle fut un « *moment dur* »[14] de sa vie, dont il est aujourd'hui difficile de prendre conscience.

En ce mois de juillet 1945, Paul assiste au mariage de Jacqueline et Raymond Pfohl. Dans la chaleur de l'été alsacien, il porte le frac : c'est un prêt du père de Lisbeth Poprawski, un peu trop élégant pour l'occasion et surtout trop large. Il y croise certains copains résistants et rencontre d'autres invités qui, bien qu'ayant été souvent engagés dans le même combat, ne lui sont pas familiers. Paradoxe de la Résistance : du fait de l'obligation de la discrétion, on ne se connaît pas toujours. Le temps de la fête, on n'en parle guère. Entre déplacés, déportés, évadés, ceux du travail obligatoire et les Malgré-Nous… Les différentes formes qu'a prises la Résistance en Alsace et Moselle sont alors difficiles à expliquer, et chacun, à ce moment-là, veut tourner la page de cette terrible période.

Conclusion

La jeunesse de Paul Collowald est vite confisquée par l'annexion nazie de son Alsace et de sa Moselle. De cette période, il retient qu'il a eu de la chance alors que sa vie, à plusieurs reprises, aurait pu s'arrêter là. À ses yeux, l'amitié aussi fut importante, celle des cheftaines et des scouts, des rencontres au Mont Sainte-Odile, autour de lectures des philosophes Bergson ou Lavelle dans la bibliothèque de l'Abbé Hirlemann, celle qui s'est traduite par la complicité des Polonais… Il s'est créé avec d'autres des bulles de protection pour se ressourcer, garder sa dignité et résister.

Cette période sera cruciale pour cimenter ses choix à venir. Sa réflexion va mûrir à partir de ce « *terreau* » : avec cette expérience, « *Je me suis convaincu qu'après tant de ruines matérielles et tant de haines, la seule préoccupation qui compte, c'est celle des hommes* »[15].

---

[13] Archives personnelles de Paul Collowald : première rédaction du cours A.B.C. du 5 mars 1947 intitulée « Comment vous êtes-vous senti attiré par l'art d'écrire ? ».
[14] Entretien personnel avec Paul Collowald (printemps 2017).
[15] *Idem*.

L'enfant des frontières devient un jeune adulte conscient qu'une nouvelle Europe est à inventer. On verra qu'une fois journaliste, il s'intéressera aux premières discussions en vue d'organiser une coopération pacifique entre États européens et à l'installation du Conseil de l'Europe à Strasbourg. Il assiste à sa première session qui se tient dans l'Aula du Palais universitaire, le 8 août 1949.

En 2013, dans son allocution dédiée aux « Fusillés du 15 juillet 1943 », Paul Collowald rappelle que c'est dans cette Aula que figurent aujourd'hui côte à côte deux plaques commémoratives, l'une évoquant cette première session ; l'autre, la liste de tous les morts, abattus, fusillés, exterminés par les nazis. Établie par ordre alphabétique, elle commence par Alphonse Adam. Le rapprochement symbolique de ces deux plaques correspond au chemin que Paul Collowald choisit d'emprunter en 1945 : après avoir dit « non » à la barbarie, puis gagné la guerre, « *il fallait gagner la Paix, et c'est parfois encore plus difficile* »[16].

---

[16] *Idem.*

II/ Franchir les frontières pour gagner la paix – Le journalisme à Strasbourg (1945-1958)

« *Il ne saurait être question de perpétuer la haine et les ressentiments à l'encontre des Allemands. Tout au contraire, mais sans oublier le passé, il faudra les rallier, et tout entreprendre pour leur intégration dans le monde démocratique et libre. Après la chute du national-socialisme, tout cela sera possible.*

Nos alliés devront faire cause commune pour ensemble imaginer et mettre en œuvre des structures empêchant le retour de tels cataclysmes. Le tout devra se faire au sein d'une Europe aussi unie que possible avec le concours et l'aide des États-Unis. (…)

En tant qu'homme de la frontière, j'ai réalisé le destin tragique de mes compatriotes Lorrains. Au cours de chaque guerre, ils mourraient sur les deux fronts avec des uniformes différents. Une telle situation n'est autre qu'une guerre civile.

Aussi une bonne fois, la haine devra être extirpée de nos cœurs. Le nationalisme et le chauvinisme ne sont que source de misères pour le peuple. La haine n'est pas un sentiment qui lui est inné. (…)

Les frontières qui nous séparent ne doivent pas être la barrière entre des peuples foncièrement différents les uns des autres, mais le lien entre les hommes qui, en fin de compte, n'ont jamais été eux-mêmes à l'origine des conflagrations.

Lorsqu'on se sera rendu compte que la notion de race n'a plus rien de commun avec l'existence des frontières, nos peuples auront compris qu'ils doivent former une seule communauté et unir leurs efforts pour créer et fonder la Patrie Européenne où règnera la paix et le bien-être. Si nous agissons de la sorte, nous aurons accompli les dernières volontés des morts de tous les pays. »

Confidences de Robert Schuman recueillies par Georges Ditsch en 1942, alors que Robert Schuman est en résidence surveillée à Neustadt-an-der-Weinstraβe (Palatinat)[1]

---

[1] Extrait du discours adressé par le vice-président de l'Association des Amis de Robert Schuman, Georges Ditsch, lors de la remise de la Médaille Robert Schuman à Wilfried Martens en 1987, à Paris.

Années universitaires et débuts dans le journalisme

Nouveaux départs

C'est à Strasbourg que se déroule l'après-guerre de Paul Collowald. C'est là que, dès l'automne 1945, redémarrent ses projets personnels et professionnels, à commencer par ses études universitaires à la Faculté des lettres et par sa rencontre avec Marguerite Meyer qui deviendra son épouse. Pour payer ses études, il devient pigiste, puis journaliste. Engagé dans différents mouvements associatifs, on lui demande aussi d'être une sorte de « porte-voix » de la jeunesse.

Dès novembre 1946, il franchit en effet pour la première fois librement la frontière du Rhin pour effectuer un reportage sur l'une des premières initiatives de formation de la jeunesse centrée sur la réconciliation, le Bureau International de Liaison et de Documentation (BILD), fondé par le père jésuite Jean du Rivau. C'est le début d'un tournant dans sa vie : « *Franchir le Rhin comme on franchit un cap* », écrira en 2010 le correspondant du journal *La Croix* à Bruxelles, Sébastien Maillard[1].

À la recherche d'une chambre d'étudiant

Bien qu'il n'ait que 22 ans, Paul Collowald doit renoncer à se présenter au concours d'entrée de Saint-Cyr pour une question d'âge. Il décide de reprendre ses études à l'Université de Strasbourg à la rentrée 1945, avec une autre orientation, les lettres.

Les conditions de vie sont très difficiles dans cet immédiat après-guerre : l'hiver de 1944-45 a été marqué par une nouvelle offensive allemande, Hitler ne voulant pas lâcher Strasbourg, et des bombardements

---

[1] « Paul Collowald, dans le souvenir du 9 mai » par Sébastien Maillard, *La Croix*, 17/4/2010.

périodiques ont lieu jusqu'à la mi-avril 1945. Il faut faire avec la pénurie, puis les tickets de rationnement qui perdurent jusqu'en 1947 pour les produits de la vie courante. Les logements sont rares, et souvent sans chauffage… Malgré ces difficultés matérielles, auxquelles s'ajoutent celles liées à la reprise des études universitaires, Paul Collowald décide de s'installer à Strasbourg.

Au détour de sa recherche d'un logement, la chance lui sourit. Un professeur de Zillisheim lui a demandé de prendre des nouvelles d'un ancien élève, René Meyer, un de ces Malgré-Nous incorporés de force dans la *Wehrmacht*, que l'on sait grièvement blessé dans un hôpital en Allemagne. Paul Collowald se rend à l'adresse indiquée, rue Oberlin, et c'est Yvonne, la sœur aînée de René qui lui ouvre la porte, suivie de Marguerite, la jumelle de René. Paul tombe tout de suite sous le charme de cette jeune institutrice à l'école des Sœurs de la Providence. Et comme un bonheur ne vient jamais seul, les jeunes femmes l'informent qu'une chambre vient de se libérer rue Jacques Kablé, près de la place de Bordeaux.

Dans les semaines qui suivent, Paul cherche différents prétextes pour revoir Marguerite, s'arrangeant pour se trouver sur son chemin lorsqu'elle rentre du travail… Ils se fiancent en 1946 et se marient le 2 août 1947 à la petite chapelle de la Providence, impasse du Tiroir à Strasbourg, après une préparation au mariage moderne pour l'époque : Claude Schahl, le frère franciscain qui les accompagne, a défendu dans sa thèse de doctorat l'idée que le projet de former un couple ne se limite pas au souhait d'avoir des enfants. « Cricri », le surnom de Marguerite donné par René quand il était encore incapable de prononcer son prénom, sera celle avec qui Paul partagera ses projets et sa vie.

Paul découvre la ville de Thann dans le Haut-Rhin au travers de la famille Meyer. Dans les années 1980, le journaliste Jean Egen écrira un récit romancé de son enfance dans cette partie de l'Alsace, *Les Tilleuls de Lautenbach*, dont Marguerite enfant est l'une des protagonistes. Le jeune couple occupe pendant l'été 1947 une des chambres du Foyer de l'étudiant catholique (FEC), puis un appartement rue des Serruriers, près de la place Gutenberg. En 1950 naît un premier enfant, Jean-François, suivi d'Isabelle, née en 1953.

Le Foyer de l'étudiant catholique et les Intellectuels chrétiens sociaux

Étudiant à Strasbourg, Paul Collowald devient un membre actif du FEC, créé en 1925 et dirigé par le Frère Médard, de l'ordre de Matzenheim. Son oncle Alexandre y avait séjourné quand il étudiait au Conservatoire. À l'origine, le FEC est un lieu d'accueil des étudiants avec chambres, réfectoire et activités diverses.

Le FEC d'après-guerre devient un lieu intellectuel majeur à Strasbourg. Dès le 13 mai 1945, soit une semaine après l'armistice, la première conférence du FEC a lieu avec le Père Chaillet et André Mandouze : « *Sous le titre : "de la Résistance d'hier à la Révolution de demain", [ils] acceptèrent d'expliquer à leurs auditeurs les problèmes politiques nés de la Résistance. La salle du Palais des Fêtes, comble jusqu'à la dernière place, leur fit un accueil délirant* »[2]. L'une des raisons est qu'ils sont les directeurs du journal catholique de gauche *Témoignage Chrétien*, dans lequel avait été publié le Cahier « Alsace et Lorraine, terres françaises » en octobre-novembre 1943 qui avait apporté « *un sentiment de délivrance morale aux Alsaciens et conforte une population qui, en plus d'être coupée de la France, a l'impression d'être incomprise. Pour beaucoup de membres des groupes de jeunes d'Alsace, le texte devient une référence, une charte morale, voire un guide de l'action* »[3].

À partir de 1947, au sein du groupement des Intellectuels chrétiens sociaux (ICS), Paul Collowald co-anime avec le Père Bernard, l'aumônier du FEC, deux grands chantiers de réflexion de l'après-guerre en Alsace.

Le premier thème se concentre sur la question régionale, qui est double. D'une part, comme le montre le professeur Émile Baas avec le concept de la « double fidélité » à l'Alsace et à la France[4], il renvoie au sentiment d'abandon de la part de l'État français qui a été ressenti en 1940 en Alsace, et qui se poursuit par le sentiment de n'être pas compris après-guerre. Faire venir des membres fondateurs de *Témoignage Chrétien* dès mai 1945 vise bien à reconnecter le plus rapidement possible la population alsacienne à la résistance de la France de l'intérieur afin que

---

[2] « 25ᵉ anniversaire des ICS, 1945-1970 » par Émile Baas ; *L'Alsace fidèle à elle-même ? Mémoires de Frère Médard* publiées aux Éditions de la Nuée Bleue en 1988.
[3] Fuchs Julien, 2007, *op. cit.*, pp. 238-239.
[4] Baas Émile, « La crise autonomiste » in *Le Semeur*, numéro spécial à l'occasion du Tricentenaire [des Traités de Westphalie], 1948.

l'écart se réduise et que le sentiment d'être méprisé cesse de se développer. Il faudra attendre le 8 mai 2010 pour voir un président de la République, Nicolas Sarkozy, venir « *en Alsace pour réparer une injustice* »[5], celle de l'annexion de fait et du drame des Malgré-Nous.

D'autre part, les expériences individuelles et disparates de la guerre – déplacés, déportés, évadés, Malgré-Nous, résistants de l'intérieur et ceux incarcérés en Alsace, ceux aussi qui ont participé à la Libération (la division Leclerc, l'armée commandée par de Lattre de Tassigny)... génèrent un « malaise moral », comme l'écrit Paul Collowald dans ses notes de l'époque. Chacun pense avoir plus souffert que les autres.

Le malaise est d'autant plus ressenti par sa génération. La guerre a retardé le cours normal des études ou l'entrée dans la vie active. À cela s'ajoutent des problèmes spécifiques à l'Alsace : pour les étudiants, la reconnaissance des diplômes obtenus sous le régime allemand (des examens complémentaires sont souvent nécessaires) ; pour les incorporés de force, celle des années de guerre ; pour tous, le sentiment d'incompréhension que sous-tendent les remarques sur l'accent des Alsaciens en français, voire leur pratique de l'alsacien (qui reste très courante) et leur apprentissage de l'allemand à l'école (la presque totalité de la presse alsacienne est bilingue pour cette raison). En 1950, un étudiant logeant au FEC raconte « *l'atmosphère lourde* » de cet immédiat après-guerre :

> « *L'époque est sinistre ; le vin rare ; toute joie de vivre semble éteinte. La masse estudiantine est amorphe et divisée : les "restés" et les "revenants" s'affrontent. Il y a ceux qui ont fréquenté l'Université de Strasbourg repliée à Clermont, il y a ceux qui ont été à Heidelberg ou à Fribourg et dont la* Wehrmacht *a brutalement interrompu les études ; il y a ceux qui, ayant passé l'"Abitur" sous l'Occupation, commencent au milieu des plus graves difficultés, à préparer les examens français... Méfiance, repli sur soi, ignorance et animosité réciproques, complexe d'infériorité et orgueil exacerbé... Les deux groupes coexistent sans contacts profonds. Chacun croit avoir derrière lui une expérience plus précieuse, avoir plus souffert que l'autre* »[6].

C'est un cri douloureux. Récemment, Paul Collowald est revenu sur cette question :

> « *Au FEC, je rencontrais mes jeunes contemporains avec des "retours" souvent différents du mien. Les uns étaient découragés, d'autres amers ou révoltés par*

---

[5] Discours du président de la République Nicolas Sarkozy le 8 mai 2010 à Colmar consulté le 5 avril 2018 sur http://discours.vie-publique.fr/notices/107001034.html.
[6] Extrait des *25 ans du FEC* publié en 1950.

les incompréhensions, voire des injustices. Il ne s'agissait pas nécessairement de réclamer des privilèges mais, au moins, de constater que nous avions été "abandonnés" par la France et d'en tirer les conséquences. Les uns ne retournaient plus à la Fac pour accéder plus vite à un emploi, ne voulant plus être à la charge des parents. D'autres se donnaient encore un ou deux ans, avant d'envisager un autre avenir. C'est au FEC, en ce lieu privilégié (…) que j'ai pu saisir à cause de la diversité des profils, à la fois les raisons du malaise de cette génération et l'importance de l'effort à accomplir pour ne pas se cantonner dans un mal-être de victime »[7].

En 1949, sollicité par Antoine Fischer pour contribuer au premier numéro de *Saisons d'Alsace* et porter la voix de la jeunesse, Paul Collowald lance, dans un article intitulé « La tâche des hommes de demain », un appel à l'unité au sein de l'Alsace et de la France « *avant de vouloir l'enseigner sur le Rhin à une Europe écartelée qui se meurt de dissensions* »[8]. La même année, invité à une conférence du FEC, Léopold Sédar Senghor, alors député du Sénégal, trouve la formule qui résume avec humour la spécificité alsacienne : dînant ensemble, il confie à Paul : « *Vous les Alsaciens, vous êtes de superbes métis culturels* »[9]… rhénans !

Le second chantier de réflexion concerne l'idée politique européenne. Ce n'est pas sans lien avec le premier : le but est aussi de résoudre les problèmes de l'après-guerre en Alsace par le projet européen. Alors que l'ensemble de la classe politique française se concentre sur la reconstruction du pays – avec les lois de nationalisations et sur la Sécurité Sociale en 1945, la Constitution de 1946 qui voit l'avènement de la IVe République, ou encore le premier Plan Monnet issu du Commissariat au Plan en 1947 – le FEC organise des conférences-débats sur l'unité européenne dès 1948.

C'est là que Paul Collowald noue ses premiers contacts avec Pierre Pflimlin, figure politique montante de la section locale du parti démocrate-chrétien le Mouvement Républicain Populaire (MRP), majoritaire en alternance avec le Parti communiste français dans l'immédiat après-guerre. Docteur en droit de l'Université de Strasbourg, Pflimlin est nommé sous-secrétaire d'État dès 1946, puis de nombreuses fois ministre sous la IVe République. Il en sera l'avant-dernier président du Conseil en 1958, puis plusieurs fois ministre sous la Ve République.

---

[7] Témoignage de Paul Collowald rédigé pour la thèse de doctorat de Julia Wilczynska, *Le retour de l'Alsace à la France*, Institut d'études politiques de Strasbourg (2012).
[8] Collowald Paul, « La tâche des hommes de demain », *Saisons d'Alsace*, n° 1, 1949.
[9] Notes personnelles de Paul Collowald.

Il est élu maire de Strasbourg en 1959 jusqu'en 1983 et dès 1950, il lance le Comité d'étude et d'action pour l'économie alsacienne pour en soutenir l'industrialisation. Toutefois, Paul Collowald ne deviendra son proche collaborateur que dans les années 1980, dans le cadre de ses fonctions de président du Parlement européen.

Le rédacteur en chef du quotidien *Le Nouvel Alsacien*, Alphonse Irjud, un ancien de Zillisheim, se rappelle à quel point les ICS à Strasbourg jouaient un rôle de premier plan.

> Dès 1948, un cycle de conférences sur l'idée européenne était organisé, alors qu'il n'était pas encore question d'un Conseil de l'Europe et encore moins de son implantation à Strasbourg. Pierre Pflimlin traitait, en décembre 1948, les problèmes économiques de l'union européenne, en février 1949, le pasteur Roland Pury et le père Chaillet tentèrent de répondre à la question : « L'Europe unie aura-t-elle une âme ? », en mars, à l'interrogation « Vers les États-Unis d'Europe ? » François Perroux répondait par une analyse de « l'économie européenne dans l'économie mondiale » et Robert Schuman, ministre des Affaires étrangères, évoquait en mai, avec son réalisme dépouillé d'emphase « les perspectives européennes » tandis qu'un autre débat était consacré à « Strasbourg, ville d'Europe ».
>
> Publication « 25ᵉ anniversaire des ICS, 1945-1970 » (par Alphonse Irjud)

Aux côtés de Frère Médard, le groupement des ICS est animé par les professeurs Imbs et Baas. Paul Collowald en devient le secrétaire général et se rend plusieurs fois à Paris pour faire la liaison avec le CCIF[10]. Il rejoint aussi la section strasbourgeoise de Vie Nouvelle, association d'inspiration personnaliste et issue des Amitiés Scoutes d'André Cruiziat. La revue *Citoyens 60*, à laquelle il est abonné, lui fera connaître le nom de Jacques Delors, qu'il rencontrera bien plus tard.

Il se nourrit de ces idées. Il retrouve les valeurs centrées sur l'humain, la justice sociale et l'engagement qui ont été les piliers de sa jeunesse. Étudiant et jeune actif, restant très marqué par l'expérience de la guerre, il veut s'engager lui aussi. Il comprend que l'époque est à la fois grave et prometteuse d'un nouvel avenir en France et en Europe. Il sent que la responsabilité de la reconstruction, autant d'ordre intellectuel et moral qu'économique et politique, repose sur les épaules des jeunes générations, dont il fait partie. Mais son implication est plus dans le combat des idées que dans le débat d'idées. Il se sent moins dans un rôle d'intellectuel, même si certains autour de lui seront des activistes intellectuels, que

---

[10] Centre catholique des intellectuels français.

responsable de la transmission des idées auxquelles il adhère, et ce vers un public plus large, au-delà des cercles intellectuels qu'il fréquente. Beaucoup loueront ensuite ses talents dans la transmission des idées et des faits et, d'un point de vue pratique, dans l'organisation d'événements.

Paul Collowald est sensible aux appels pressants pour l'unité européenne dans les journaux nationaux. La France est divisée entre communistes qui, dans le contexte de la Guerre froide, s'oppose avec véhémence au Plan Marshall en 1947 par solidarité avec Staline ; les gaullistes et une partie du centre-droit, qui cherchent avant tout à capitaliser sur la victoire sur l'Allemagne ; et le MRP, le parti pro-européen français car ce thème « *conjugue le pacifisme, le réalisme et l'anticommunisme et permet une bonne identification du parti* »[11].

Lorsqu'il est décoré de la Croix de Chevalier de la Légion d'Honneur par Alain Poher au Sénat en 1985, Paul Collowald rappelle le final d'un manifeste publié par la revue *Esprit* en 1947 qui l'a beaucoup marqué à l'époque :

> « *Divisée, l'Europe peut être à l'origine de la guerre ; unie, elle peut être à l'origine de la paix. Nous ne sommes ni russes, ni américains, mais citoyens d'Europe. Signé : Camus, Merleau-Ponty, Mounier, Sartre* ».

Le combat pour gagner la paix en Europe, Paul le fait désormais sien :

> « *Il fallait se remettre au travail, vivre, reconstruire, et surtout, surtout, enfin – gagner la PAIX. Je ne sais pas si, dans la terminologie actuelle, nous étions des pacifistes ; nous voulions en tous cas être des artisans de paix. Le "plus jamais cela", croyez-moi, nous l'avions dans les tripes, si vous permettez l'expression. Nous ne voulions pas d'hommes d'État qui se contenteraient de faire des discours ou de signer des Traités de paix, mais des hommes qui poseraient des actes nouveaux* »[12].

L'étudiant de Paul Ricœur

Paul Ricœur rejoint l'Université de Strasbourg en 1947 pour prendre la tête de la chaire d'histoire de la philosophie, dans un immeuble de la rue Goethe. Impressionné par sa compétence et ses talents de pédagogue,

---

[11] Letamendia Pierre, « La place des problèmes européens dans la vie interne du parti sous la IVe République » in Berstein Serge *et al.*, *op. cit.*, pp. 109.

[12] Discours de Paul Collowald lors de la remise de la croix de Chevalier de la légion d'Honneur par Alain Poher au Sénat en 1985 (Archives personnelles de Paul Collowald).

Paul Collowald fréquente assidûment ses cours. Il y retrouve associés l'interprétation des textes religieux et philosophiques qui font partie de sa culture personnelle. Il est interpellé par l'éthique sociale de Paul Ricœur et sa réflexion sur la capacité d'une société à pardonner – Paul Collowald citera Ricœur plus tard dans un de ses témoignages : « *le pardon guérit la mémoire à la racine* »[13]. Paul Ricœur est proche de l'association des étudiants protestants avec laquelle Paul Collowald a également des relations au travers des ICS. Il sera invité à plusieurs reprises à participer aux conférences du FEC, offrant d'autres occasions pour l'étudiant, puis jeune journaliste Collowald de le rencontrer.

Paul Collowald a aussi la chance de rencontrer le philosophe Emmanuel Mounier lors d'un week-end au FEC en février 1948[14]. Par les cercles intellectuels qu'il fréquente, il a eu l'occasion de se familiariser avec le courant du personnalisme et de découvrir, par l'intermédiaire des activités du groupe *Esprit* (la revue que Mounier a fondée en 1932), la quête d'une nouvelle forme d'humanisme, solidement ancrée dans la foi chrétienne. Le personnalisme est né en effet dans les années 1930, au cœur d'un groupe d'intellectuels chrétiens en colère contre la pensée bourgeoise et le système capitaliste. Ce n'est pas en premier lieu un mouvement politique mais spirituel, même si l'objectif est bien de transformer la société. Mais plutôt que par la lutte des classes, et loin du déterminisme du marxisme, il s'agit de réaffirmer la volonté des personnes comme moteur de ce changement[15].

De cette rencontre avec Mounier, Paul Collowald retiendra cette phrase qu'il citera tout au long de sa vie :

> « *Dans cette pâte décomposée qu'est l'Europe, nous avons à multiplier des hommes qui aient de l'os ; des idées fermes ; du courage ; quelques entêtements irréductibles* »[16].

Il en nourrit sa réflexion pour résoudre les dilemmes qui se posent alors pour lui : quelle alternative au communisme, après la défaite qu'il a tant souhaitée, du fascisme ? Quel rôle du chrétien dans la société ?

---

[13] Citation issue de l'interview de Paul Collowald par Anne Dulphy et Christine Manigand « Entretien avec Paul Collowald » *Histoire@Politique*, 13/1, 2011, pp. 9.
[14] Publication « 25ᵉ anniversaire des ICS, 1945-1970 » (Émile Baas), *op. cit.*
[15] Winock Michel, « *Esprit* ». *Des intellectuels dans la cité, 1930-1950*, Paris : Seuil, 1996.
[16] Phrase en exergue de son livre publié en 2014, *J'ai vu naître l'Europe*, Strasbourg : Éditions La Nuée Bleue, 2014.

Années universitaires et débuts dans le journalisme 75

Quelle volonté, nourrie par la foi, exprimer face au déterminisme énoncé par d'autres ? Dans un article au *Nouvel Alsacien* de février 1948, il relate avec honnêteté son questionnement, y compris face à l'exposé donné par Emmanuel Mounier lors de la conférence au FEC.

> Après avoir lu le numéro spécial d'Esprit (déc. 1947) intitulé « La pause des fascismes est terminée », je n'avais pas pu entièrement échapper à l'impression (et je ne fus pas le seul) que le fascisme, étant posé comme le « danger le plus pressant », il ne nous restait plus qu'une solution pour le combattre : se ranger aux côtés du communisme. Oui, je sais, l'article de Jean Lacroix avait été très nuancé, mais quand l'auteur d'un texte écrit a l'intention d'« appuyer spécialement sur une pédale », comme disait une fois Mounier, il risque par là de provoquer une certaine rupture d'équilibre en donnant l'impression de pencher fortement d'un côté, alors qu'il ne s'agit en définitive que de proposer une orientation aux réflexions du lecteur.
>
> Moins statique, moins massif, plus souple, plus précis donc, parce que plus adapté aux résistances éventuelles de l'interlocuteur, est le contact personnel, la causerie suivie de discussions qui permet de redresser les malentendus et de fournir une réponse aux questions restées en suspens.
>
> La présence de MOUNIER au FEC durant trois jours a eu, entre autres, cet immense avantage de donner la possibilité à des esprits sincères de se faire une idée plus exacte de sa position, de dissiper ainsi certaines équivoques que des textes imprimés avaient laissé subsister, que des résistances intérieures plus ou moins conscientes avaient peut-être encore accentuées ou même entretenues.
>
> *Le Nouvel Alsacien*, « Réflexion d'Emmanuel Mounier sur le communisme et le gaullisme » par Paul Collowald, 10 février 1948

À l'université, Paul Collowald rencontre aussi le professeur de droit Michel Mouskhély, fédéraliste convaincu. Avec quelques étudiants, il s'intéresse à une construction fédérale de l'Europe. Il développe un « *intérêt intellectuel pour l'unité européenne* », comme le dira plus tard Edmond Gerrer[17]. Il suit des cours de psychologie sur le comportement de l'enfant et de l'adolescent, et aussi de sociologie. Cela le conforte dans son intérêt pour comprendre les questions de son temps, en particulier celles auxquelles sa génération est confrontée, et lui donne des outils d'analyse.

En septembre 1948, Paul Collowald est licencié *ès* lettres de l'Université de Strasbourg et, son stage au *Nouvel Alsacien* s'avérant très positif, il choisit finalement le journalisme, abandonnant l'idée, qu'il a

---

[17] Éloge du député-maire de Colmar Edmond Gerrer lors de la remise de la Médaille Robert Schuman au Palais Rohan en 1992 (archives personnelles de Paul Collowald).

caressée un moment, de devenir professeur de philosophie. Marguerite, qui a abandonné son travail d'enseignante après le mariage, s'est associée volontiers tout au long de ce parcours aux activités de son mari, dont les horaires sont parfois compliqués. Elle a été à ses côtés pour mener de front études, travail au *Nouvel Alsacien* et bénévolat associatif, pour comprendre aussi ses coups de cœur ou de colère. Elle s'est engagée dans les œuvres caritatives du FEC avec Marie-Odile Pflimlin. Elle a proposé à Paul de l'aider dans ses études, jusqu'à recopier pour lui des pages de chapitres que l'on ne peut pas encore, à l'époque, photocopier et que, faute de temps, il ne peut lire à la bibliothèque pour préparer ses examens...

Paul Collowald participe aussi aux activités de la section universitaire de la JEC, l'une des branches de l'Action catholique qui se développent dans l'enseignement supérieur. Son aumônier est Pierre Bockel qu'il connaît par la famille de Marguerite car il est aussi originaire de Thann. Après avoir été ordonné prêtre à Lyon en 1943, et avoir organisé des activités de résistance en « France de l'intérieur », Pierre Bockel revient en Alsace en 1944 comme aumônier de la Brigade Alsace-Lorraine auprès d'André Malraux. Il est l'un des fondateurs de *Témoignage Chrétien* et à l'initiative du Cahier « Alsace et Lorraine, terres françaises » publié à l'automne 1943. Il sera aumônier des étudiants de Strasbourg jusqu'en 1968 avant d'être nommé archiprêtre de la cathédrale de Strasbourg.

Par ses liens avec la famille Meyer et les relations amicales qu'il développe au sein de la JEC, Pierre Bockel demande à Paul Collowald de représenter les mouvements éducatifs au sein de l'Union patriotique des organisations de la jeunesse (UPOJ). Paul Collowald en devient le co-secrétaire avec le fils du leader CGT Joseph Mohn, Jean, qui représente l'Union de la Jeunesse républicaine de France (UJRF), c'est-à-dire les Jeunesses communistes. Malgré les différences idéologiques, les « coco » et les « catho » coopèrent, avec le soutien de la municipalité et de l'État, sur les questions d'amélioration des conditions de vie des jeunes de l'après-guerre : la protection de la santé physique et morale, l'accès à la culture, l'accès à des conditions de travail de qualité (apprentissage, surveillance sanitaire) et à une législation protectrice du travail des jeunes, l'aide aux jeunes ménages (mariage, logement, maternité)...

Grâce à Pierre Bockel, Paul a l'occasion de rencontrer André Malraux. Le prêtre et l'écrivain sont restés proches jusqu'à leur disparition, lien qui s'illustre par la longue préface que rédige André Malraux au récit autobiographique de Pierre Bockel, *L'enfant du rire*[18]. Lors d'une visite à Strasbourg en 1947, Pierre Bockel propose à son ami Malraux de passer une soirée dans son appartement avec une poignée d'étudiants dont Paul.

Tant par sa formation universitaire que par sa participation aux activités de la JEC, du FEC et des ICS, Paul Collowald se trouve au cœur du contexte intellectuel stimulant de l'après-guerre à Strasbourg. Il essaie de comprendre ce qui se passe. Il apprend à analyser les questions régionale, européenne et internationale.

Au quotidien *Le Nouvel Alsacien*

Afin d'assurer son indépendance financière par rapport à ses parents et plus tard d'assumer son mariage, Paul Collowald effectue plusieurs piges au cours de l'été 1945 avant d'être engagé comme stagiaire en septembre par l'Abbé Metz, le directeur du quotidien catholique bilingue *Le Nouvel Alsacien*, tiré à 40 000 exemplaires. Il est titularisé comme rédacteur en 1948.

Il a depuis longtemps le goût de la lecture et de l'écriture. Mais le déclic pour faire du journalisme son métier est lié à ses études universitaires qui lui ont fourni de quoi mieux comprendre le monde qui l'entoure et à son désir de s'engager dans la société. Ce sera comme passeur d'information, et le rendra toujours plus curieux et en alerte de ce qui l'entoure.

Il signe de son nom ou sous le pseudonyme de Pierre Chardon, ou sans aucune mention quand il contribue aux « Pages de Strasbourg » où l'on traite notamment de musique, de faits divers, du nouveau prix des logements sociaux, du « *parasol, instrument phare de l'été 47* » ou des conditions locales de baignade… Il réalise aussi des rubriques pour la radio à la villa Greiner, aujourd'hui le siège du musée Tomi Ungerer, et pour la télévision, place de Bordeaux[19].

---

[18] Pierre Bockel, *L'enfant du rire*, Paris : Grasset, 1973.
[19] Paul Collowald rappelle dans un chapitre « L'Europe, nécessité… et passion » du livre sous la direction de François Brunagel, *Pierre Pflimlin Alsacien et Européen*, Éditions Coprur (2007) qu'en tant que « *membre de la jeune équipe TV autour de A.-H. Dondon, j'avais assuré le reportage de 30 minutes "L'Alsace catholique" dans le cadre des émissions "Jour du Seigneur", à l'occasion des manifestations célébrant le "retour de l'image" vers Paris qui devait symboliser les débuts de la décentralisation* » en mai 1956.

On demande à Paul de rédiger des comptes rendus de rencontres ou des interviews d'actualité avec des figures du monde intellectuel et politique de passage à Strasbourg, comme Emmanuel Mounier, Robert Schuman, Léopold Sédar Senghor, Lanza del Vasto… Il perfectionne son style d'écriture grâce à un cours de rédaction à distance en 1947. Il a le souci de la phrase d'accroche pour capter l'attention du lecteur, de la précision, du récit vivant, « *une manière toute naturelle d'animer vos récits, de leur donner à la fois de la couleur et de la vie* » évaluera un correcteur. Jeune autant que nouveau journaliste, il propose des articles qui concernent sa génération, comme celui dédié « *au recalés du "Bachot" : la statistique… consolatrice* » où il démontre à l'aide d'une étude statistique les méthodes d'évaluation souvent subjectives des examens[20].

Avec le professeur Paul Imbs, philologue et fondateur à Nancy du dictionnaire le « Trésor de la langue française », il est chargé de relancer le supplément littéraire la *Petite Revue* du *Nouvel Alsacien*. Il prend ensuite en charge ce supplément de 1949 à 1956[21]. En 1952, il obtient de Paul Ricœur une critique de « L'homme révolté » d'Albert Camus : il la reçoit par courrier avec ce mot qui témoigne du souvenir de la relation étudiant – professeur : « *Cher Monsieur, avez-vous désespéré de moi ? M'avez-vous déjà maudit en votre cœur ? Voici mon tribut pour apaiser votre courroux. Je souhaite corriger les épreuves, mon texte n'étant pas d'une belle main calligraphe. Cordialement vôtre, P. Ricœur* »[22].

Le rédacteur en chef du *Nouvel Alsacien* lui confie aussi, au fil des années, la critique cinématographique et dramatique du journal. Ses articles suivent le cadre imposé en exposant les caractéristiques des pièces de théâtre qui sont jouées à Strasbourg. Paul Collowald se sert parfois des conférences concernant l'origine des œuvres menées au Centre de Philologie Romane dirigé par Paul Imbs, comme lors de la venue du philosophe et écrivain Gabriel Marcel. Il réalise des critiques détaillées de représentations au Théâtre Municipal de Strasbourg, comme les « Justes »

---

[20] Article « Dédiée aux recalés du « Bachot » : la statistique… consolatrice » par Paul Collowald, *Le Nouvel Alsacien*, le 24 juillet 1948.

[21] Logelin Yann « Cultures et débats des Intellectuels alsaciens catholiques à travers la « Petite Revue », *Le Nouvel Alsacien* (1947-1964) », mémoire de maîtrise, septembre 1999, Université Marc Bloch (François Igersheim).

[22] Lettre issue des archives personnelles de Paul Collowald. Article publié ensuite dans *Le Nouvel Alsacien*, 21 mai 1952 ; l'article de Paul Ricœur « Noël 1950, scandales et espérance », publié le 18 janvier 1951 dans le même journal, avait été sa première contribution.

d'Albert Camus par la Comédie de l'Est en 1956, « le Feu sur la Terre » de François Mauriac, « Siegfried » de Jean Giraudoux, « Saint-Just » de Jean-Claude Brisville ou encore le « Cid » avec Gérard Philipe et Jean Vilar.

Toujours à l'écoute du monde, il insère aussi parfois des commentaires personnels à visée humaniste, comme dans son compte-rendu de la création à Strasbourg de « La Ville » de Paul Claudel, qui sera ensuite reprise au Festival d'Avignon par Jean Vilar en 1955 ; ou à visée politique, quand il interviewe le cinéaste René Clair de retour d'URSS la même année. Au centre de son attention, il y a la construction de soi et le rôle de chacun dans la vie de la Cité.

Notre jeune journaliste devient aussi reporter. La première enquête qui lui sera confiée porte sur la jeunesse. Pas la jeunesse alsacienne mais celle de l'autre côté du Rhin : la jeunesse allemande d'après-guerre. En novembre 1946, il obtient un laisser-passer de trois semaines qui lui permet de réaliser deux séjours, à Offenbourg et Bad Godesberg. Il prend contact avec les autorités de la Zone d'occupation française qui lui décrivent leur vision des conséquences du nazisme sur l'avenir des jeunes Allemands. Son premier bilan est sombre, faisant état des conclusions de la Sous-Direction de la Jeunesse et des Sports française à Baden-Baden :

> « *Sur le fond permanent de la jeunesse allemande caractérisée par un romantisme échevelé et une volonté de rupture avec les générations précédentes fortement marquée, le national-socialisme – spécialement la* Hitlerjugend *– a fortement agi, en a exploité tous les excès et tous les débordements* »[23].

Paul Collowald souhaite cependant faire parler aussi les jeunes Allemands. Là le ton de son reportage change, car il se fonde sur l'émotion suscitée par les rencontres. Il rend compte du désespoir qu'il note chez les jeunes, comme dans ce témoignage d'un jeune homme :

> « *"Toutes les idées, tous les principes avec lesquels nous avons grandi sont détruits, pulvérisés"*, *nous avoue ce jeune désespéré de 20 ans. Il continue :* "Il n'y a plus rien à quoi nous pourrions nous accrocher ! Nous ne sommes pas seulement pauvres sur le plan matériel (nourriture, vêtements, habitation…) mais au moins autant sur le plan intellectuel et moral. Nous ne savons pas à qui, à quoi nous appartenons…". *Faisant allusion à ses deux années de front, il*

---

[23] Article du 24 janvier 1947, « La Jeunesse allemande ou ce que peut devenir une jeunesse au service d'une politique » par Paul Collowald, *Le Nouvel Alsacien* ; le premier article date du 1er décembre 1946 « Les différents aspects de la dénazification en Allemagne – épuration ? oui, rééducation ? Parfait… mais quels en sont les moyens ? », *Le Nouvel Alsacien*.

conclut "nous avons vécu trop de choses, nous étions morts avant d'atteindre notre maturité et nous sommes restés creux à l'intérieur... (... *innerlich leer geblieben*)" »[24].

D'autre part, sous le titre « Le centre d'Offenbourg, instrument précieux de compréhension et de paix », il consacre un article à l'action éducative et culturelle menée par le Père du Rivau, aumônier dans la zone d'occupation française, fondateur du bureau BILD et des revues *Documents* et *Dokumente*. Il conclut son article en considérant ce travail d'éducation de la jeunesse centré sur la réconciliation comme un exemple à suivre pour qu'au désespoir succèdent l'espoir et le renouveau. Ces efforts de réconciliation européenne rejoignent ceux du *Train de la Liberté* initié en 1947 par Émile Noël, du Comité français d'échange avec l'Allemagne nouvelle créé en 1948 par Alfred Grosser et Emmanuel Mounier à Paris, ou encore des rencontres européennes de la jeunesse organisées à la Lorelei par Jean Moreau entre 1951 et 1958[25] – Paul Collowald croisera ces différents personnages sur son chemin par la suite.

Au printemps 1947, Paul Collowald réalise un reportage très différent, tiré de son voyage au Maroc. Trois journalistes alsaciens ont en effet été invités à y rencontrer les familles des Goumiers, anciens soldats de l'armée française issus du protectorat marocain qui ont participé à la libération de l'Alsace. L'objectif du reportage est de sensibiliser et de mobiliser les familles alsaciennes pour offrir un mois de vacances aux orphelins de ces Goumiers morts au combat.

Trois mois avant son mariage, alors que Marguerite part de son côté vers la Belgique pour participer à un voyage de promotion touristique de l'Alsace, voilà Paul trois semaines durant au Maroc, ses villes impériales, côtières et aux portes du Sahara. « Sous le soleil marocain... »[26] est le titre

---

[24] Article « La jeunesse allemande « Le passé est gris, le présent est sombre et plus sombre encore l'avenir » par Paul Collowald, *Le Nouvel Alsacien*, 25 janvier 1947.

[25] Les rencontres européennes de la jeunesse ont vu la participation de 35 000 jeunes entre 1951 et 1958, en priorité des Allemands (60 %), des Français (20 %) et des Britanniques (10 %) : Bantigny Ludivine, « Genèses de l'Europe, jeunesses d'Europe. Entre enchantement et détachement » in *Histoire@Politique*, 10, 2010, pp. 8.

[26] Articles parus dans le *Nouvel Alsacien* et signés Paul Collowald : « Sous le soleil marocain : Rabbat-Meknès 17/06/1947 ; Fez 18/06/1947 ; Erfoud-Rissani-Goulmima 19/06/1947 ; Marrakech 20/06/1947 ; Tizi N'Test-Agadir 22-23/06/1947 » ; « Présence française au Maroc, ports, routes et réseau ferré du Maroc, système nerveux de son économie en plein progrès », 22/07/1947 ; « Le sous-sol du Maroc, élément essentiel de son essor économique », 23/07/1947 ; « Le discours de Tanger, son

Années universitaires et débuts dans le journalisme 81

de son reportage, un clin d'œil au temps maussade qu'il y fait en ce mois de mai... D'ailleurs, les cigognes sont encore là. Mais dans la série de dix articles se cache un fourmillement d'informations sur la réalité contrastée du Maroc d'après-guerre : Paul Collowald livre ses impressions sur la présence militaire française contestée par les rébellions berbères mais aussi sur le contact étroit des Français avec les autochtones. Il découvre sur le terrain, après avoir lu en 1946 l'ouvrage de Raymond Postal *Présence de Lyautey*, l'action de son héros d'antan qui a instauré, dans le cadre du protectorat, une présence militaire et politique qu'il constate respectueuse de la culture musulmane et marocaine. Ce voyage lui permet de côtoyer brièvement ses proches survivants, comme la Maréchale Lyautey.

Mais il va au-delà de ses héros du passé. Dans ses articles, tour à tour, Paul Collowald traite du problème de l'alphabétisation et de l'état des routes, le développement des infrastructures, de l'aridité et de la pauvreté extrême, de l'invasion des criquets ou sauterelles qu'il observe par deux fois au cours de son séjour... mais aussi de la fascination que suscite en lui la promenade dans les souks de Marrakech, ou de sa rencontre avec le charmeur de serpent sur la place Djemaa el Fna... On a plaisir à voyager avec lui dans ce Maroc à la réalité à la fois très difficile et captivante. Son style entraînant traduit le rythme soutenu des visites, des rencontres et des réceptions. Il écrit à la fin de son premier article : « *Ils sont tous tellement charmants qu'ils vont nous tuer... Jamais nous ne tiendrons 17 jours à ce régime* ». À ces articles s'ajouteront quatre autres sur le dialogue franco-marocain au cœur de l'actualité.

En octobre 1948, Paul Collowald rédige une autre série de neuf articles sous la forme d'un reportage sur la jeunesse alsacienne[27]. Dans cette période, il constate qu'autour de lui les déceptions et les pertes de repères sont fréquentes. Il se désole du gâchis des forces et du dynamisme de la jeunesse mais craint tout autant la manipulation dont elle pourrait

---

remous dans l'opinion française et sa véritable portée », 27-28/07/1947 ; « Oui, le dialogue franco-marocain est encore possible ! » 29/07/1947.

[27] *Le Nouvel Alsacien* « La jeunesse alsacienne, I – Le problème de sa réadaptation psychologique et culturelle a-t-il été posé en ses véritables termes à la Libération ? » ; « II – Ce que l'on savait et ce que l'on pensait d'elle en zone occupée » ; « III – Projets et initiatives au lendemain de la Libération » ; « IV – Comment une « politique de la jeunesse » peut mourir d'anémie » ; « V – Succès et vicissitudes des mouvements de jeunesse » ; « VI – Espoirs et déceptions des organismes de culture populaire » ; « VII et VIII – Influence surtout négative des années d'annexion » chez les plus jeunes ; chez les adolescents ; « IX – « Apprendre l'Alsace... » n'était-ce pas et n'est-ce pas encore une impérieuse nécessité ? », par Paul Collowald, 27 octobre 1948.

faire l'objet du fait de la non reconnaissance de la spécificité alsacienne, par exemple par les mouvements autonomistes.

Comme dans l'article qu'il rédige pour le premier numéro de *Saisons d'Alsace*, il veut faire entendre ces déceptions et attentes, mais aussi mobiliser les jeunes Alsaciens. Il veut croire au renouveau des mouvements de jeunesse qui ont permis d'expérimenter de nouvelles formes de sociabilité et d'émancipation. À l'UPOJ, il dénonce dès 1948 la réduction des moyens alloués par l'État aux associations de la jeunesse.

Attente. Rêve. Besoin d'agir. Un homme politique français de premier plan lui fera saisir en direct, à Strasbourg, le rêve et la nécessité de l'unité européenne, comme une réponse à ses attentes d'un monde meilleur. C'est Robert Schuman.

Dans les pas de Robert Schuman

Strasbourg, laboratoire d'une Europe nouvelle

Strasbourg est le lieu choisi pour symboliser, après les conflits, la réconciliation franco-allemande. Elle doit servir de « laboratoire », selon les mots de Robert Schuman, à la nouvelle forme de coopération pacifique que les leaders européens veulent établir à travers la construction européenne.

Empreint de cet environnement unique auquel il a accès grâce au journalisme, à l'université et au FEC, Paul Collowald a la chance de côtoyer des figures du monde intellectuel et politique avec qui il se lie souvent d'amitié. Ses engagements multiples dans la société civile alsacienne contribuent à ce rayonnement intellectuel et social de Strasbourg et de l'Alsace. Dans ces temps difficiles où l'on manque de tout et où la paix reste encore à stabiliser, il se rallie à l'idéal des premiers artisans d'une Europe unie pour qui les frontières doivent devenir non plus des barrières, mais des ponts où naissent de nouvelles solidarités entre les États et entre les peuples.

Paul Collowald vit en direct ce qu'il considère être « *la grande aventure pacifique de ma génération* », construire l'Europe. Il suit sur place la création du Conseil de l'Europe en 1949 et celle de l'Assemblée commune de la Communauté européenne du charbon et de l'acier (CECA) en 1952, où se tiendront les discussions sur la Communauté politique européenne et la Communauté européenne de défense (CED) en 1953.

Du 7 au 10 mai 1948, le Congrès international de La Haye réunit, sous la présidence d'honneur de Winston Churchill, 800 délégués représentant des organisations et des intellectuels, journalistes, hommes politiques et syndicalistes venant de tout le continent. Dans ses conclusions très ambitieuses, le Congrès appelle à l'élimination des restrictions à l'échange des biens et des personnes, à la création d'une assemblée européenne élue au suffrage universel ou encore à l'adoption d'une Charte des droits fondamentaux – qui se concrétisera par la rédaction de la Convention européenne des droits de l'homme dès 1950. C'est un événement historique, trois années seulement après la fin de la guerre. Le Conseil de l'Europe est ensuite créé à Londres le 5 mai 1949 et son siège est fixé à Strasbourg. En août se tient la première session du Conseil réunissant alors dix États européens[1].

À cette occasion, Robert Schuman souligne le « *caractère hautement symbolique de la désignation* [de Strasbourg] :

> « *Après avoir été si longtemps l'enjeu de batailles sanglantes,* [Schuman] *était heureux de voir la cité alsacienne devenir la tribune prêtée par la France à l'Europe nouvelle et le laboratoire où, demain, se créerait l'union* »[2].
>
> « *Le choix de Strasbourg a un caractère, une valeur essentiellement symbolique. Cette ville a été l'enjeu séculaire de compétitions sanglantes, de conflits politiques. Maintenant elle devient le laboratoire d'une coopération pacifique entre les peuples de l'Europe. Sa position géographique en a fait la porte de l'Occident vers l'Europe centrale. Elle est le point de rencontre de deux cultures qui ne se confondent jamais, mais peuvent et doivent se placer au service d'une même cause commune* »[3].

La ville connaît une liesse populaire comme elle n'en a pas vécu depuis la Libération : près de 20.000 personnes sont réunies place Kléber pour écouter les personnalités qui se sont déplacées à cette occasion. Les Britanniques Winston Churchill et Ernest Bevin, le Belge Paul-Henri Spaak, le Néerlandais Henri Brugmans, président du nouveau Mouvement européen et bientôt premier recteur du Collège de Bruges, s'expriment. Après quelques mots adressés en français à la foule amassée, Winston Churchill affirme : « *dans cette ville si souvent blessée par les guerres, je me réjouis de voir naître cette première Assemblée qui deviendra peut-être le Parlement de l'Europe* ». Dans ses mémoires, Paul-Henri Spaak écrit que « *cette ville frontière, si souvent dans l'histoire objet de rivalité franco-allemande, était symboliquement choisie comme lieu de rencontre, de coopération et d'amitié* »[4]. Dans son éditorial, le rédacteur en chef du

---

[1] Belgique, Danemark, France, Irlande, Italie, Luxembourg, Pays-Bas, Norvège, Suède, Royaume-Uni ; s'y ajoutent la Grèce et la Turquie, et en 1950 l'Islande, la RFA et la Sarre.
[2] Publication « 25ᵉ anniversaire des ICS, 1945-1970 », *op. cit.*
[3] *Dernières Nouvelles d'Alsace*, 7 août 1949.
[4] Paul-Henri Spaak, *Combats inachevés, tome 2 : De l'espoir aux déceptions*, Paris : Fayard, 1969, pp. 28.

quotidien les *Dernières Nouvelles d'Alsace* (DNA) Jean Knittel est frappé de l'ampleur historique de l'événement.

> C'était hier une grande journée historique dont la signification dépasse de loin, de très loin, le cadre de cette ville qui tous les soirs se pare de mille feux, comme si elle voulait, par ses lumières, servir de phare aux défenseurs d'une grande cause. À travers tout le scepticisme, en dépit de toutes les critiques suscitées dans le monde et même dans certains milieux personnellement engagés dans la réalisation des buts proposés, la chaude, la vibrante sympathie qui rayonnait sur tous les visages au passage du président Herriot, des hommes d'État connus et aimés, tels que MM. Schuman, Bevin, Spaak et – il faut bien le dire – du « lion » de l'Assemblée consultative, M. Winston Churchill, témoigne de tous les espoirs qui règnent dans les cœurs et d'un optimisme qu'il faudra bien récompenser par des actes.
>
> Quand on a assisté à l'acte solennel de « l'intrônisation » du Conseil consultatif de l'Union Européenne, on est presque tenté de rappeler ce que disait Goethe après la bataille de Valmy, en transposant sur le plan de l'actualité : « Un nouveau chapitre de l'histoire a commencé, et vous pouvez dire que vous fûtes les témoins ».
>
> Jean Knittel, éditorial du 11 août 1949 des *Dernières Nouvelles d'Alsace*

Paul Collowald est l'un de ces témoins privilégiés car il couvre l'événement pour le compte du *Nouvel Alsacien*. Dès le mois d'avril 1949, proche des jeunes fédéralistes européens, il aide également à l'organisation de rencontres. C'est l'occasion de faire la connaissance de l'Abbé Pierre, alors député MRP, ancien résistant, prêtre, fondateur du mouvement des Chiffonniers d'Emmaüs dans les bidonvilles de la banlieue parisienne et porte-parole des sans-abris, qui s'est joint à la manifestation en tant que président du Comité exécutif des Fédéralistes mondiaux.

Paul Collowald se rappelle aussi de la difficulté à organiser ce type de réunions. L'Université de Strasbourg ayant refusé de prêter une salle, les Jeunes fédéralistes doivent finalement en louer une à l'hôtel Maison Rouge. Les premiers pas de la construction européenne à Strasbourg suscitent critiques et méfiance. Le souvenir des rafles d'étudiants et des professeurs dans le cadre de l'Université repliée à Clermont-Ferrand et de leur tragique destin dans les camps de concentration en Allemagne reste douloureux chez certains. Quelques années plus tard, un fait notoire sera la discussion autour du siège de la première institution supranationale de l'Europe communautaire, la Haute Autorité de la CECA. Strasbourg est le lieu auquel on pense mais finalement, ce sera Luxembourg. Paul Collowald se rappelle du témoignage d'un collègue qui, rencontrant le maire de Strasbourg Charles Frey, l'entend dire : « *Évidemment c'est une mauvaise nouvelle. Mais pour moi, c'est un grand soulagement* »[5].

En 1952, Strasbourg obtient le siège de l'Assemblée commune de la CECA. En 1954 dans la revue *Rythmes*, Robert Schuman continue de défendre cette ville comme capitale de l'Europe et estime que ce statut ne peut que se confirmer : « *Strasbourg deviendra un lieu privilégié de rencontres et une sorte de symbole de la coopération européenne* »[6]. Paul Collowald souligne quant à lui l'évolution de la position de l'Université de Strasbourg : dans un de ses articles au *Nouvel Alsacien*, il reprend la définition désormais donnée par le recteur Hubert d'un rôle double, celui d'une « *université française qui travaille toutes fenêtres ouvertes* » et un « *centre de rayonnement de la pensée française en Europe et dans le monde* »[7]. En 1951 y est créé l'Institut des hautes études européennes.

Une journée décisive

Le mois d'août 1949 est marqué par le premier tête-à-tête entre Paul Collowald et Robert Schuman. Notre jeune journaliste avait déjà croisé l'ancien avocat de Metz et député MRP mosellan qui avait été emprisonné pendant l'hiver 1940 par la Gestapo. Il avait pu l'entendre lors de conférences des ICS, comme celle tenue le 16 mai 1949 sur le thème « Strasbourg, siège du Conseil de l'Europe ».

---

[5] La lettre que le maire Charles Frey adresse en janvier 1952 à Jacques-Camille Paris, secrétaire général du Conseil de l'Europe, montre un soutien officiel modéré et suiveur : « *Si je n'ai pas pris jusqu'à présent l'initiative de poser officiellement la candidature de Strasbourg, j'ai été retenu tout d'abord par la considération qu'il fallait éviter tout geste qui pourrait en quoi que ce soit peser sur la liberté d'action des négociateurs français. D'ailleurs j'aurais été quelque peu embarrassé de proposer un bâtiment suffisamment représentatif pouvant accueillir dans l'immédiat l'administration du Plan. Pour l'installation provisoire dans un avenir moins immédiat, et surtout pour une installation définitive, des solutions sont possibles et la Ville de Strasbourg est disposée à y contribuer avec tous ses moyens…* ». Consultée le 23 juillet 2017 sur le site cvce.eu : https://www.cvce.eu/education/unit-content/-/unit/5cc6b004-33b7-4e44-b6db-f5f9e6c01023/6d4bbf9d-f9db-4ca2-b731-ed0d09f34e0a/Resources#4084fa4c-7935-4771-95f9-6caf945ac757_fr&overlay.

[6] *Rythmes*, février 1954 : revue trimestrielle chrétienne de la région de l'Est, dont le siège est à Colmar et dirigée par l'Abbé Hirlemann. Paul Collowald en est le correspondant pour le Bas-Rhin.

[7] « L'Université de Strasbourg et l'Europe » par Paul Collowald, *Le Nouvel Alsacien*, 2 décembre 1950.

À la demande du Père Lorson, jésuite d'origine sarroise, Paul Collowald vient aussi de publier en juin un portrait de Schuman dans un ouvrage collectif *Europe unie 1949-1950*, publié aux Éditions *Alsatia*[8]. Il s'agit d'un recueil d'articles à destination du grand public pour célébrer la création du Conseil de l'Europe, dont les contributions vont de l'histoire à la gastronomie européennes. Au sommaire : André Maurois de l'Académie française, « Les Anglais sont-ils Européens ? » ; Père Michel Riquet, « L'Europe à Mauthausen » ; René Pinon de la *Revue des deux Mondes*, qui rédige une biographie sur Winston Churchill…

Du portrait que Paul Collowald fait de Robert Schuman, on ressent à la fois une forte identification et une admiration avec le personnage décrit. Paul découvre en effet des points communs dans leurs histoires personnelles : les origines mosellanes, un grand-père maternel alsacien qui a été douanier du Reich dans les territoires annexés en 1871, les difficultés pour passer le baccalauréat[9]… Grâce à l'entretien qu'il réalise avec l'ami de Robert Schuman, Henri Eschbach, qui habite à Strasbourg, Paul réunit un certain nombre d'éléments pour évoquer non seulement le ministre, mais aussi sa personnalité :

> « *On sait la vaste culture de Robert Schuman, sa passion des livres, mais ce que révèlent surtout les confidences de ceux qui le connaissent bien, ce sont, en dehors de sa pénétrante intelligence allant droit à l'essentiel et s'appuyant sur une étonnante mémoire, les composantes profondes de sa personnalité : calme et modestie, simplicité et bonne humeur, désintéressement foncier, dévouement quasi mystique au Bien Commun, à quoi il faudrait ajouter une puissance de travail extraordinaire et une vie intérieure profonde et riche, fondée sur les assises solides d'un christianisme vécu, sans compartimentage comme sans fanfaronnerie* ».

Ce portrait résume aussi l'état d'esprit de Robert Schuman que comprennent ses contemporains en 1949. Schuman est décrit comme recherchant une « *solution européenne* » politique au « *problème allemand* »,

---

[8] « Robert Schuman » par Paul Collowald in *Europe unie 1949-1950*, Strasbourg : Éditions Alsatia.

[9] Pour Robert Schuman, Mosellan donc Allemand en 1903 mais avec des études secondaires au lycée de Luxembourg, il a dû passer l'examen de l'*Abitur* comme « externe » dans l'Académie de Metz pour ensuite pouvoir commencer ses études de droit à l'Université de Bonn, puis de Strasbourg (François Roth, *Robert Schuman, Du Lorrain des frontières au père de l'Europe*, Paris : Fayard, 2008). Par ailleurs, le père de la mère luxembourgeoise de Robert Schuman est douanier à Kruth (Haut-Rhin), à la frontière de l'Union douanière, dont le Grand-Duché fait partie. Pour l'anecdote, c'est à Kruth que sera célébré le mariage des parents de Robert Schuman.

« *dans la coopération pacifique* ». Mais il fait preuve aussi de vigilance, une attitude liée à son expérience personnelle de la classe politique allemande. D'après Paul Collowald, « *il n'est pas question d'accorder aux Allemands du jour au lendemain une confiance inconditionnelle ; la confiance se mérite* ».

> À son sens, la solution européenne est par surcroît la seule solution du problème allemand, pierre d'achoppement de tant de conférences, mais qu'il faudra tôt ou tard résoudre, si l'on veut asseoir solidement la paix en Europe et dans le monde. Il n'est pas question d'accorder aux Allemands du jour au lendemain une confiance inconditionnelle ; la confiance se mérite. Or, actuellement ce qu'on dit et écrit en Allemagne n'est pas toujours de nature à nous rassurer. Il faut donc une période de transition et d'observation, aussi longtemps qu'il n'y aura pas de preuves définitives de bonne volonté, ce qui ne signifie pas qu'il faille maintenir indéfiniment les Allemands sous un régime d'interdiction ou de contrainte. « Il faut mettre la production allemande au service de la Communauté européenne, encadrer l'Allemagne dans l'ensemble des pays européens et lui réserver une part dans la tâche commune, lui communiquer l'esprit européen, non pas dans le sens de la domination, mais dans la coopération pacifique, expérience que nous tentons et qui ne nous dispense nullement des mesures de protection compatibles avec la vie normale chez nos voisins » : sans oublier le passé et sans perdre de vue l'avenir, sans vaine sentimentalité ni passion, avec un réalisme de patriote vigilant et pourtant soucieux de progrès humain, Robert Schuman définissait ainsi, [lors d'une conférence au Palais des Fêtes le 16 mai 1949] à Strasbourg, les tâches concrètes du présent.
>
> Paul Collowald « Robert Schuman », Europe unie 1949-1950, Éditions Alsatia

Le 12 août est une journée décisive pour Paul Collowald. Nous sommes en fin de semaine de la première session de l'Assemblée consultative du Conseil de l'Europe. Le bâtiment du Conseil n'existant pas encore, l'Aula du Palais universitaire est transformée pour l'occasion en hémicycle provisoire. Familier de ce lieu, Paul Collowald suit tous les débats tout en faisant les aller-retours vers son bureau du *Nouvel Alsacien* rue Finkmatt et le FEC : en effet, « *pendant toute la durée des travaux de l'Assemblée, un cercle* [est] *ouvert au siège des ICS au FEC, place St Étienne, afin de favoriser les contacts des délégués, observateurs, invités, journalistes étrangers, afin de pouvoir échanger entre eux et avec les milieux alsaciens. On* [peut] *s'y restaurer, s'y renseigner, s'y reposer à proximité de l'Université* »[10].

---

[10] Encadré signé par le Frère Médard en bas de l'article de Paul Collowald qui couvre l'événement pour *Le Nouvel Alsacien*.

Cette date précède aussi de peu le vote historique de l'Allemagne qui, le dimanche 14 août, verra pour la première fois l'élection de ses représentants au Bundestag afin d'élire le mois suivant le gouvernement. Or, comme l'évoque Paul dans son portrait de Robert Schuman, la campagne électorale a vu des surenchères nationalistes de la part de tous les partis politiques allemands. Ceci suscite des inquiétudes à propos d'un pays qui a, jusqu'à présent, peu connu la démocratie et qui, vaincu, vit mal la gestion post-conflit imposée par les Alliés, notamment quant aux ressources économiques de la Ruhr et le statut politique de la Sarre.

Enfin et surtout, ce 12 août est le jour de son tête-à-tête avec Robert Schuman. Avant la fin de la réception au FEC, il est présenté par le Frère Médard à Robert Schuman à qui il demande une dédicace de son portrait dans *Europe Unie 1949-1950*. Le ministre lui indique qu'il le fera volontiers mais, non sans malice, pas sans y avoir jeté un coup d'œil… Il propose alors au jeune journaliste de l'accompagner de la place Saint-Étienne, où se situe le FEC, jusqu'à la Préfecture où il loge. S'en suit, au cours du trajet et de l'entrevue à la préfecture, un entretien qui le marquera à vie. De nouveau, il ressent cette atmosphère typique de son époque : de la « *gravité dans l'air* » mais aussi un échange « *absolument passionnant* »[11]. Paul est touché par la personnalité du ministre : de grande taille, Robert Schuman se tient le plus souvent courbé pour écouter son interlocuteur. Il est impressionné par son empathie, son attitude sincère et pleine de confiance, notamment vis-à-vis d'un jeune journaliste qui pourrait divulguer des informations. Pour la dédicace de l'ouvrage, Robert Schuman écrit : « *En remerciement à M. Paul Collowald qui a parlé de moi avec beaucoup de bienveillance, avec mes vœux pour son avenir* ».

Robert Schuman partage au cours de cet échange ses pensées sur l'Allemagne, au sujet duquel Paul raconte son récent reportage. Et de s'interroger : « *Qu'est-ce qui va sortir des urnes dimanche prochain ? Allait-on recommencer Versailles ? L'enchaînement ? Hitler ? Allait-on trouver des solutions européennes ?* ».

De cette entrevue, Paul Collowald ne dira rien dans son article du lendemain au *Nouvel Alsacien*. Il va d'abord intérioriser cette rencontre. À la place, il contera l'anecdote du manteau perdu de Robert Schuman et

---

[11] Collowald Paul in « Interventions d'acteurs et de témoins », *Les Pères de l'Europe, 50 ans après, perspectives sur l'engagement européen*, textes réunis par P.-F. Smets avec M. Ryckewaert, Actes du Colloque international des 19 et 20 mai 2000, Bruxelles, Palais d'Egmont.

de sa recherche active à laquelle il a participé… pour révéler avec humour l'atmosphère joyeuse et décontractée de la réception organisée au FEC.

> La crise belge se serait résolue quelques jours plus tôt, le FEC aurait vu dans ses murs près de la moitié du Comité des Ministres du Conseil de l'Europe. (…)
>
> « (…) C'est vous qui avez réveillé les Strasbourgeois quand ils commençaient à douter d'eux-mêmes », souligna M. Robert Schuman en s'adressant au Frère Médard et aux Intellectuels Chrétiens-Sociaux, rendant ainsi un éclatant hommage à leur initiative de « conférences européennes » alors que l'on ne pensait pas encore à Strasbourg comme siège de l'Union Européenne.
>
> Au nom de ses collègues du Conseil de l'Europe, M. Schuman tint à relever l'admiration que leur inspirait Strasbourg qui, en si peu de temps, avait su faire face à ses multiples devoirs de ses nouvelles fonctions de capitale… et de cité française, ajouta le Ministre des Affaires Etrangères, « pour qu'il n'y ait pas de malentendu ». (…)
>
> Quelqu'un qui ne put s'éclipser aussi rapidement fut notre Ministre des Affaires Etrangères. Là, de vieux amis l'attendaient, ici un Strasbourgeois voulait lui montrer avec quelle aisance il s'exprimait en luxembourgeois, et surtout… une foule de chasseurs d'autographes venait sans cesse le relancer. D'innombrables « Cahiers européens » (évidemment !) publiés et distribués au FEC furent ainsi signés.
>
> Prenant un peu de l'air à l'extérieur de la salle Léon XIII archi-comble, j'aperçus un individu tâtant et soupesant les manteaux au vestiaire ! À la main, il avait un chapeau qui, visiblement, ne lui appartenait pas, et cependant ses gestes assez gauches ne révélaient pas le « professionnel ». J'allais intervenir, lorsque je reconnus à ma grande stupéfaction… un attaché de Cabinet, de mes amis. Il devait certainement avoir conscience de sa situation un peu fausse car il ne se formalisa pas de mon étonnement, mais, le désespoir dans la voix, il me fit part de ses angoisses : le manteau et le chapeau de M. Robert Schuman étaient introuvables ! Voulant lui offrir ma collaboration – on a parfois besoin d'un plus petit que soi (!) – je lui demandais quelques signes distinctifs. « Le chapeau est brun et la gabardine assez neuve », me fut-il répondu…
>
> Avec ces admirables « précisions », nous chercherions sans doute encore, si, entre temps, on n'avait pas appris que c'est une jeune fille à robe bleue qui avait emporté le tout, à l'arrivée du Ministre. Nouvelle recherche, donc, cette fois dans la salle, mais situation toute aussi délicate qu'au vestiaire pour mon « attaché », honorable père de famille tournant autour des robes bleues… La piste était sérieuse et on finit par les retrouver, elle, le chapeau et le manteau. Et ainsi toujours aussi aimable et souriant, M. Robert Schuman put enfin aller dîner, emportant sous le bras « Europe Unie », publication dans laquelle la lecture de l'article qui lui était consacré aura été pour sa modestie sa dernière pénitence de la journée…
>
> « Près de la moitié du Conseil des Ministres a failli se retrouver au FEC »
>
> P. Collowald, *Le Nouvel Alsacien*, 13 août 1949

Lors du tête-à-tête, Robert Schuman raconte à Paul Collowald qu'il doit se rendre à New York mi-septembre. On sait aujourd'hui que c'est là que ses collègues américain, Dean Acheson, et anglais, Ernest Bevin, lui demandent de prendre une initiative, en particulier sur la question allemande, et qu'ils fixent la date de leur prochaine réunion, le 10 mai 1950 à Londres. Robert Schuman reçoit en quelque sorte un mandat pour lequel il n'a pas encore de solution.

Et pourtant, neuf mois plus tard, la Déclaration que Robert Schuman prononce au Quai d'Orsay sera la réponse à ces questionnements et la première étape de la construction européenne. Le mardi 9 mai 1950, à 18h, il convoque les journalistes pour rendre publique l'offre du gouvernement français d'établir avec la RFA, et les pays européens qui souhaiteraient se joindre à eux, une mise en commun des productions du charbon et de l'acier. Ce n'est pas tant cette idée qui surprend : elle est discutée depuis plusieurs mois dans les cercles diplomatiques ou au sein des partis politiques et fait suite en quelque sorte à la création en avril 1948 de l'Organisation européenne de coopération économique (OECE) dont le français Robert Marjolin devient le secrétaire général, pour organiser la répartition des aides américaines dans le cadre du Plan Marshall. Ce qui étonne, voire choque les commentateurs de l'époque, ce sont les principes et la méthode proposés ; à travers le monde, ils font l'effet d'une « *bombe diplomatique* », écrit un correspondant suisse à Paris[12] ; la « *bombe Schuman* » écrira le journaliste Charles Ronsac dans *Franc-Tireur* le 11 mai 1950[13].

Le 10 mai, dans l'édition de cinq heures du matin – soit moins de douze heures après la présentation à la presse, *Le Figaro* souligne en Une « *outre l'aspect purement économique, un aspect politique dont il est bon de souligner l'exceptionnelle importance* » – « *une initiative proprement révolutionnaire* » écrit le journaliste Roger Massip. *L'Humanité* y voit au contraire une « *Nouvelle trahison, nouveau pas vers la guerre* », avec Jean Guillon qui rédige un éditorial très anti-américain et anti-allemand « *La France vendue pour la guerre* »[14]. En province, *le Progrès* de Lyon titre

---

[12] Le correspondant de la *Feuille d'Avis de Neuchatel*, cité dans les *DNA* du 11 mai 1950, affirme « *qu'il faut voir dans la proposition Schuman – véritable bombe diplomatique – l'amorce d'un tournant décisif de la politique européenne* ».

[13] « La bombe Schuman dominera les entretiens de Londres » par Charles Ronsac, *Franc Tireur*, 11 mai 1950, consulté le 20 mars 2018 sur le site www.cvce.eu.

[14] *L'Humanité*, éditorial de Jean Guillon du 10 mai 1950 : « *Hier soir, le chancelier Adenauer s'est frotté les mains. Il pouvait être satisfait. Il l'aurait été à moins, d'ailleurs.*

« *Une proposition hardie et concrète de la France en faveur de la construction de l'Europe* » et souligne les objectifs, liés, à la fois économique (mettre fin à la concurrence franco-allemande sur le marché de l'acier) et politique (contrôle commun de la production d'acier, solidarité de travail créée rendant matériellement impossible un nouveau conflit franco-allemand). Dans les *DNA* du 10 mai, sous le titre « *Une proposition française d'envergure* », est repris le texte de la déclaration Schuman et, le 11 mai, Jean Knittel met en valeur une nouvelle fois dans son éditorial la portée historique de « *La sensationnelle proposition française* »[15].

---

15   *Robert Schuman, avec ses propositions de* « COOPÉRATION ÉCONOMIQUE ENTRE LA France ET L'ALLEMAGNE » *est allé bien au-delà des revendications des revanchards allemands qui se bornaient à réclamer, pour le moment, la fusion de la Lorraine et de la Ruhr dans un vaste combinat. C'est toute l'industrie française du charbon et de l'acier que Schuman voudrait livrer aux Krupp et aux Thyssen. Ces propositions sont sorties directement des entretiens que Schuman avait eus la veille avec Dean Acheson. Elles sont dictées par l'impérialisme américain ; elles sont conformes à sa volonté de précipiter ses préparatifs de guerre. Elles signifient la participation de plus en plus poussée de l'Allemagne de l'Ouest à ces préparatifs et l'utilisation de sa puissance industrielle pour armer la coalition antisoviétique. (…) Schuman ment lorsqu'il prétend défendre ainsi la paix. On ne la défend pas en livrant la France, pieds et poings liés, en vue de la guerre antisoviétique, aux entreprises des revanchards allemands. Mais les propositions de Schuman ne sont pas seulement un pas de plus vers la guerre. C'est une trahison monstrueuse et cynique de la France, de son indépendance et de sa liberté. Elles constituent l'abandon PRATIQUE de notre souveraineté nationale. Elles tendent à livrer l'industrie lourde française, la base même de notre indépendance économique, à un organisme étranger dont les décisions LIENT la France (…)* ».
« *Il s'agit de la première proposition dramatique et parfaitement réalisable de créer dans un domaine défini l'unification économique de l'Europe, dont tout le monde proclame la nécessité et que personne jusqu'ici n'a osé ou voulu entreprendre sérieusement. La partie politique de la proposition française est contenue dans le texte même de la déclaration dont M. Robert Schuman, avant de partir pour Londres, a hier donné connaissance (…)* :
« *la solidarité de production qui sera ainsi nouée manifestera que toute guerre entre la France et l'Allemagne devient non seulement impensable, mais matériellement impossible* » (…). *Et quelles que puissent être les réactions de chacun d'entre nous vis-à-vis de ces perspectives lointaines qui s'ouvrent à nos yeux encore ternis par les ombres d'un passé douloureux et sanglant, il faut toujours en revenir à une formule aussi simple que possible des conditions qui dominent l'avenir de notre continent, l'intégration de l'Europe restera irréalisable si entre les pays les plus puissants de l'Occident on ne réussit pas à créer un état de paix durable* » in *DNA* par Jean Knittel, 11 mai 1950.

> La paix mondiale ne saurait être sauvegardée sans des efforts créateurs à la mesure des dangers qui la menacent.
> La contribution qu'une Europe organisée et vivante peut apporter à la civilisation est indispensable au maintien des relations pacifiques. En se faisant depuis plus de vingt ans le champion d'une Europe unie, la France a toujours eu pour objet essentiel de servir la paix. L'Europe n'a pas été faite, nous avons eu la guerre.
> L'Europe ne se fera pas d'un coup, ni dans une construction d'ensemble : elle se fera par des réalisations concrètes créant d'abord une solidarité de fait. Le rassemblement des nations européennes exige que l'opposition séculaire de la France et de l'Allemagne soit éliminée. L'action entreprise doit toucher au premier chef la France et l'Allemagne.
> Dans ce but, le gouvernement français propose immédiatement l'action sur un point limité mais décisif.
> Le gouvernement français propose de placer l'ensemble de la production franco-allemande de charbon et d'acier sous une Haute Autorité commune, dans une organisation ouverte à la participation des autres pays d'Europe.
> La mise en commun des productions de charbon et d'acier assurera immédiatement l'établissement de bases communes de développement économique, première étape de la Fédération européenne, et changera le destin de ces régions longtemps vouées à la fabrication des armes de guerre dont elles ont été les plus constantes victimes.
> La solidarité de production qui sera ainsi nouée manifestera que toute guerre entre la France et l'Allemagne devient non seulement impensable, mais matériellement impossible. L'établissement de cette unité puissante de production ouverte à tous les pays qui voudront y participer, aboutissant à fournir à tous les pays qu'elle rassemblera les éléments fondamentaux de la production industrielle aux mêmes conditions, jettera les fondements réels de leur unification économique.
> Cette production sera offerte à l'ensemble du monde sans distinction ni exclusion, pour contribuer au relèvement du niveau de vie et au développement des œuvres de paix. L'Europe pourra, avec des moyens accrus, poursuivre la réalisation de l'une de ses tâches essentielles : le développement du continent africain.
> Ainsi sera réalisée simplement et rapidement la fusion d'intérêts indispensable à l'établissement d'une communauté économique qui introduit le ferment d'une communauté plus large et plus profonde entre des pays longtemps opposés par des divisions sanglantes.
> Par la mise en commun de productions de base et l'institution d'une Haute Autorité nouvelle, dont les décisions lieront la France, l'Allemagne et les pays qui y adhéreront, cette proposition réalisera les premières assises concrètes d'une Fédération européenne indispensable à la préservation de la paix.
>
> Déclaration du ministre des Affaires étrangères Robert Schuman le 9 mai 1950
> (extraits)

Dans cette déclaration, Robert Schuman définit les principes de souveraineté partagée et de supranationalité, et une méthode fonctionnelle, fondée sur la progressivité. Il débute son discours par un message sans équivoque, celui de la nécessité de la paix, dans une perspective mondiale et en particulier avec l'Allemagne : « *La paix mondiale ne saurait être sauvegardée sans les effets créateurs à la mesure des dangers qui la menacent* ». Cela se traduit par une première décision révolutionnaire, celle du principe de l'égalité des droits avec l'Allemagne. Il rappelle aussi un point qui lui tiendra à cœur tout au long de sa carrière diplomatique et politique, celui du rôle de l'Europe dans le développement du continent africain. Dès juin 1950, il s'exprimera d'ailleurs en faveur de l'indépendance de la Tunisie dans un discours à Thionville[16].

Puis Robert Schuman propose une alternative décisive à la coopération internationale habituelle en avançant le principe de souveraineté partagée – un principe lui aussi révolutionnaire en droit international. Schuman affirme que ce principe s'appuie sur les valeurs de réconciliation, de paix et de solidarité : « *L'Europe se fera par des réalisations concrètes créant d'abord une solidarité de fait (…) qui manifestera que toute guerre devient impensable et matériellement impossible* ». Lors d'une table ronde du Conseil de l'Europe à Rome en 1953, Robert Schuman expliquera que par « solidarité », il s'agit d'affirmer « *la conviction que le véritable intérêt de chaque pays consiste à reconnaître l'interdépendance qui nous lie de plus en plus les uns aux autres* ». Et d'ajouter en 1963, dans son recueil publié à titre posthume *Pour l'Europe*[17] :

> « Après deux guerres mondiales, nous avons fini par reconnaître que la meilleure garantie pour la nation ne réside plus dans son splendide isolement, ni dans sa force propre, quelle que soit sa puissance, mais dans la solidarité des nations qui sont guidées par un même esprit et qui acceptent des tâches communes dans un intérêt commun ».

Quant à la supranationalité, elle implique la création d'institutions européennes indépendantes des États membres, dont les décisions lient ces États dans le cadre d'un Traité. Ce principe marque aussi une rupture dans le droit international où la souveraineté des États est habituellement garantie. Pour Robert Schuman, la soumission à une autorité supérieure représentative de l'intérêt commun est plus efficace que la coopération classique entre États, où seuls priment les intérêts nationaux. Cette autorité commune doit être contrôlée. Il la nomme « communauté supranationale », ce qui souligne le transfert du pouvoir de décision des

---

[16] Letamendia Pierre, *op. cit.*, pp. 106.
[17] Schuman Robert, *Pour l'Europe*, Paris : Éditions les Nagel, 1963, pp. 30.

États vers cette communauté dans des domaines limités mais décisifs. Dans son recueil posthume, Robert Schuman s'explique :

> « Non pour diminuer et absorber la nation mais pour lui donner un champ d'action plus large et plus élevé. (…) Il n'y aura ainsi aucun reniement d'un passé glorieux, mais un épanouissement nouveau des énergies nationales, par leur mise en commun au service de la communauté supranationale »[18].

Enfin, sur la méthode, Robert Schuman innove encore : contrairement aux fédéralistes intégraux, il propose de limiter les transferts de souveraineté à des secteurs « *psychologiquement mûrs et où des facilités techniques particulières laissent entrevoir un résultat spectaculaire* » (1963). Pas de rupture radicale, mais un principe de progressivité, visant à terme la constitution d'une Fédération européenne. C'est le point de départ de ce qu'est l'Europe d'aujourd'hui avec, comme le dira ensuite Paul Collowald, des « *réponses faites d'audace et de réalisme, d'innovation quasi révolutionnaire et de progressivité, d'impact immédiat et de perspectives plus lointaines* »[19].

Le 9 mai 1950, Paul Collowald se trouve à Strasbourg au *Nouvel Alsacien*. Vers 13 heures, le journal reçoit un flash AFP indiquant que quelque chose se trame au Quai d'Orsay autour de l'Europe. Paul en avertit son rédacteur en chef, Alphonse Irjud : « *On a surveillé le flash ; trois lignes, dix lignes, puis je me suis dit, en les lisant, que j'avais ainsi toutes les réponses aux questions que se posait Robert Schuman le vendredi 12 août 1949 à Strasbourg* »[20].

L'effet surprise de cette Déclaration ne permet pas à un journaliste de province d'être présent à Paris. À l'époque, Paul Collowald ne peut pas encore emprunter de TGV… Mais en lisant la Déclaration Schuman, il se rappelle le tête-à-tête d'août 1949 et fait le lien : il sent que l'histoire européenne est en marche. Il se dit, « *Quelle chance ! J'ai vu naître l'Europe* »[21] et voit dans cette proposition une forme d'appel, à l'instar de celui lancé, dans un autre contexte évidemment, le 18 juin 1940 par le général de Gaulle : « *Nous avons perdu une bataille. Mais nous n'avons pas perdu la guerre. Cette guerre est une guerre mondiale…* » En 1950, l'appel de Robert Schuman offre une méthode révolutionnaire pour amorcer

---

[18] Schuman Robert, 1963, *op. cit.*, pp. 30.
[19] Collowald Paul, 2014, *op. cit.*, pp. 53.
[20] Dulphy Anne et Manigand Christine, 2011, *op. cit.*, pp. 8.
[21] Titre de l'ouvrage publié par Paul Collowald, *op. cit.*

« *l'engrenage de la paix mondiale* ». Paul Collowald a définitivement attrapé le « *virus européen* » : « *Nous aussi, on voulait changer le monde en 1945-46 ! Et, de surcroît avec les Allemands ! On s'est parfois fait insulter...* »[22].

Par ses recherches personnelles qu'il relate dans son ouvrage[23], Paul Collowald a décrypté le déroulement précis de l'annonce de la Déclaration Schuman. Il met ainsi en valeur le risque politique que le ministre français des Affaires étrangères accepte d'assumer[24]. En effet, la déclaration est fondée sur le mémorandum de Jean Monnet et son équipe d'avril 1950, que Robert Schuman étudie ensuite au calme et seul, dans sa maison de Scy-Chazelles près de Metz. Le 1er mai, il accepte d'en endosser la responsabilité politique. Le temps presse : le 10 mai, il doit retrouver ses collègues Acheson et Bevin. Le 9 mai devient la date butoir. Le texte est terminé le 7, après avoir été mis à l'ordre du jour deux fois en Conseil des ministres.

Pour donner tout le poids politique nécessaire à cette déclaration, Robert Schuman décide de consulter le chancelier allemand Konrad Adenauer. Le 8 mai, il envoie son collaborateur Robert Mischlich en mission secrète à Bonn, par le train international de 17 heures. Le lendemain matin, Robert Mischlich est dans le bureau du chancelier, qui approuve sans hésitation : Adenauer est particulièrement touché par le principe de « *Gleichberechtigung* », c'est-à-dire l'égalité des droits, que Robert Schuman souhaite appliquer entre vainqueurs et vaincus. Robert Mischlich en informe aussitôt Bernard Clappier, le directeur de cabinet de Schuman, qui transmet l'information au Conseil des ministres pour décision[25]. Robert Schuman choisit ensuite de s'adresser directement aux peuples d'Europe en convoquant la presse. Il s'assure auparavant, par le biais d'un entretien dans l'après-midi avec le président de la commission des Affaires étrangères, Édouard Bonnefous, du soutien de l'Assemblée nationale.

En cette circonstance, Robert Schuman fait preuve de courage politique, car précipiter une telle proposition n'est pas sans danger. D'une part, outre l'opposition virulente du PCF à laquelle il s'attend, il y a le risque de division au sein du gouvernement, le président du Conseil

---

[22] Dulphy Anne et Manigand Christine, 2011, *op. cit.*, pp. 9.
[23] Collowald Paul, 2014, *op. cit.*
[24] Dulphy Anne et Manigand Christine, 2011, *op. cit.*, pp. 3.
[25] Mischlich Robert, *Une mission secrète à Bonn*, Lausanne : Fondation Jean Monnet pour l'Europe (Cahier Rouge), 1986.

Georges Bidault ayant une vision à la fois plus atlantiste et moins propice à faire confiance à l'Allemagne. Mais empêtré dans la politique intérieure, il n'a pas le temps de se faire une idée du projet et laisse faire[26]. D'autre part, cela n'est pas sans risque vis-à-vis de l'Allemagne, mise subitement sur un pied d'égalité ; mais pour Robert Schuman, ce risque est calculé car ce qu'il offre est inespéré pour le chancelier Adenauer. Et en effet, ce dernier saisit toute la confiance exprimée dans ce geste et y répond de la même manière – dans ses mémoires, Konrad Adenauer écrira qu'il adhéra à sa proposition « *de tout cœur* »[27].

Enfin, Robert Schuman justifie le caractère secret par les circonstances exceptionnelles et pour en assurer l'efficacité. Seules une dizaine de personnes au sein de l'État français sont informées. « *Il fallait oser* », estimera plus tard Paul Collowald, tout en rappelant que Robert Schuman se sent en phase avec les attentes profondes de la société française – Marie-Thérèse Bitsch cite cette expression de Schuman « *l'attente psychologique des peuples* »[28]. En effet, ces derniers n'aspirent selon lui qu'à la consolidation de la paix et à la reprise économique et sociale. *Pour l'Europe* donne une idée de son état d'esprit, ancré dans son vécu des frontières :

> « *Les dures leçons de l'Histoire ont appris à l'homme de la frontière que je suis, à se méfier des improvisations hâtives, des projets trop ambitieux, mais elles m'ont appris également que lorsqu'un jugement objectif, mûrement réfléchi, basé sur la réalité des faits et l'intérêt supérieur des hommes, nous conduit à des initiatives nouvelles, voire révolutionnaires, il importe – même si elles heurtent les coutumes établies, les antagonismes séculaires et les routines anciennes – de nous y tenir fermement et de persévérer* »[29].

Le 10 mai, Robert Schuman rencontre à Londres ses homologues, les ministres des Affaires étrangères américain et britannique. Le 3 juin 1950, les gouvernements ayant répondu à l'offre française publient un communiqué commun et les négociations débutent à Paris le 20 juin avec six États : Benelux, Italie, Allemagne et France. Après des hésitations, le

---

[26] Letamendia Pierre, 1993, *op. cit.*, pp. 106.
[27] "Ich teilte unverzüglich Robert Schuman mit, daß ich seinem Vorschlag aus ganzem Herzen zustimme [je faisais part sans hésitation à Robert Schuman que j'acceptais sa proposition de tout cœur]" : Adenauer Konrad, *Erinnerungen, 1945-1953*, Stuttgart : Deutsche Verlags-Anstalt, 1965, pp. 328.
[28] Bitsch Marie-Thérèse « "L'Europe des citoyens" dans la pensée de Robert Schuman » in Marcowitz Reiner et Wilkens Andreas (eds.), *Une « Europe des citoyens », société civile et identité européenne de 1945 à nos jours*, Bern : Peter Lang, 2014, pp. 20.
[29] Schuman Robert, 1963, *op. cit.*, pp. 14.

Royaume-Uni refuse d'y participer, ne partageant ni les objectifs, ni la méthode.

Le 10 août 1950, Robert Schuman est à nouveau à Strasbourg pour présenter le projet de traité de la future CECA devant l'Assemblée consultative du Conseil de l'Europe, où l'accueil est très positif. Le traité portant création de la CECA est ratifié par les gouvernements et les Parlements des six pays fondateurs en 1951, et mis en œuvre pour une durée de cinquante ans à partir de 1952. Robert Schuman devient alors un bâtisseur efficace, et non plus seulement un visionnaire. Au cours des négociations, Jean Monnet se rappelle ces mots de Robert Schuman :

> « *C'est la première fois que j'ai vu des discussions de cette nature – elles ne sont pas une négociation où tout le monde cherche seulement à défendre ses intérêts, c'est la recherche commune de l'intérêt de tous* »[30].

Paul Collowald restera un compagnon fidèle de Robert Schuman. En 1954, dans la revue *Rythmes*, il réalise une interview exclusive publiée sur une pleine page au format A3 que Robert Schuman ne demande pas à relire. Il dresse à nouveau un portrait des qualités humaines de celui qu'il admire tant (« *amical* », « *incisif* », « *grave* », « *confiant* »). Il est particulièrement heureux de pouvoir lui offrir, au nom du FEC et des ICS, et connaissant sa passion pour les livres anciens, une réédition de 1952 par Joseph Walter aux éditions F.X. Le Roux de l'*Hortus Deliciarium*, ou jardin des délices, un manuscrit réalisé par Herrade de Landsberg et les moniales au couvent de Hohenbourg, au Mont Sainte-Odile, à la fin du XIIe siècle. Il lui rédige le mot suivant : « *au Pèlerin de la Paix par l'Europe… Les Intellectuels chrétiens sociaux avec leur admiration et leur profonde gratitude, Paul Collowald, secrétaire général* ». Ce livre se trouve désormais au musée attenant à la Maison de Robert Schuman à Scy-Chazelles, parmi de nombreuses autres publications et volumes.

---

[30] Allocution de Jean Monnet à Scy-Chazelles le 3 octobre 1965, citée in Collowald, Paul, *À la fin du Siècle. L'Europe face à ses grands défis. Des réponses de Robert Schuman ?*, Institut d'études européennes, UCL Louvain, n° 6, 1997.

Changer l'Europe, changer le monde

Premiers articles en faveur d'une Europe unie en août 1950

Par ses activités de journaliste et son implication dans la société civile alsacienne, Paul Collowald s'engage dans les débats de son temps. L'Europe et la décolonisation sont les premiers sujets internationaux qu'il aborde. Strasbourg lui permet d'être au cœur de l'actualité européenne. En effet, en parallèle des discussions de l'Assemblée consultative du Conseil de l'Europe, les premiers pas de la construction européenne donnent lieu à des mobilisations dans la société civile que suit notre jeune journaliste.

Les premiers groupes des jeunes fédéralistes européens apparaissent vers 1949-1950 et très vite, ils font parler d'eux pour porter leurs aspirations. En 1950-1951, à plusieurs endroits aux confins de la Belgique, Italie, France ou Allemagne, ils prennent d'assaut les postes frontières. La proposition Schuman, ils y croient et veulent y voir les bases d'une Europe des peuples unis dans un espace sans frontières.

Ainsi en est-il dans la ville natale de Paul. Le 6 août 1950, les jeunes fédéralistes français et allemands parviennent à rassembler 300 jeunes Européens aux postes frontières à Wissembourg et à St Germanshof pour détruire les barrières. Du côté français, le groupe est mené par le professeur Michel Mouskhély. Deux étudiantes feignent de s'évanouir dans les bras des douaniers pour détourner leur attention et permettre à leurs compagnons de scier la barrière en bois ; ce qui s'avère plus difficile en Allemagne car, les organisateurs l'ignorent, la barrière en bois vient d'être remplacée par une en acier...

Tous se rassemblent ensuite dans le *no man's land* autour d'un grand feu brûlant les symboles des frontières car l'on sait, grâce au professeur de droit, qu'aucune police ne peut y intervenir. Les organisateurs y font une proclamation en faveur de la citoyenneté européenne.

> **L'EUROPE EST LE PRÉSENT !**
>
> Nous réclamons la citoyenneté européenne !
>
> Nous exigeons la formation d'un Parlement Européen et d'un Gouvernement Européen !
>
> NOUS FAISONS APPEL AUX GOUVERNEMENTS ET AUX PARLEMENTS DE L'EUROPE AINSI QU'À L'ASSEMBLÉE DE STRASBOURG !
>
> 300 jeunes Européens se sont rassemblés ici, venant de différents pays européens.
>
> Nous représentons toutes les orientations politiques ou religieuses.
>
> Nous sommes liés aux fondements de la culture européenne et sommes convaincus que seule une Fédération européenne peut sauver ces valeurs du danger mortel qui la menace.
>
> Nous nous opposons au double langage des Gouvernements qui parlent sans cesse de la nécessité de l'unité européenne, mais qui hésitent, mise à part la proposition du Ministre Schuman récemment, de sacrifier la moindre part de leur souveraineté au profit d'une unité européenne plus grande !
>
> Nous, jeunes Européens, demandons en premier lieu l'édition d'une carte d'identité européenne qui permette la libre entrée et sortie dans tous les pays européens, sans que cela ne remette en cause les différents termes d'accord des pays européens.
>
> Mathias Heister (2015) – « Proklamation "Europa ist Gegenwart" », p. 66
>
> (extraits traduits par l'auteur)

L'événement, au final symbolique, reçoit une large couverture médiatique, comme le relate Mathias Heister dans un ouvrage récent[1]. Les jours suivants, des articles paraissent dans les quotidiens allemands *Frankfurter Allgemeiner Zeitung*, *Frankfurter Rundschau*, *Süddeutsche Zeitung* ; du côté français, les *DNA* et *Le Nouvel Alsacien* ; dans le quotidien néerlandais *Allgemeen Handelsblad* ; ou anglais comme le *News Chronicle* ou le *Telegraph*.

Heister rappelle que l'amende pour « destruction de biens de l'État » est en revanche élevée : 20 000 francs français, alors que l'Union des fédéralistes européens dispose à peine de la moitié pour le salaire annuel de son secrétaire général, Georges Rencki. Ce dernier, sur les conseils d'un membre, contacte Robert Schuman qui a toujours exprimé son intérêt pour la jeunesse. Les discours de Schuman réunis par Marie-Thérèse Bitsch dans son ouvrage de 2010 témoignent par exemple de ses nombreuses interventions auprès des étudiants. Ainsi, après son départ du Gouvernement en 1953, il donne une série de conférences à l'Université de commerce de Saint-Gall en Suisse, à

---

[1] Heister Mathias, *Studentensturm auf die Grenzen 1950*, Iduso, 2015.

l'Université d'Helsinki, à l'Université de Mayence, au Collège d'Europe à Bruges ou à l'Institut d'études politiques de Paris[2].

À plusieurs reprises, comme dans le journal *Rythmes* en 1954, et alors que l'unité européenne vit des années difficiles, Robert Schuman dira : « *Je tiens à souligner aussi tout spécialement le rôle qui doit être réservé à la jeunesse, universitaire et autre. C'est son dynamisme et son enthousiasme qui nous feront vaincre les points morts auxquels nous risquons de rester accrochés en cours de route...* »[3]. Et dans le cas précis des jeunes fédéralistes européens soumis à une lourde amende, Robert Schuman fera preuve de compréhension : il répondra à Georges Rencki qu'il règlera la question « *personnellement, ne vous préoccupez pas* », comme le raconte Heister[4].

En ce mois d'août 1950, Paul Collowald n'est pas sur place à Wissembourg parce qu'il y a un correspondant local du *Nouvel Alsacien*. Il rédige ses premiers articles sur les débuts de la construction européenne et y exprime tour à tour son enthousiasme et son impatience. Enthousiasme quand il interviewe Henri Brugmans, premier recteur du Collège d'Europe à Bruges et président du Mouvement européen[5], qui décrit ainsi le futur programme :

> « *L'enseignement s'étendra sur trois trimestres, du 12 octobre aux vacances d'été. Au premier trimestre deux disciplines, l'histoire et la géographie, seront étudiées, avec pour thème général : "Le Potentiel européen". Vous pensez bien que là, tout est à créer. Il n'existe pas de manuel d'Histoire européenne : actuellement c'est purement et simplement un enseignement nationaliste (...). [Le second semestre sera consacré] à la "Vocation de l'Europe dans le monde". En effet, le potentiel européen étant défini, il faut nous demander : que pouvons-nous, que devons-nous en faire ? Sur le plan de l'économie politique et de la doctrine sociale (conception de l'homme et de la société), qu'avons-nous apporté et que pouvons-nous encore apporter au monde ? Le troisième trimestre sera entièrement consacré à la "Technique de l'Union Européenne" dans le domaine institutionnel (monétaire, commercial, social, etc...) comme dans le domaine constitutionnel (passage du droit international au droit supranational)* ».

---

[2] Bitsch Marie-Thérèse, *Robert Schuman Apôtre de l'Europe 1953-1963*, Peter Lang, 2010.
[3] *Rythmes*, février 1954.
[4] « En marche vers l'Europe Wissembourg – St Germanhof », *DNA*, 8 août 1950 ; Heister Mathias W. M., *op. cit.*
[5] « Le premier Collège d'Europe » par Paul Collowald, *Le Nouvel Alsacien*, 13-14 août 1950.

Et Paul Collowald de conclure :

« Le Collège d'Europe de Bruges promet d'être un foyer de rayonnement particulièrement précieux et l'on ne peut que se réjouir de sa réussite, surtout, ajouterons-nous, si cette initiative ne reste pas un phénomène isolé. En effet, à quand la grande Université Européenne, à la mesure de nos tâches et de nos espérances ? Pour un avenir pas trop lointain, semble-t-il, car des projets précis ont été soumis aux Ministres de l'Éducation des pays membres du Conseil de l'Europe et, sans préjuger de la forme statutaire définitive d'une telle institution, nous espérons que certaines de ces propositions – il doit sans doute en exister à Strasbourg même : le contraire serait décevant – pourront bientôt passer du stade de l'étude à celui des réalisations concrètes. Elles contribueront assurément pour une bonne part à "faire l'Europe" dès l'école primaire, le collège ou l'université, en formant les nouvelles générations "dans un esprit non seulement national, mais aussi européen et largement humaniste" ».

…Mais il exprime aussi son impatience, comme l'ont fait les jeunes fédéralistes à Wissembourg. Face aux atermoiements des États membres du Conseil de l'Europe, et suite à l'appel lancé par le député Léopold Sédar Senghor pour s'emparer des défis européens communs, Paul Collowald prend position pour plus d'ambition politique. Au cœur des débats sur l'Europe de la défense, il affirme en analysant le discours de Senghor à l'Assemblée consultative que se pose la question de l'idéal qui est proposé aux peuples des États européens. Nous sommes dans le contexte de la guerre de Corée qui a débuté en juin 1950.

> Former une armée, c'est bien, termina M. Larok [auteur du rapport], mais nous avons aussi à mettre en ligne notre potentiel moral et nos valeurs spirituelles.
>
> Que voilà donc un excellent discours ! Mais, s'il peut constituer à certains égards un bon CERTIFICAT DE LUCIDITÉ, il est également, à nos yeux, un CERTIFICAT DE PUSILLANIMITE. Car, si l'on nous jette un S.O.S. aussi pressant à la tête, pourquoi diable, s'amuse-t-on à des jeux byzantins, au lieu de définir ces valeurs spirituelles et accroître ce précieux potentiel ! Qu'attend-on pour lancer notre message européen et proclamer notre foi ? Pourquoi ne s'applique-t-on pas à en faire prendre conscience aux Européens, aussi sollicités et menacés, idéologiquement ?
>
> Pourquoi ? Parce que l'immobilisme du Conseil de l'Europe, celui du Comité des Ministres en particulier, procède d'une conception périmée de la culture et parce que l'on n'a pas voulu repenser les problèmes à l'échelle de l'Europe, affirme M. Senghor, député du Sénégal et Agrégé de l'Université, dans une intervention très remarquée, et des plus pertinentes. Au début de la session, rappela-t-il, M. Paul Reynaud avait traité la culture de vieille dame distinguée qui fait du crochet, pendant que des soldats des Nations unies se font tuer en Corée pour la défense de nos libertés. M. Senghor s'en indigne et rejette, pour sa part, une telle conception, aussi creuse que dépassée.

> « La supériorité du Communisme, souligna-t-il avec force, n'est ni dans ses ressources matérielles ni dans ses armes. Elle n'est même pas nécessairement dans sa méthode ; elle est dans sa foi, dans sa conception militante et totalitariste de la culture.
>
> En face d'une culture bourgeoise qui n'est qu'ornement quand elle n'est pas distraction, le communisme offre à l'homme une culture sans rupture entre les idées et les choses, la pensée et l'acte ; une civilisation non divisée contre elle-même… ». Et c'est parce que cette culture engage l'être totalement, poursuit M. Senghor, qu'il y a aujourd'hui, par le monde, un « homme communiste » prêt à tout sacrifier pour la défense de son Eglise.
>
> « En face de ce monde solide, tout d'un bloc, l'Europe restera fragile et vermoulue si nous n'accordons pas plus d'attention aux problèmes culturels, surtout si nous les posons mal », ajouta le Député du Sénégal, avant de proposer, en l'opposant à la conception totalitariste, UNE CONCEPTION INTÉGRALISTE de la culture, car ce n'est pas la peur, mais un idéal positif qui doit nous unir.
>
> Le Nouvel Alsacien, « Culture de musée ou culture dynamique ? » par Paul Collowald, 27-28 août 1950

Le chrétien engagé dans la Cité

Paul refusera toujours de prendre une carte dans un parti et de briguer un mandat politique. Son ami Jean Seitlinger fera un autre choix, comme il l'explique dans ses mémoires[6] et dont Paul Collowald retient :

> « *Mon ami, Jean Seitlinger, à un an près nous avons le même âge, a connu un destin très proche du mien (incorporé de force, évadé, résistant) mais a fait ensuite un choix différent dont je me suis toujours réjoui : l'un des plus jeunes députés de France en 1956, issu du MRP ; membre de l'Assemblée du Conseil de l'Europe ; député européen. En 1986, le Premier ministre Jacques Chirac veut le nommer ministre des Affaires européennes et se heurte au veto souverainiste du R.P.R. qui ne voulait pas de "fils spirituel de Robert Schuman" au gouvernement ! À cette époque, nous nous étions rejoints pour faire rayonner, à partir de Scy-Chazelles, le rôle de Robert Schuman dans la construction de l'unité européenne et de la réconciliation franco-allemande, thèmes désormais valorisés dans le musée jouxtant sa maison* »[7].

Dans ce choix du combat politique, on retrouve mon grand-père Roger Menu, ancien jociste, qui s'engage lui aussi au sein du MRP. Laissant son travail de formateur aux ateliers de la SNCF et de militant à la CFTC, il poursuit par le biais de la politique son objectif de l'amélioration des

---

[6] Seitlinger Jean, *Un Lorrain au cœur de l'Europe*, Éditions Serpenoise, 2006.
[7] Entretien personnel avec Paul Collowald (été 2017).

conditions du monde ouvrier. Croyant, sa devise est d'« *être au service des autres, transformer la société et le monde pour le rendre plus humain* »[8]. Dans un contexte politique local jusqu'alors dominé par les grandes maisons de champagne d'un côté et le PCF de l'autre, lui, l'ouvrier catholique social, devient conseiller de la République en 1946, puis sénateur de la Marne à partir de 1958. Maire de la Ville d'Epernay à partir de 1948, convaincu que le progrès passe par la paix et celle-ci par la réconciliation franco-allemande, il signe le second accord de jumelage franco-allemand avec la ville d'Ettlingen en 1953, après celui de Montbéliard et Ludwigsburg en 1950. Il maintiendra tous ces mandats politiques jusqu'à son décès en 1970.

Au Sénat, il siège au sein de la commission des Affaires sociales, dont il deviendra le président entre 1959 et 1968. Ses interventions portent sur la promotion sociale (1959), l'affiliation des artistes du spectacle à la Sécurité sociale (1961), l'amélioration de la situation des populations rurales d'outre-mer (1961) ou encore la formation professionnelle (1966). Il travaille à l'amélioration de la législation du travail, comme le droit syndical dans les entreprises, la durée du travail, les congés payés et les compétences des conseils des prud'hommes[9].

Paul Collowald fait partie de cette génération de bâtisseurs de l'après 1945 mûs par le désir de changer le monde pour y faire prévaloir la paix et la dignité humaine. En plus de son activité professionnelle, Paul Collowald s'engage dans le monde associatif, à commencer par l'AGF[10] dirigée à Strasbourg par Charles Lutz, pour lequel il anime bénévolement le *Bulletin mensuel*.

Dans la veine des « Semaines Sociales » de l'entre-deux-guerres, il devient conférencier du Secrétariat social diocésain en Alsace. Il participe aux « Sozialer Sonntag / Dimanches Sociaux », en compagnie, par exemple, du syndicaliste chrétien mosellan, Théo Braun ou du député MRP Henri Meck. Après le « sermon social » de la messe en français et en allemand, suivi d'un repas préparé par les habitants, le meeting a lieu dans l'après-midi sur le thème de « l'Action sociale des chrétiens », comme en novembre (Guebwiller) et décembre 1947 (Ribeauvillé).

---

[8] Témoignage du syndicaliste Bernard Lelong dans l'émission « Hommage à Roger Menu » – trois émissions de *Radio L'Epine* à Epernay en 1995.
[9] Site internet du Sénat www.senat.fr, consulté le 31 juillet 2017.
[10] Association Générale des Familles.

Paul Collowald anime des cours de vacances sur la « Question Sociale », comme pendant l'été 1948 sur « L'essor des élites », en juillet 1950 sur « Le sort des classes moyennes » ou en juillet 1951 sur « La presse, reine et esclave », à Matzenheim. Il est conférencier au centre d'études sociales de la CFTC[11] dans un cycle de conférences sur « Marxisme et Spiritualisme » : le thème porte sur « Absence du chrétien » en juin 1948, à la suite de l'article d'Emmanuel Mounier dans la revue *Esprit* et la rencontre avec le philosophe organisée par le FEC en février de la même année.

C'est au FEC que Paul Collowald s'engage le plus activement, en tant que secrétaire général des ICS de 1950 à 1958. Avec son président Erwin Guldner, il participe à l'organisation de conférences-débats avec des personnalités du moment. En novembre 1950, les ICS organisent leur première « Semaine » de conférences sur le thème « La conscience chrétienne devant le monde de 1950 » avec, entre autres, Paul Ricœur, Pierre Plimlin et Paul Lévy, voix de la radio belge et directeur de la Presse et de l'Information du tout nouveau Conseil de l'Europe[12]. Politiquement, le FEC cherche à se démarquer de la mouvance issue de l'Union populaire républicaine, ancien parti politique de la droite conservatrice de l'entre-deux-guerres en Alsace. Mais bien que proches du MRP, les ICS ne se considèrent pas comme des « politiques », mais comme

> « des "travailleurs de l'esprit", décidés à s'occuper des choses de ce monde, à pénétrer d'esprit chrétien les institutions humaines. Intellectuels, ils cherchent à comprendre leur temps, mais ils portent leur choix sur des problèmes vitaux, avec le souci constant des misères et des besoins de leurs compatriotes »[13].

---

[11] Confédération Française des Travailleurs Chrétiens.

[12] Est organisée au Palais des Fêtes la "conférence d'inauguration « La menace technocratique », débat sur « La 25ᵉ heure » avec l'auteur C.V. Gheorghiu ; M. Le Grand Rabin Deutsch ; M. Le Prof. Paul Ricœur ; le R.P. Jean Bernard. À l'Aubette, le 15 novembre, une conférence sur « La conscience chrétienne, l'Europe et la paix », avec M. Lévy, directeur de la Presse et de l'Information au Conseil de l'Europe ; M.E. Kogon, de la revue *Frankfurter Hefte* ; G. Duveau, professeur à l'Université de Strasbourg. Le 16 novembre, « La conscience chrétienne et la justice sociale » avec M. Serrarens, du Conseil de l'Europe ; M. Joseph Folliet, Directeur de la Chronique Sociale ; M. André Piettre, Professeur de l'Université de Strasbourg. Le 17 novembre, « Une conscience chrétienne devant l'histoire : Charles Péguy et les *Cahiers de la Quinzaine* par M. André Rousseaux. Le 18 novembre, « La conscience chrétienne et l'engagement politique », par M. Pierre Pflimlin, ministre de l'agriculture ; M. Stefano Jacini, vice-président du Conseil de l'Europe ; M. Léopold Senghor, délégué au Conseil de l'Europe et député du Sénégal" (documentation FEC).

[13] Extrait des « 25 ans du FEC », *op. cit.*

Avec les conférences-débats « Options de l'heure » du FEC, Paul Collowald raconte

> « il ne s'agissait pas en l'occurrence de se substituer aux partis et d'organiser des meetings, mais bien de fournir aux citoyens désireux de comprendre et d'agir, une information aussi objective que possible, comme le souligna Erwin Guldner. C'était une forme d'engagement civique, pas tellement facile, et où l'on pouvait, semble-t-il, récolter plus de coups que de compliments »[14].

En effet, l'objectif des conférences est d'assurer un échange contradictoire, avec comme le dira Alphonse Irjud « *des débats souvent passionnés, parfois houleux, lors des grandes controverses sur la voie, les moyens et la finalité de la construction européenne* ».

En janvier 1954 par exemple au Palais des Fêtes lors d'une conférence de Robert Schuman, en pleine querelle de la C.E.D. (armée européenne), en novembre 1956 avec Michel Debré, Fernand Dehousse, P.H. Teitgen et le Dr. Lenz du Bundestag (« Europe, puissance atomique ? »), en janvier 1957 avec Jean Lecanuet, Henry Fresnay, Spinelli de l'Union européenne des Fédéralistes, avec le professeur Mouskhély (« La France est-elle un pays indépendant ? ») (…).

Affrontements suivis de débats plus sereins (« le Marché Commun », « l'agriculture et le marché commun », « l'économie alsacienne dans la perspective du marché commun » en janvier 1958, c'est-à-dire un an avant l'application du Traité de Rome), « l'armement nucléaire dans la défense de l'Europe » par Maurice Schumann, alors Président de la Commission de la Défense Nationale (février 1963), des conférences plus critiques : « l'Europe introuvable » par Hubert Beuve-Méry, Directeur du Monde et « l'Europe, réflexe de défense ou germe d'un avenir en formation » avec Maurice Faure en novembre 1963 et plus récemment, à la lumière du « défi américain », « l'économie européenne face à la puissance européenne » par Pierre Uri (mars 1968) (…) tandis qu'André Fontaine cherchait à situer l'influence et la destinée de « la communauté européenne entre l'Est et l'Ouest.

« 25ᵉ anniversaire des ICS, 1945-1970 » par Alphonse Irjud

Les « Options de l'heure » du FEC donnent lieu aussi à « *des débats déjà épineux comme ceux du Maroc et de la Tunisie, de l'Indochine, Mbarek Si Bekkaï*[15], *Mohamed Masmoudi*[16], *le Général Catroux, Léopold Sédar*

---

[14] Publication « 25ᵉ anniversaire des ICS, 1945-1970 », *op. cit.* (article de Paul Collowald).
[15] Futur Premier ministre du Maroc.
[16] Ministre des affaires étrangères de Tunisie dans les années 1970.

Senghor etc »[17], et plus généralement des thèmes touchant à l'économie, la société, l'international, le religieux…[18]. En 1957, le FEC et les ICS se dotent d'une revue mensuelle, *Élan*, à l'initiative de Frère Médard dont elle reprend le franc-parler, le ton libre et la cordialité. Paul Collowald y traite notamment de la position française concernant Strasbourg, capitale de l'Europe.

Ce militantisme associatif local rejoint l'action menée dans le cadre des jumelages pour construire l'Europe « *d'en bas* »[19]. Celui d'Epernay et d'Ettlingen s'appuie en premier lieu sur l'organisation d'échanges scolaires, issus des contacts pris par les professeurs Friedrich Bran et Marcel Jans dès 1930. En 1954, dans *L'Est Républicain*, le professeur allemand Bran souligne l'importance de l'implication de la jeunesse pour « *effacer les frontières* » :

> « *Il faut espérer beaucoup de l'action des jeunes. Ce sont eux qui effaceront demain les frontières, les incompréhensions et les hostilités. Œuvre de longue haleine, mais œuvre qui fera de nos deux nations des pays complémentaires qui, enfin, vivront dans la paix et dans l'entente.*
>
> *La participation d'Ettlingen à cet effort de mutuelle compréhension mérite d'être citée en exemple. Il n'est jamais trop tôt pour faire tout ce qu'il est possible pour chasser le cauchemar des champs de bataille et des villes anéanties. Il faut savoir parfois oublier le passé pour tendre ses enthousiasmes vers l'avenir* »[20].

---

[17] « Bilan Intellectuels Chrétiens Sociaux 1945-1957 » (archives personnelles de Paul Collowald).

[18] Entre novembre et janvier 1957-58 sont organisées des conférences « Les Mardis du FEC » aux thèmes très variés : le 12 novembre « *L'URSS au tournant ?* » par B. Péron, journaliste au *Monde* ; le 20 novembre « *Chrétiens de gauche et chrétiens de droite* » par Étienne Borne, agrégé de l'Université ; le 29 novembre « *Le drame des démocraties populaires* » par M. Fetjö, écrivain hongrois ; le 6 décembre « *Réforme de l'État* » par l'ancien ministre Paul Coste-Floret ; le 10 décembre « *Le sentiment spirituel dans la chanson contemporaine* » par R.P. Cocagnac, directeur de la *Revue d'Art Sacré* ; le 18 décembre « *Les bases biologiques de l'adaptation du travail à l'homme* », Dr. Bernard Metz ; le 9 janvier « *L'âme musulmane* » par le fondateur des Petits Frères de Jésus, R.P. Voillaume ; le 17 janvier « *Le Marché en commun* » par Robert Schuman ; le 20 janvier « *Rencontre des chrétiens et musulmans à Tioumliline* » par Dom Martin OSB ; ou encore le 31 janvier « *L'Afrique devant le Marché Commun* » par M. Buron, ancien ministre.

[19] Fondation Bertelsmann et DFI – Deutsch Französisches Institut, *Les jumelages de collectivités territoriales : renforcer le sentiment citoyen européen*, Gütersloh : Bertelsmann Stiftung, janvier 2018.

[20] « Entretien avec M. Bran d'Ettlingen » par Sacha Simon dans sa grande enquête sur l'Allemagne, *L'Est Républicain*, 16 novembre 1954.

Le FEC s'attèle à d'autres thèmes épineux, cette fois liés à l'Alsace, comme le procès de Bordeaux. En 1953, sept Allemands et douze Alsaciens et Mosellans incorporés de force dans la *Wehrmacht* sont jugés pour leur responsabilité dans la tragédie d'Oradour-sur-Glane, où près de 650 habitants furent massacrés par les S.S. de la division *Das Reich* le 10 juin 1944. Le FEC dont Paul, nombre d'intellectuels et la très grande majorité de la population alsacienne, prennent fait et cause pour que les Malgré-Nous ne soient pas jugés dans ces conditions.

Par ailleurs, en 1955, Paul Collowald rencontre Jean-Jacques Remetter, le dernier Malgré-Nous à revenir en Alsace après dix années de travaux forcés dans les conditions extrêmes des camps d'internement sibériens. Le 13 avril, il l'interviewe au moment où il est accueilli au pont du Rhin à Strasbourg par Robert Baillard, Président de l'ADEIF[21], afin que son récit soit connu du plus grand nombre.

Le FEC et ses animateurs s'engagent donc pleinement dans les débats de leur temps avec, comme le résume Marcel Rudloff en 1970, un fil conducteur constant, à savoir le progrès humain et social :

> « *Il y a un certain romantisme dans les conférences des I.C.S. ; il s'exprime dans une volonté indomptable, quasi irrépressible, de continuer à croire en l'homme, en ses possibilités de bonheur, en ses progrès, en sa dignité. Les retours fréquents d'Étienne Borne, de Jean-Marie Domenach, et de Pierre Emmanuel (pour ne citer que ceux-là), rappellent – sans honte – que les I.C.S. n'ont jamais oublié Emmanuel Mounier.*
>
> *Certains feront la fine bouche devant ce "vague humanisme" ! Peut-être ! Mais ils devront admettre que l'immense public des conférences n'a jamais blâmé les organisateurs, d'avoir introduit dans le genre plutôt austère des conférences, le "grain de folie" de la générosité et de la foi en l'homme* ».
>
> *L'Homme est et reste le seul "grand sujet" des conférences des I.C.S. Les milliers de participants l'ont bien saisi – fut-ce confusément.*
>
> *"À l'écoute du Monde" Oui, certes ! Mais surtout à l'écoute de l'HOMME !* »[22]

---

[21] Association des Évadés et des Incorporés de Force.
[22] « 25ᵉ anniversaire des ICS, 1945-1970 », *op. cit.* (article rédigé par Marcel Rudloff).

L'importance des questions internationales pour le journaliste Collowald

En 1962, le politologue Alfred Grosser publie un article sur « la Quatrième République et sa politique extérieure »[23], dans lequel il démontre l'importance de deux dossiers, la décolonisation et l'Europe, et son influence sur la politique intérieure des années 1950.

Sur la décolonisation, Paul Collowald fait entendre la voix des « *autonomistes* » en Afrique noire, à l'image de son ami Senghor : en 1956, dans un article au *Nouvel Alsacien*, il titre « Dans le cadre de la République Française, les élus d'Afrique Noire demandent une « large autonomie »[24]. En 1953, il a eu la possibilité de découvrir une nouvelle fois l'Afrique en participant à un voyage officiel à Dakar, au Mali et en Guinée avec Pierre Pflimlin, nouveau ministre de la France d'outre-mer. Pflimlin demande à être accompagné de quelques journalistes : Serge Bromberger du *Figaro* ; le dessinateur Sennep ; Pierre Mayère, rédacteur en chef de la revue *Climat* spécialisée dans les affaires africaines ; et Paul Collowald, qui couvre depuis peu les actualités locales et européennes également pour le compte du journal *Le Monde*. Paul se rappelle du dîner à Dakar, évoquant Strasbourg avec l'ancien Préfet du Bas-Rhin Bernard Cornut-Gentille, ainsi que le défilé de cavaliers en Mauritanie, deux faits repris par Pierre Pflimlin dans ses *Mémoires d'un Européen*[25].

En ce qui concerne la construction européenne, elle trébuche lourdement en 1954. Elle avait pourtant bien débuté : rapidement mise en place dès 1952, ces institutions supranationales montrent leur efficacité pour coordonner les politiques communes des prix, de suppression des droits de douane, de modernisation industrielle et de politique sociale. Il en résulte une satisfaction des gouvernements et de l'opinion publique dans les six pays fondateurs, que le Mouvement européen contribue à populariser[26]. Mais les tensions politiques restent vives dans l'après-guerre européen. Au cœur de celles-ci se trouve le délicat dossier franco-allemand concernant la

---

[23] Grosser Alfred, « La Quatrième République et sa politique extérieure » *Politique Étrangère*, 27-3, 1962.
[24] « Dans le cadre de la République Française, les élus d'Afrique Noire demandent une « large autonomie » par Paul Collowald, *Le Nouvel Alsacien*, 29-30 janvier 1956.
[25] Pflimlin Pierre, *Mémoires d'un Européen*, Paris : Fayard, 1991, pp. 55-68.
[26] Bacharan-Gressel Nicole, « Les organisations et les associations pro-européennes » in Berstein Serge *et al.*, *op. cit.*, pp. 57.

Sarre, entre statut européen et rattachement à la RFA, dont la crise connaît son paroxysme en 1955.

En outre, les projets successifs d'unité politique européenne ne voient jamais le jour, qu'il s'agisse de la Communauté politique européenne et de la CED. Comme Paul Collowald et François Fontaine l'ont retracé en 1983 dans un entretien avec le négociateur belge le comte Snoy et d'Oppuers, les dirigeants politiques nationaux se montrent plus réticents à développer des réponses européennes. Pour le projet de traité visant à établir une Communauté politique européenne, largement inspiré par Alcide De Gasperi (qui décèdera en 1954) et présenté à Strasbourg en mars 1953 par Paul-Henri Spaak en tant que président de l'Assemblée *ad hoc*, il est accueilli ironiquement par le nouveau ministre des Affaires étrangères français, Georges Bidault, qui salue les « *chercheurs d'aventures* »[27]…

Ce projet est pourtant adopté par les 78 parlementaires de l'Assemblée commune mais il ne sera pas repris, suite au refus du Parlement français de voter en faveur du projet de la CED au mois d'août 1954. Jean Monnet démissionne de la présidence de la Haute Autorité et fonde le comité d'action pour les États-Unis d'Europe. Paul Collowald regrettera toujours cet épisode qui marque une pause nette dans l'élan vers une Europe à unir. Mais dès décembre 1954, il se montre combatif : dans le journal *Le Monde*, il rédige un article au titre évocateur « *Après M. Monnet, l'Assemblée du "pool" affirme : "Les États-Unis d'Europe sont l'espoir et la nécessité de notre époque"* »[28].

La conférence de Messine de 1955, initiée par les trois pays du Benelux, servira de relance à la construction européenne en proposant l'établissement d'une union douanière et l'élargissement du Marché commun à tous les secteurs économiques, fondé sur les libertés fondamentales de circulation des personnes, des produits, des services et du capital. Les traités de Rome sont signés en mars 1957 par les six États fondateurs, après avoir été préparés au château de Val Duchesse près de Bruxelles, sous l'impulsion efficace de Paul-Henri Spaak. Pour les pionniers, c'est un succès en demi-teinte car l'esprit de la Déclaration Schuman n'y est plus tout à fait. La Haute Autorité devient par exemple

---

[27] Collowald Paul et Fontaine François, *La naissance de l'Europe contemporaine. Interview du comte Snoy et d'Oppuers*, Bruxelles : Commission des Communautés européennes, décembre 1983.

[28] *Le Monde* « Après M. Monnet, l'Assemblée du "pool" affirme : "*Les États-Unis d'Europe sont l'espoir et la nécessité de notre époque*" » par Paul Collowald, 3 décembre 1954.

la Commission européenne, terme volontairement neutre pour diminuer son pouvoir d'initiative et d'exécution au profit du Conseil des ministres. Le titre du second tome des mémoires de Paul-Henri Spaak, *Combats inachevés : De l'espoir aux déceptions*[29], couvrant notamment son action pour « L'Europe Unie » de 1947 à 1957, est sans équivoque.

---

[29] Spaak Paul-Henri, 1969, *op. cit.*

Les débuts dans l'actualité européenne

Correspondant du *Monde* à Strasbourg

Dans les années 1950, journalisme et Europe deviennent plus étroitement liés pour Paul Collowald. Alors que l'intégration européenne est l'affaire d'une poignée de personnes, il cherche à en faire saisir les enjeux à un plus large public : objectifs, moyens, décisions et premières réalisations sont expliqués dans ses articles. C'est donc naturellement qu'il est amené à se spécialiser dans les affaires européennes pour d'autres journaux ou agences de presse, et à s'impliquer dans la formation des journalistes à l'Université de Strasbourg en devenant le secrétaire général du Centre international d'enseignement supérieur du journalisme, l'ancêtre du CUEJ[1].

Avec une dizaine d'autres journalistes accrédités, Paul Collowald prend part à la réunion hebdomadaire du service de presse du Conseil de l'Europe, dirigé par Paul Lévy dont il apprécie le choix d'opter pour « *la diffusion du compte rendu rapide en salle de presse* »[2]. Il suit les sessions de l'Assemblée du Conseil de l'Europe et celles de l'Assemblée commune de la CECA.

À travers ses articles, il cherche à rendre les processus en cours intelligibles à ses lecteurs : ainsi, dans un article dans *Rythmes* de juillet 1955[3], il explique les différences de nature entre le Conseil de l'Europe, les assemblées de la CECA et de l'Union de l'Europe occidentale (UEO) qui se réunissent au même moment à Strasbourg. Il espère ainsi toucher non plus seulement un public d'initiés, mais une part croissante de la population.

---

[1] Centre universitaire d'enseignement du journalisme.
[2] Collowald Paul, « La « Trajectoire Strasbourg-Luxembourg-Bruxelles » in Dassetto Felice et Dumoulin Michel, *Naissance et développement de l'information européenne*, Actes des journées d'étude de Louvain-la-Neuve des 22 mai et 14 novembre 1990, Berne : Peter Lang, 1993, pp. 34.
[3] « À Strasbourg où se succèdent les réunions des "six", "sept" et des "quinze" : L'Europe en marche vers son unité » par Paul Collowald, *Rythmes*, 2 juillet 1955.

Paul Collowald devient le correspondant du quotidien *Le Monde* à partir de 1952. Après quelques premiers articles sur l'actualité régionale pour couvrir les premières institutions européennes à Strasbourg, André Fontaine, chef du service diplomatique, lui confie également le secteur international.

Dans la lettre d'engagement que lui adresse Jean Lahitte, chef des Informations au *Monde*, on lit l'autonomie et l'esprit d'initiative qui lui sont accordés, mais aussi les exigences du métier : la « *rigoureuse objectivité* » des informations transmises, qui suppose une entière confiance et, en contrepartie pour le journaliste, « *ne rien transmettre dont* [on ne soit] *absolument sûr* » ; savoir utiliser les termes précis ; se rendre spontanément sur les lieux, sans attendre des autorisations ; avoir ses entrées auprès des administrations et des services officiels, savoir chercher l'information ; la dextérité dans la transmission des informations, par téléphone ou télégraphe ; la disponibilité de huit heures à 19 heures…

Paul Collowald est heureux de pouvoir garder sa liberté de ton et son enthousiasme européen pour couvrir les débats sur le système décisionnel de la CECA[4], la concertation franco-allemande sur la Sarre[5], la relance du projet de la CED[6] ; mais aussi des sujets valorisant le patrimoine alsacien, comme la restauration de l'orgue Silbermann du XVIIIe siècle de Marmoutier[7].

Dans ses articles, il va chercher le scoop, comme lorsqu'il obtient de Guy Mollet de passage à Strasbourg une déclaration sur sa participation au comité d'action pour les États-Unis d'Europe lancé par Jean Monnet[8], ou tente de susciter la curiosité du lecteur sur des sujets réputés techniques et éloignés des préoccupations quotidiennes, comme les négociations autour de la réduction de l'impôt prélevé par la Haute Autorité. Avec humour mais sans renoncer à l'information précise, valorisant toujours la dimension politique, il relate les débats sur ce sujet au sein de l'Assemblée de Strasbourg.

---

[4] « "La Haute Autorité n'accepte pas le contrôle préalable des parlementaires" déclare M. Monnet » par Paul Collowald, *Le Monde*, 21 mai 1954.

[5] « Les solutions envisagées à Strasbourg permettent de concilier les intérêts allemands, français et sarrois déclare au Monde M. Federspiel » par Paul Collowald, *Le Monde*, 6 juin 1954.

[6] « L'Assemblée de Strasbourg va s'occuper une fois de plus de la défense de l'Europe » par Paul Collowald, *Le Monde*, 12-13 sept 1954.

[7] « L'orgue de Marmoutier construit au XVIIIe siècle est restauré » par Paul Collowald, *Le Monde*, 15 octobre 1955.

[8] *Le Monde* « "Le socialisme européen est décidé à jouer un rôle majeur dans la relance européenne" déclare au Monde M. Guy Mollet » par Paul Collowald, 15 octobre 1955.

> L'Assemblée du « pool » a connu hier quelques émotions et, comme celles-ci sont rares à Strasbourg, plusieurs députés se sont plu visiblement à les cultiver. Dans les couloirs on commentait avec intérêt – quelquefois avec passion – le projet de résolution socialiste critiquant en termes vifs la réduction de l'impôt prélevé par la Haute Autorité et demandant à celle-ci de revenir purement et simplement sur sa décision.
>
> D'aucuns parlèrent un peu vite de « motion de défiance ». En fait, un texte aussi brutal ne pouvait guère trouver de majorité dans l'assemblée. Les démocrates-chrétiens avaient certes formulé des réserves sur l'action de la Haute Autorité mais les termes de la résolution déposée en leur nom par M. Wigny étaient quand même bien plus nuancés.
>
> D'autre part, les libéraux, qui ne s'étaient pas encore exprimés officiellement, devaient déposer à leur tour une motion favorable à la baisse du prélèvement au 1er juillet, mais déclamant qu'il n'était pas opportun de préjuger les dispositions à prendre le 1er janvier. Le groupe libéral demandait ainsi à la Haute Autorité de supprimer pour l'instant la seconde étape de réduction de l'impôt, prévue pour le 31 décembre. C'est vraisemblablement vers cette solution de compromis que l'assemblée s'orientera.
>
> Le rapporteur de la commission des investissements, M. de Menthon, devait d'ailleurs déclarer au cours de l'après-midi : « autant la commission eût été satisfaite d'une réduction à 0,7 % du taux de prélèvement, autant elle est surprise et inquiète de la nouvelle réduction à 0,45 % prévue pour la fin de l'année ».
>
> M. de Menthon objecta à cette occasion que, si la Haute Autorité semble avoir évalué assez largement les dépenses prévisibles, elle n'a pas hésité à consacrer à leur couverture non seulement les recettes régulières sur lesquelles elle peut compter chaque année, mais encore la totalité des fonds dont elle dispose actuellement, fonds qui seront complètement épuisés en 1958 si les prévisions de la Haute Autorité se vérifient. Sans doute celle-ci reste libre de relever l'impôt, si le besoin s'en fait sentir. Mais, demanda le rapporteur, de telles variations d'impôt ne présenteraient-elles pas de graves inconvénients économiques ?
>
> De nombreux points d'interrogation restent donc posés. Les réponses de la Haute Autorité convaincront-elles l'assemblée avant l'ultime débat de la session, qui doit se terminer par un vote ? (…)
>
> *Le Monde* « Le bureau central des mines rhénanes ne pourra plus vendre que le tiers du charbon de la Ruhr annonce à Strasbourg M. Etzel » par Paul Collowald, 13 mai 1955

Correspondant de l'agence Europe à Strasbourg

À partir de 1953, Paul Collowald démarre une collaboration avec le fondateur de l'agence Europe, le journaliste italien Emanuele Gazzo. Ce dernier, originaire de Gênes, entreprenant, vif, parlant très bien français, est un fédéraliste convaincu et partisan d'une information sur l'Europe de qualité à l'attention des citoyens. Paul Collowald partage entièrement cette forme de journalisme engagé et l'approche qui en découle : d'une part, la responsabilité du journalisme de bien informer ; d'autre part, la responsabilité du citoyen de bien s'informer. Ce sont les bases de son futur credo du cercle vertueux suivant lequel la production d'une information de qualité sur les événements importants doit permettre aux citoyens d'en saisir le sens et de choisir pour s'engager.

À l'origine, Emanuele Gazzo a l'idée de faire coopérer les agences de presse pour créer une rubrique sur l'Europe et ainsi produire de l'information européenne. Son souhait est que les décisions européennes sortent du secret des discussions diplomatiques et de l'ombre de l'administration puisqu'elles sont éminemment politiques. Mais cette tentative resta sans écho. L'agence sera quand même lancée et aura des fortunes diverses, mais elle deviendra incontestablement « *l'organe officieux d'informations communautaires* »[9]. L'anecdote rapportée par Paul Collowald dans un article publié dans le quotidien belge *Le Soir* témoigne de l'importance de l'agence Europe comme source d'information à partir des années 1960 :

> « *Lors de la première visite à Moscou de fonctionnaires de la Commission de Bruxelles, en vue d'explorer les possibilités d'une coopération, M. Wellenstein, directeur général des Relations extérieures, se voit opposer par son interlocuteur un argument tiré d'une information de l'agence Europe. M. Wellenstein commente, explique, introduit des nuances.* "*Mais cela est officiel*", *réplique le fonctionnaire soviétique.* "*Non, répond le représentant de la Commission, l'Agence Europe n'est pas* officielle, *mais elle est* sûre » [10].

Premier commentateur politique européen, tenant plus que tout à son indépendance, Emanuele Gazzo devient une personnalité recherchée ou redoutée pour les « fuites » que son agence sait diffuser, à Bruxelles et dans les capitales des États membres.

L'agence Europe publie depuis les années 1950 son bulletin quotidien *Europe* qui, à une époque, correspond à une vingtaine de pages journalières traduites jusqu'en quatre langues (français, allemand, anglais et espagnol)[11]. Bien qu'ouvert à tous sous la forme d'un abonnement, ce bulletin reste destiné à un public d'initiés du fait de la technicité des

---

[9] Conrad Yves, « De l'agence de presse au courtier en information. Le rôle des agences de presse dans la diffusion de l'information européenne » in Dassetto Felice et Dumoulin Michel, *op. cit.*, pp. 126.

[10] « L'aventure au cœur de l'Europe » par Paul Collowald, *Le Soir*, 11 mars 1983.

[11] En juillet 2018, l'Institut universitaire européen de Florence a signé un accord avec l'agence Europe pour la numérisation de ses bulletins (des années 1950 à 2000): https://www.eui.eu/ServicesAndAdmin/CommunicationsService/News/2018/Agreement-with-Agence-Europe-strengthens-an-EUI-Library-special-collection (consulté le 15 juillet 2018).

sujets traités, en priorité les décideurs politiques, leurs administrations, les entreprises et les journalistes. Lorsqu'Emanuele Gazzo décède en 1994, Ferdinando Riccardi lui succède pour les Éditoriaux du Bulletin quotidien jusqu'à son décès en octobre 2017.

L'actualité européenne… pour quels publics ?

Avec la création des premières organisations européennes, le monde de la presse en Europe s'organise lentement pour informer. La première association des journalistes européens accrédités à Bruxelles date de 1975, donc bien après les commencements. À quelques exceptions près comme *Le Monde*, dont Philippe Lemaître en sera longtemps le correspondant, les grands journaux nationaux ne dépêchent un journaliste que lorsque le Conseil des ministres se réunit, c'est-à-dire au moment de la décision finale. Il n'est pas jugé nécessaire ou important d'informer les opinions publiques des discussions autour de la mise en place du marché commun du charbon et de l'acier, la couverture sociale européenne, ou encore pour expliquer quelle nouvelle forme d'organisation internationale supranationale se met en place… et surtout pas les conséquences quant au rôle des États. Pourtant, n'avait-on pas lu à la Une des journaux du 10 mai 1950 qu'il s'agissait d'une proposition « *d'une exceptionnelle envergure* », « *proprement révolutionnaire* » ?

Toutefois, dès le début de la construction européenne, certains s'interrogent sur comment informer les citoyens. En premier lieu Jean Monnet qui, avant de quitter la présidence de la Haute Autorité, propose le nom de son directeur de cabinet Jacques-René Rabier pour diriger le premier service de l'information de la CECA. Paul Collowald le croise parfois à Strasbourg dans les années 1950 et ils deviendront vite des collègues, alliés et amis.

Contrairement à ce qu'il a pu observer aux États-Unis, Jean Monnet constate que la technique des sondages visant à mesurer l'opinion publique se développe lentement en Europe. Les premiers à mesurer l'opinion publique européenne sont des chercheurs nord-américains. Jacques Rabier, lui, s'y intéresse déjà[12]. En parallèle des efforts (restés vains) de Paul Lévy au Conseil de l'Europe, il renoue avec des spécialistes rencontrés auparavant comme Jean Stoetzel, un ancien de Gallup[13], ou

---

[12] Rabier Jacques-René, « L'opinion publique et l'intégration de l'Europe dans les années 50 » in « La relance européenne et les Traités de Rome », actes du colloque de mars 1987 ; Theys Michel, 2017, *op. cit.*
[13] Theys Michel, 2017, *op. cit.*, pp. 137-139.

Jean Meynaud, secrétaire général de la Fondation nationale de science politique à Paris de 1946 à 1954, pour réfléchir à la mise en place d'un sondage prenant régulièrement le pouls de l'opinion européenne. Ce sont les premiers rapprochements avec la spécialisation de la *survey research* comparative[14]. Rabier sera l'inventeur de l'« Eurobaromètre » en 1973.

Quand elles existent, les données des sondages des années 1950 montrent que peu de personnes sont réellement informées sur la construction européenne, mais qu'il existe un préjugé favorable étant donné le contexte international : l'inquiétude à la suite du blocus de Berlin, la première bombe atomique soviétique, la crainte du déclin en cas d'isolement de chaque pays européen, et aussi des aspirations humanistes. Plus le niveau d'éducation augmente et plus les sondés s'expriment favorablement sur le thème européen. De manière intéressante, lorsque les personnes interrogées sont informées de la nature de quelques initiatives européennes, comme la libre-circulation instaurée dans le cadre du Marché commun, leur intérêt grandit et se traduit par une attitude majoritairement positive, constate Rabier[15]. Il conclut cependant à une relation complexe, voire un cercle vicieux, entre l'Europe et l'opinion publique, cette dernière étant souvent mal informée, donc peu intéressée et au final peu convaincue. L'historien Duroselle apporte en 1957 un argument supplémentaire : l'information européenne est élitaire, devenant familière aux décideurs politiques et économiques et non à la société dans son ensemble[16].

Même si elles peuvent avoir des aspirations fortes en faveur ou contre l'unité de l'Europe, les populations restent éloignées de l'actualité européenne. Les décisions européennes sont alors plus épisodiques qu'aujourd'hui, elles revêtent aussi un caractère technique et demandent en conséquence une certaine expertise pour être déchiffrées. Mais la raison principale est que, dans les années 1950, la préoccupation centrale de l'opinion publique en Europe est de vivre mieux. Cela renvoie à des questions économiques et sociales traitées essentiellement au niveau national. Nonobstant son engagement pro-européen, mon grand-père Roger Menu n'interviendra qu'une fois au Sénat à propos de l'Europe, et c'est pour rappeler aux gouvernements que « *l'Europe ne doit pas oublier les*

---

[14] Aldrin Philippe, « L'invention de l'opinion publique européenne. Genèse intellectuelle et politique de l'Eurobaromètre (1950-1973) », *Politix* 1, n° 89, 2010, pp. 84.
[15] Rabier Jacques-René, 1987, *op. cit.*
[16] Duroselle Jean-Baptiste avec Gerbet Pierre, « L'unification de l'Europe » in *L'Encyclopédie française*, tome 11, Paris : La Vie Internationale, 1957.

travailleurs »[17] et demander leur participation à travers les organisations qui les représentent.

Paul Collowald n'en est pas encore au stade de travailler à rapprocher l'« Europe des citoyens » par le biais de la politique d'information européenne. En revanche, déjà conscient de la nécessaire pédagogie qu'implique l'information autour de la construction européenne, il accueille avec enthousiasme une nouvelle offre professionnelle pour former les journalistes au décodage de l'actualité européenne et internationale.

Secrétaire général du Centre international du journalisme de Strasbourg

Avec sa curiosité pour l'Europe et sa passion pour le journalisme et la pédagogie, Paul Collowald se tourne naturellement vers la formation internationale des futurs journalistes, l'occasion se présentant à Strasbourg.

Il est resté proche du milieu universitaire strasbourgeois, notamment pour l'organisation des conférences du FEC ou des ICS. En tant que journaliste, il se tient informé des événements scientifiques à Strasbourg et aime y participer. On sait qu'il est invité par ailleurs aux réunions du Centre de philologie romane, ce qui alimente aussi la *Petite Revue*. En 1957, il collabore au chapitre « La presse parisienne et provinciale » avec le professeur Kayser et Alfred Grosser en fournissant une note sur la presse alsacienne de langue allemande[18].

Pour traiter de l'actualité ou de thèmes de fond, il se rend à des conférences académiques nationales et internationales. Ainsi en juin 1956, à Bologne il suit la conférence sur « L'état actuel de l'intégration européenne », où sont invités des chercheurs de l'Université américaine John Hopkins, Alfred Grosser et des leaders fédéralistes, Altiero Spinelli et Henri Brugmans[19].

À cette période, l'Unesco est à la recherche « *d'un lieu pour ouvrir un centre international dédié à la formation et au perfectionnement des journalistes dans un esprit d'ouverture, au service de la paix, comme c'est [sa] vocation. Une*

---

[17] Archives du Sénat : « Roger Menu », consultations par l'auteur en mai 2016.
[18] Kayser Jacques et Grosser Alfred, « La presse parisienne et provinciale » in *Les élections du 2 janvier 1956* sous la direction de Maurice Duverger, François Goguel et Jean Touchard, Paris : Éditions Armand Colin/AFSP, 1957.
[19] « L'Europe entre mythologie et l'atome » par Paul Collowald, Le *Nouvel Alsacien*, 10/11 juin 1956.

première étape devait consister à étudier les différentes manières d'enseigner le journalisme ; Jacques Léauté défend avec succès la candidature de l'université de Strasbourg et me propose de le rejoindre. C'est ainsi que le 6 février 1957, le recteur de l'Université, Jean Babin, signe un arrêté qui me charge "des fonctions de Secrétaire Général du Centre International du Journalisme" »[20].

C'est donc à l'initiative du professeur de droit Jacques Léauté que Paul Collowald franchit le pas. Ils se sont rencontrés plusieurs fois, notamment en 1956 lors d'une journée d'études consacrée à la protection pénale du secret et au respect de la liberté d'information, dont le compte rendu que fait Paul Collowald dans *Le Monde* retint l'attention du professeur Léauté.

Paul Collowald se voit confier la tâche d'organiser les sessions internationales auxquelles assistent en moyenne vingt à trente étudiants venant de quelque vingt pays. Parmi ces étudiants, il y a Habib Boularès, futur ministre de l'Information en Tunisie. Il doit aussi gérer la venue de conférenciers et d'experts de près de trente pays différents, comme le doyen Koudiakov de l'Université de Moscou.

Mais très vite, il sent qu'il y a eu un malentendu. Recruté comme professionnel de l'information, Paul constate bien qu'il fait essentiellement la gestion des séjours des étudiants et des intervenants :

> « *Certes, organiser la première session fut un travail passionnant. D'abord, établir la liste des participants à une rencontre consacrée à l'étude comparée des programmes d'une vingtaine d'Écoles de journalisme de Moscou à Washington, de Londres à Varsovie, de Munich à Milan. Puis, expliquer le pourquoi et le comment de cette invitation. Recruter les interprètes. Négocier avec les services compétents de l'Éducation Nationale le taux de remboursement de l'hôtel selon l'indice comparable des professeurs, le Doyen Koudiakov de Moscou pouvant éventuellement bénéficier d'un autre échelon. J'en passe et des meilleures. Bref, le plus clair de mon temps, c'était de la gestion et de l'administratif. Le malentendu sur la nature de mon job était patent et, lorsque de surcroît, malgré les efforts du recteur Jean Babin, les remboursements des professeurs étrangers, ainsi que ceux des interprètes, ne pouvaient s'effectuer, faute des crédits promis, je donnai ma démission, dûment motivée, et parfaitement comprise* »[21].

---

[20] Intervention de Paul Collowald lors du 50ᵉ anniversaire du CUEJ, le 1ᵉʳ mai 2008. Avant-guerre, une seule école de journalisme existait en France, à Lille. Après-guerre, à l'initiative de Hubert Beuve-Méry, dans l'esprit de la Résistance, une autre est créée à Paris ; puis Strasbourg.

[21] *Idem.*

Paul Collowald continuera à collaborer avec l'Unesco. En 1961, avec le soutien du commissaire français Robert Lemaignen en charge de l'aide au développement, il assure trois semaines d'enseignement théorique et pratique sur les différents aspects de l'information économique et sociale, à l'occasion d'une session de formation des journalistes africains à Dakar.

Il poursuivra longtemps sa collaboration avec le CUEJ. En ce qui concerne les années 1960, c'est principalement à travers des contributions à sa revue et à ses colloques internationaux. En 1963, il réalise une étude de presse comparée sur la Communauté européenne, sous la direction du professeur Kayser[22]. En 1965, il intervient au IXe colloque international sur le thème « Information économique et intégration européenne ». Aux futurs journalistes, il démontre, sur la base d'une revue de presse du porte-parole prise au hasard, que les quotidiens européens et internationaux reportent l'information européenne dans des rubriques nombreuses, ayant même conquis souvent la première page. Cela montre, explique-t-il, d'une part, l'ampleur des thèmes couverts par l'intégration européenne – à portée économique pour la plupart, mais au sens large : accord sur le prix du lait, discussions au GATT sur la législation agricole européenne et l'accord de Yaoundé, Fonds social européen, demande de prêt au Marché commun pour financer des investissement d'intérêt public... et, d'autre part, que « *peu à peu les centres de décision dans plusieurs domaines deviennent communautaires et que les stratégies débordent les frontières* »[23].

Il ne peut pas s'empêcher de partager avec son auditoire sa satisfaction de la couverture médiatique offerte par le numéro du *Monde* le jour-même de la conférence :

> « *Sans aller chercher trop loin d'autres exemples, il vous suffirait de feuilleter* Le Monde *d'aujourd'hui où vous trouveriez en première page un commentaire de Pierre Drouin, Chef du service économique, analysant le discours de M. Marjolin, Vice-Président de la Commission de la C.E.E., faisant entendre à la tribune du Parlement européen la voix du Marché commun sur les problèmes monétaires d'actualité (étalon or, balance des paiements américaine, investissements américains en Europe, etc.). Ce commentaire se poursuit à l'intérieur du journal (à la page 15) où l'on présente le texte à peu près intégral de M. Marjolin, et venant compléter cette page, le commentaire du correspondant particulier du journal sur le débat du Parlement européen relatif à cette question. Je trouve*

---

[22] Collowald Paul, « L'enseignement du journalisme », article bilingue publié par l'Université de Strasbourg, 1963 (Archives personnelles de Paul Collowald).
[23] Intervention de Paul Collowald lors du IXe colloque international du CUEJ, 25 mars 1965.

que c'est un cas intéressant où l'on trouve : le maximum d'information brute, un commentaire très exhaustif, l'atmosphère du débat retransmise du lieu même où se passait l'événement, tout cela offrant donc au lecteur un ensemble complet qui lui permet de se faire une idée dans les meilleures conditions »[24].

Conclusion

Entre 1948 et 1957, la construction européenne se met rapidement en place, avec une phase « créatrice » telle que l'a nommée Schuman en 1950, puis à partir de 1954, des échecs dans des nouvelles tentatives d'intégration politique avant de vivre la relance de 1957. Dans cette étape historique d'unification politique européenne, trois personnes-clés sont souvent nommées : Schuman, Adenauer, Gasperi. La raison régulièrement invoquée de ce « trio gagnant » est qu'ils étaient démocrates-chrétiens et parlaient l'allemand. Mais un autre lien les unissait : ils étaient des hommes des frontières. En 1983, Paul Collowald et François Fontaine recueillent de la part du comte Snoy et d'Oppuers le témoignage suivant :

> « *Il y a bien une chose qui m'a profondément frappé, c'est que, lorsque Adenauer, Schuman et de Gasperi étaient ensemble au pouvoir, on pouvait résoudre les problèmes européens. Pourquoi ? Parce que c'était des hommes des marches frontières. Ces hommes des marches frontières avaient naturellement le point de vue de l'adversaire et la manière de travailler ensemble et de s'apprécier. Et je crois que le très grand bonheur des années 1950 à 1953 a été la présence simultanée de ces trois hommes au pouvoir* »[25].

Au cours de cette période, journaliste dans la presse écrite et à la radio, et même producteur à la télévision régionale, Paul Collowald développe une passion pour son métier. Quand il quitte *Le Nouvel Alsacien* en 1957, son directeur indique qu'il « *a effectué ces différentes tâches avec une compétence et un amour du métier exemplaires. Nous n'avions qu'à nous louer de son zèle et de son travail* »[26]. Finalement, il s'éloigne du journalisme pour mieux le retrouver à travers la formation et, on le verra plus tard, la politique d'information européenne.

Curiosité toujours attisée, recherche de l'information et diffusion, prises de contact : voilà tout ce qu'il aime dans son métier de journaliste.

---

[24] Intervention de Paul Collowald au CUEJ, 1965, *op. cit.*
[25] Collowald Paul et Fontaine François, 1983, *op. cit.*, pp. 69.
[26] Attestation de la direction du *Nouvel Alsacien* en date du 28 février 1957 (archives personnelles de Paul Collowald).

Paul Collowald noue des liens durables avec des personnalités politiques locales ou nationales, comme Robert Schuman, Pierre Pflimlin et Jean Seitlinger ; des syndicalistes, comme Théo Braun ; des intellectuels, comme Paul Ricœur, Paul Imbs et Émile Baas ; ou des figures religieuses, comme Frère Médard et Pierre Bockel. Mais au-delà des réseaux nécessaires à son métier, il se saisit ainsi d'un problème politique et veut contribuer à sa résolution. Ce problème, c'est stabiliser la paix en Europe, suivant l'exemple donné par Schuman. Parce qu'il est, lui aussi, un homme des frontières, qui a subi directement les conséquences des tensions qu'elles créent, mais qui a aussi déjà fait en pratique l'expérience des liens qui peuvent s'y créer et dont le potentiel est ensuite infini.

Le groupe sportif au collège épiscopal de Zillisheim :
Paul Collowald « en grand uniforme » (1938) (page 25)

La promesse scoute à Pralognan en Savoie
(1938) (page 25)

Paul Collowald à bicyclette devant
l'appartement de ses parents
à Sarreguemines (1939) (page 35)

Le certificat médical, l'un des stratagèmes pour échapper
à l'incorporation de force (1943) (page 53)

Mardi-Gras 1943 chez Miquette Schieber
(à gauche de Paul Collowald, en partie
cachée) : au milieu des cheftaines et des
guides, Paul Collowald (au centre) et
Roby Lux (en haut à droite) « solitaires
», les autres jeunes étant incorporés ou
évadés (page 46)

Paul Collowald de dos, en pèlerine,
animant une répétition de la petite
chorale du Mont Sainte-Odile (1944)
(page 46)

Le télégramme du retour du 11 mai 1945 (page 59)

Mariage de Jacqueline et Raymond Pfohl (été 1945): en haut (en partant de la droite) Fernand Lefebvre, Elisabeth Proprawski, Jacquel, Marianne Rudloff, Paul Collowald ; à l'extrême gauche Jeannette Pfohl (page 62)

Visite des jeunes fiancés à la famille Collowald à Sarrebourg (1946) (page 68)

Paul et Marguerite Collowald avec Victor Demedeiros dans le cadre de l'accueil des étudiants africains au FEC, animé par Marie-Odile Pflimlin (1947) (page 76)

Le colonel Roux est à l'avant et les trois journalistes à l'arrière de la Dodge (1947) (pages 80-81)

Le colonel Roux entouré des journalistes alsaciens Collowald (*Nouvel Alsacien*), Schaeffer (*Dernières Nouvelles d'Alsace*) et Fischer (*Tribune de Mulhouse* et fondateur de *Saisons d'Alsace*) (1947)

Place Djemaa el Fna, Marrakech (1947)

Paul Collowald sur un canon à Agadir (1947)

Paul Collowald, journaliste au *Nouvel Alsacien*, à son bureau rue Finkmatt (1948) (page 77)

Paul Lévy directeur Presse et Information au Conseil de l'Europe, répondant aux journalistes (@Council of Europe, 2018) (page 113)

Winston Churchill à Strasbourg le 12 août 1949 du balcon de l'Aubette, place Kléber (@European Union 2018 – Source : Parlement européen) (page 84)

Winston Churchill avec à sa droite le préfet René Paira et à sa gauche le gouverneur de Strasbourg ; Paul Collowald à l'extrême droite avec sa consœur des *DNA* qui s'entretient avec le photographe du même journal (page 85)

Salle comble pour la conférence du FEC au Palais des Fêtes de Strasbourg
au sujet du livre de Frédéric Hoffet *Psychanalyse de l'Alsace* publié en 1951 :
Paul Collowald à l'avant-plan (page 105)

Jean-Jacques Remetter, dernier Malgré-Nous à revenir en Alsace après
son internement dans des camps en Sibérie, est accueilli en 1955
par Robert Baillard, en présence de Paul Collowald (page 108)

Première session du Centre International d'Enseignement Supérieur du Journalisme de l'Université de Strasbourg : au premier plan le recteur Jean Babin et à sa gauche le doyen Koudiakov, à droite de la photo le professeur Léauté ; derrière Jean Babin, Paul Collowald (1957) (@DR) (page 120)

Robert Schuman, élu Président de l'Assemblée parlementaire européenne par acclamation en mars 1958 (@Archives des Dernières Nouvelles d'Alsace)

Fête de Noël du groupe du porte-parole (1959) : Giorgio Smoquina à genou, à sa droite Richard Mayne, à sa gauche Pierre Cros, derrière lui, Paul Collowald ; à la droite de Paul Collowald, Clara Meyers, Joachim von Stulpnagel et André Patris (@DR) (page 163)

La première salle de presse de la Commission européenne, avenue de la Joyeuse Entrée à Bruxelles (1960) (@European Union 2018 – source : Commission européenne) (page 164)

Conférence du président de la Commission Walter Hallstein organisée par Publicis en mars 1960 : au premier plan, Pierre Mendès-France et l'ancien ministre Lapie (lunettes) ; derrière, Paul Collowald et, à sa gauche, François Fontaine et Raymond Aron (*Le Figaro*); Pierre Drouin (*Le Monde*) se trouve à gauche (lunettes) (@DR) (page 170)

Au Sommet informel de décembre 1969 à La Haye, la conférence de presse organisée par Bino Olivi (au centre), avec Paul Collowald et Simons Cohen (@DR) (page 185)

La salle de presse s'agrandit avec le déménagement de la Commission au Berlaymont
(@European Union 2018 – source : Commission européenne) (page 181)

Léopold Sédar Senghor, président de la République du Sénégal, est
salué par Paul Collowald, au cours de la conférence de presse (1973)
(@European Union 2018 – source : Commission européenne) (page 191)

Avec le prix Nobel de la paix Sean McBride (au centre) lors du colloque de l'Université Catholique de Louvain en mai 1981 (page 215)

La longue amitié d'Emanuele Gazzo et Paul Collowald (photo de 1981) (@European Union 2018 – source : Commission européenne) (page 212)

Martine Kempf présente le « Katalavox » au président Pflimlin et Paul Collowald (1985)
(@European Union 2018 – Source : Parlement européen) (page 225)

Le président Pierre Pflimlin, entouré de Paul Collowald et François Brunagel (1986)
(@European Union 2018 – Source : Parlement européen) (page 228)

Remise de la Croix de la Légion d'honneur par le président du Sénat Alain Poher en 1985, ainsi qu'à Jacques Rabier (1985)

Sous la tonnelle avec Marguerite, dans leur mas du sud de la France où était prévue leur retraite

Lors de la restauration de la maison de Jean Monnet à Houjarray, le président de l'association Jean Monnet, Etienne Hirsch, s'exprime devant un auditoire composé, entre autres, de Pierre Pflimlin, Simone Veil, Henri Rieben, Paul Collowald.
(@European Union 2018 – source : Parlement européen)

Au cours d'une réception européenne à Strasbourg, Paul Collowald avec ses anciens confrères Jean-Louis English (DNA, à droite) et Gaetano Adinolfi (Conseil de l'Europe) (1987) (@DR)

Lors du cinquantième anniversaire de l'agence Europe, Paul Collowald en compagnie de l'ancien président de la Commission Jacques Santer (à droite), Jacques Rabier et Jacqueline Lastenouse (2001)

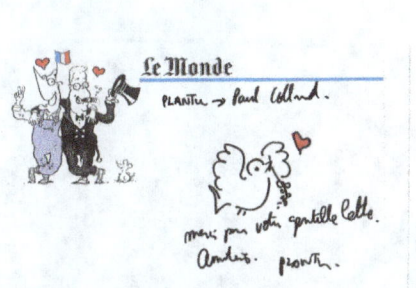

Relations amicales entre un ancien du Monde et son dessinateur bien connu (dessins publiés avec l'aimable autorisation de Plantu @Plantu 2018. Tous droits réservés) (page 236)

À la maison de Robert Schuman à Scy-Chazelles le 4 juillet 2013, Paul Collowald, vice-président du CERS, avec le président du Parlement européen Martin Schulz, la députée européenne Nathalie Griesbeck, Patrick Weiten, président du Conseil général de la Moselle et du CERS, et Christian Pennera, jurisconsulte au Parlement européen (@CERS) (page 240)

Paul Collowald à l'occasion de l'une de ses conférences à travers l'Europe

Remise du grade d'Officier dans l'ordre de la Légion d'honneur par le ministre François Loos en mai 2005 au FEC, salle Léon XIII (page 260)

Paul Collowald avec Jo Leinen, député européen sarrois et président du Mouvement européen lors d'une soirée-débat sur l'Europe de l'Association de promotion de l'Alsace à Bruxelles en mars 2017 (page 248)

Paul Collowald fidèle participant aux réunions de l'intergroupe « Lutte contre la pauvreté et défense des droits de l'homme » au Parlement européen (2016) (@European Union 2018 – source : Parlement européen) (pages 250-254)

Avec l'ancien président de la Commission Jacques Delors lors de la commémoration du soixantième anniversaire de la Déclaration Schuman à Scy-Chazelles (2010) (page 241)

Avec l'actuel président de la Commission Jean-Claude Juncker, lors d'une invitation au sujet de son livre *J'ai vu naître l'Europe* (2015) (@European Union 2018 – source : Commission européenne) (page 248)

III/ Ouvrir les frontières pour dire l'Europe – au cœur de l'information des institutions européennes (1958-1981)

« [Les frontières] *gardent leur raison d'être si elles savent ramener leur rôle à ce qui sera désormais leur mission en quelque sorte spiritualisée. Au lieu d'être des barrières qui séparent, elles devront devenir des lignes de contact, où s'organisent et s'intensifient les échanges matériels et culturels ; elles délimiteront les tâches particulières de chaque pays ; les responsabilités et les initiatives qui lui seront propres, dans cet ensemble de problèmes qui enjambent les frontières et même les continents, qui font que tous les pays sont solidaires les uns des autres* ».

Schuman, *Pour l'Europe*, 1963, pp. 34

Entrée dans la fonction publique européenne à Luxembourg

Bâtir des ponts

Bâtir des ponts : c'est la seconde mission de Robert Schuman, après celle d'ouvrir les frontières, afin de susciter les échanges et créer de nouvelles solidarités entre les États européens ; là aussi, Paul Collowald le suit. En 1958, il change de lieu de vie et de profession en entrant dans le monde politico-administratif européen à Luxembourg puis à Bruxelles. D'abord fonctionnaire au sein du service de l'Information de la Haute Autorité de la CECA, il est chargé d'établir les liens et organiser les premiers échanges dans les milieux universitaire, de l'éducation et de la jeunesse. Cette nouvelle fonction, suivie en 1958 par celle du groupe du porte-parole de la Commission Hallstein, l'amène au cœur de l'organisation de l'Europe à unir.

Désormais, il ne va plus suivre les actualités européennes en tant que journaliste français. Dans son travail, on lui demande de ne plus considérer en premier lieu l'angle national, mais d'adopter un regard européen ; plus précisément, en ce qui concerne l'intérêt et le public européens. Il s'inscrit dans la perspective de Robert Schuman qui met l'information au cœur du processus d'unification européenne[1]. Tout est à construire : Paul Collowald fait partie des pionniers de la politique d'information sur l'Europe.

La transition vers le Luxembourg avec Jacques Rabier

En avril 1957, alors qu'il est désormais en charge du service de presse et d'information de la Haute Autorité, Jacques Rabier demande la création d'un nouveau poste d'administrateur à la CECA. Son objectif est d'établir une liaison avec les milieux universitaires et étudiants, et le monde de l'éducation en général, dans la perspective de l'établissement

---

[1] Bitsch Marie-Thérèse, 2014, *op. cit.*, pp. 21.

des Communautés européennes économiques et Euratom qui vient d'être décidé. Mais au fond il suit sa conviction née de ses échanges avec Jean Monnet : la Déclaration Schuman ne concerne pas que le charbon et l'acier mais bien la manière de comment commencer l'Europe, avec les citoyens.

Dès 1953, la Haute Autorité a mis en place un service de presse et d'information. Jacques Rabier est rejoint par François Fontaine qui vient comme lui du Commissariat au Plan ; François Duchêne, un ancien correspondant du *Manchester Guardian* à Paris ; et Jef Moons, un syndicaliste chrétien belge[2]. Jean Monnet, premier président de la Haute Autorité, en est l'initiateur car il a été habitué à parler aux journalistes lors de ses séjours aux États-Unis. « *Il aime s'entourer de journalistes – du moins ceux qui conjuguent influence et talent, par exemple un Beuve-Méry, fondateur du Monde* », écrit Michel Theys[3]. Monnet demande à Rabier, puisqu'il assiste déjà aux réunions hebdomadaires du Collège pour rédiger le rapport mensuel à destination de l'Assemblée parlementaire, de convoquer aussi une conférence de presse le lendemain de chacune de ces réunions[4]. Les débuts sont modestes, seuls une dizaine de journalistes étant accrédités à Luxembourg en 1956.

Concernant les objectifs du service de presse et d'information, le rapport général d'avril 1957 de la Haute Autorité expliquait les lignes générales de la politique d'information en ces termes :

> « *L'action de la Haute Autorité dans le domaine de l'information a pour objet de faire connaître l'existence, la signification, et les objectifs de la Communauté, ainsi que les résultats déjà atteints dans les voies nouvelles que la Communauté a déjà tracées* ».
>
> « *Cette action se développe principalement dans les pays de la Communauté, mais aussi dans les pays qui n'en font pas partie. Elle s'exerce dans deux domaines : celui de l'opinion publique, considérée dans toute son étendue et sa diversité structurelle ; celui des milieux spécialisés que l'activité de la Communauté touche de plus près. Elle utilise tous les moyens appropriés pour donner aux différents publics une information aussi rapide, précise, exacte et intéressante que possible* »[5].

---

[2] Dumoulin Michel, « Quelle politique de l'information ? » in Dumoulin Michel (dir.), *La Commission européenne 1958-1973. Histoire et mémoires d'une institution*, Luxembourg : Office des publications officielles des Communautés européennes, 2007, pp. 524.
[3] Theys Michel, 2017, *op. cit.*, pp. 83.
[4] *Idem*.
[5] Cité par Jacques Rabier, « La naissance d'une politique d'information sur la Communauté européenne (1952-1967) » in Dassetto Felice et Dumoulin Michel, *op. cit.*, 1993, pp. 27.

Cela répond à la demande de l'Assemblée commune de la CECA. Dès la fin 1955, dans un rapport sur l'information de l'opinion publique du MRP Alain Poher, l'Assemblée demandait à ce que dans son Rapport général annuel, la Haute Autorité consacre « *un chapitre spécial traitant de l'information de l'opinion publique et des rapports avec la presse* ».

Un concours est lancé en avril 1957 pour un poste d'administrateur « *pour des tâches assez modestes* » dira Paul Collowald plus tard, avec des moyens limités. Jacques Rabier le contacte : il le connaît par ses articles de correspondant du *Monde* et ils se sont rencontrés plusieurs fois lors des sessions parlementaires de la CECA à Strasbourg. Rabier sait qu'il travaille aussi au CUEJ. Il est séduit par ses expériences croisées dans le journalisme, sur l'Europe et dans la formation universitaire. Le recrutement se fait sur titres, puis le candidat passe devant un jury. Paul Collowald se rappelle que sa connaissance de l'allemand, héritée de sa jeunesse aux frontières, a été le critère décisif :

> « *Ce n'était pas joué d'avance. Je savais que le travail consistait à prendre contact avec le milieu de la jeunesse, éducation, universitaire et qu'il recherchait un Allemand parlant bien français, ou un Français parlant bien allemand... Ce fut moi. Comme quoi, les langues, ça sert parfois...* ».

Une fois informé de son admission au concours, Paul Collowald démissionne de ses fonctions au CUEJ et de correspondant du *Monde*. Il rejoint la Haute Autorité au printemps 1958, conscient de ce qu'il laisse derrière lui :

> « *Le 19 mars 1958, Robert Schuman fut élu par acclamation de l'Assemblée parlementaire européenne. Le 19 mars 1958, étrange coïncidence, je faisais mes adieux à la fois à Robert Schuman et au journalisme... mon dernier article dans le Monde s'intitulait "une grande semaine européenne s'ouvre à Strasbourg". Le mois suivant, je partais pour Luxembourg pour rejoindre Jacques Rabier, qui dirigeait le service de presse de la Haute Autorité de la CECA* »[6].

L'esprit des premières équipes de fonctionnaires européens

Au sein du service de presse et de l'information de la CECA, l'esprit d'équipe est une clé indispensable pour Rabier. En cela, il s'inscrit dans

---

[6] Soirée-Débat « Autour des mémoires » de Paul Collowald – Commission européenne, service « visiteurs », Association de Promotion de l'Alsace à Bruxelles, le 2 décembre 2014.

la « méthode Monnet », qui accorde avant tout de l'importance à la confiance qui peut émerger :

> « C'est un peu le contraire de la méthode diplomatique traditionnelle fondée beaucoup plus sur la méfiance des autres, même des partenaires. Jean Monnet jugeait, jaugeait d'abord le collaborateur nouveau, estimait s'il pouvait entrer en résonance avec ce qu'il attendait de chacun »[7].

Concernant sa mission, Paul Collowald se souvient que Jacques Rabier lui avait dit :

> « Tu ne t'occuperas absolument pas du charbon et de l'acier ; il faudra assurer les contacts avec les milieux avec qui nous voulons commencer à dialoguer : soit en participant à des choses qui existent dans le domaine éducatif ou culturel ou en en inventant »[8].

Comment travaille-t-on ensemble entre collègues italiens, luxembourgeois, belges, hollandais, allemands et français qui, il y a une décennie, vivaient dans des pays souvent ennemis ? Paul Collowald évoque l'état d'esprit qui régnait dans l'équipe :

> « On baignait dans une atmosphère qui était : on va construire quelque chose de nouveau. Le Marché commun du charbon et de l'acier, peu s'en préoccupaient, ça passait au-dessus de la tête de la plupart même. Un petit pas. Pour rendre la guerre non seulement impensable, mais aussi matériellement impossible... Monnet et son équipe étaient menés par des principes plus hauts, comme Monnet lui-même les avait exposés dans son *Mémorandum d'Alger* en 1943. Il menait son équipe avec les Allemands, le Benelux et l'Italie... Quand je suis arrivé, je me rappelle m'être spontanément adressé à une secrétaire allemande dans sa langue. Ça me semblait logique, mais beaucoup ont été surpris, pour une question de hiérarchie aussi. Mais on était guidé par ceci : si chacun y met du sien... On est en train de faire quelque chose de grand. La paix sur notre continent »[9].

Cela rejoint les témoignages de Rabier – qui se rappelle les mots de Monnet « *nous ne coalisons par des États, nous unissons des hommes* »[10], ou d'Edmund Wellenstein – le responsable des Relations extérieures de la Commission européenne, évoquant son expérience à la CECA puis à la CEE :

---

[7] « Entretien avec Jacques Rabier », propos recueillis par Anne Dulphy et Christine Manigand le 16 décembre 2008, *Histoire@politique*, n° 7, 2009, pp. 3.
[8] Entretien personnel avec Paul Collowald (été 2017).
[9] Entretien personnel avec Paul Collowald (automne 2017).
[10] Theys Michel, 2017, *op. cit.*, pp. 64.

> « *la grande connivence qui existait alors entre toutes ces personnes, membres des exécutifs, hauts fonctionnaires de la Commission, membres du Parlement européen ou représentants des gouvernements des États membres et même de pays tiers, qui voyaient dans l'intégration européenne la seule porte de salut pour le vieux continent. Fédéralistes convaincus ou davantage pragmatiques, leur Communauté européenne, fondée sur le droit et non sur des tractations politiques aléatoires, devait à tout prix réussir* »[11].

Tous ne le vivent pas de manière aussi harmonieuse… même si la conclusion est la même : « *Il y avait une estime réciproque et ça, c'est la clé de l'Europe en création* ». Ainsi Pierre Cros, responsable de l'information d'outre-mer, futur collègue de Paul Collowald à la Commission, raconte ses débuts.

> J'avais un voisin allemand qui avait été parachutiste, donc qui avait fait une guerre brillante, une guerre brillante, oui. C'était très drôle vous savez, quatorze ans après de se rencontrer en dehors de la mitraillette. (…) Le premier Allemand que j'ai vu, c'est quand je suis arrivé de Dakar, c'était le 14 juillet 1958, il faisait chaud, et la DG VIII qui était embryonnaire était installée rue Belliard où il y avait Euratom à l'époque. Et M. Allardt, directeur général ressemblait… Il avait la balafre des étudiants, là, la *mensur* [combat d'escrime à armes réelles], il avait un peu le crâne chauve, il avait… Il ressemblait un peu à Eric Von Stalheim. J'ai vu apparaître les pattes d'épaules, le képi et je me suis évanoui. Alors, on m'a fait respirer, j'ai mis ça sur le compte du voyage, etc… En réalité, j'avais peur, peur, peur. Parce que moi, je sortais des maquis, du front d'Alsace, de la guerre la plus atroce par la haine, oh quelle haine ! Quand mes camarades, quarante-six camarades ont été fusillés à la ferme du By, près d'Orléans… bon. Alors cet Allemand m'a demandé ce que je faisais, je lui ai dit : « Ich war ein Terrorist », où j'ai été respecté aussitôt. Et puis c'était fini, on se serrait la main. (…) Il y a eu ce schéma d'entente, qui fait que quatorze ans après, on pouvait se côtoyer sans arrière-pensée, dans cette confrontation, même si on n'était pas d'accord sur telle ou telle direction, etc. Il y avait une estime réciproque et ça, c'est la clé de l'Europe en création. C'était manifestement ça la clé parce que cette entente… Vous vous rendez compte, il fallait se débarrasser du vieil habit qu'on portait, enfin, moi j'étais encore un gamin, moi, quel âge… Je suis né en 1921, j'avais 37 ans donc. Mais on portait tout le poids déjà d'une guerre atroce. Et on peut dire que ce ciment qui s'est réalisé dans toutes les unités, dans toutes… avec plus ou moins de difficultés évidemment, ça c'est la clé de la Commission au départ.
> Entretien avec Pierre Cros par Yves Conrad et Anaïs Legendre (dans le cadre du projet financé par la Commission européenne « Histoire interne de la Commission européenne, 1958-1972 ».

---

[11] Entretien avec Edmund Wellenstein réalisé dans le cadre de la préparation de *La Commission européenne, 1958-1972, Histoire et mémoires d'une institution*, sous la direction de Michel Dumoulin, 2007, *op. cit.*

Mission auprès du milieu universitaire et des jeunes

Le service de la presse et de l'information a peu de moyens pour développer ses actions. En tant que responsable des affaires universitaires, culturelles et pédagogiques, Paul Collowald doit développer des activités en lien avec le monde universitaire afin d'entamer un dialogue européen à moyen et long terme. Il est chargé de missions qu'il doit souvent d'abord inventer...

La première d'entre elles consiste à informer les milieux de l'enseignement sur l'action européenne dans ce domaine sur les possibilités d'aides, notamment des supports pédagogiques. Il présente l'expérience de la première École européenne à Luxembourg lors d'une table ronde avec des enseignants au Centre de formation à Marly-le-Roi (près de Paris). Il y partage la table des conférenciers avec Jean d'Ormesson, alors membre du cabinet du secrétaire d'État à la jeunesse et au sport, Maurice Herzog. Paul Collowald valorise une approche européenne autour de la parution en 1958 d'un premier livre de géographie du professeur Gabriel Quencez de cette École européenne. Dans sa préface au livre, Robert Schuman s'était réjoui de cette première tentative :

> « *La République Fédérale d'Allemagne, la Belgique, la France, l'Italie, le Luxembourg et les Pays-Bas sont maintenant engagés sur la voie de l'unification européenne (…). Ces décisions politiques reposent, en réalité, sur les impératifs de la géographie. Ne suffit-il pas, en effet, de jeter un coup d'œil sur un atlas pour se rendre compte de la nécessité pour les pays européens de s'unir, afin de maintenir dans un monde divisé la force de leur potentiel économique et le prestige de leur civilisation. Dispersés, ils risquent d'être asservis ; unis ils sauvegarderont leur indépendance et leur autorité. Tout ce qui contribue à donner aux populations la conscience de cette unité européenne mérite d'être hautement encouragé. C'est dans cet esprit qu'il m'est agréable de rendre hommage à l'Auteur de l'ouvrage de géographie destiné aux élèves de l'École Européenne, qui elle-même est un symbole. Des maîtres, ouverts et compétents, forment les hommes qui, demain, continueront l'œuvre dont nous avons posé les premiers jalons* »[12].

Ensuite, le nouveau fonctionnaire cherche à « *créer l'événement* » autour d'initiatives novatrices telles que l'organisation du premier Bac européen à l'École européenne de Luxembourg. « *On voulait faire du*

---

[12] Préface de Robert Schuman in *Cours de géographie, 2ᵉ année secondaire*, « Les pays de la Communauté européenne et leurs dépendances » par Gabriel Quencez, École européenne, Luxembourg : Services des publications, 1958.

concret » dit Paul Collowald[13]. Jacques Rabier contacte par courrier Pierre Lazareff, grande figure de la presse française et à la tête de l'émission phare de l'époque « Cinq colonnes à la Une », ainsi que la radio Europe N°1, dirigée par Maurice Siegel. N'ayant pas de retour ni de l'un ni de l'autre, Paul Collowald reprend ses habitudes de journaliste. Il décide de se rendre directement à Paris où il rencontre Éliane Victor, proche collaboratrice de Pierre Lazareff. Il la convainc de la qualité de l'événement : une initiative de parents d'élèves de cinq pays européens ; une expérience pilote pour l'innovation pédagogique ; une première en Europe ; et la qualité des membres du jury présidé par le recteur Angeloz de l'Université de Strasbourg[14]. Quant à Maurice Siegel, il est aussi convaincu de l'intérêt pour sa radio et accepte qu'un envoyé spécial couvre la journée. Le 1er juillet 1959, 23 bacheliers préparent pour la première fois le Baccalauréat européen.

Paul Collowald prend de manière générale contact avec la presse – écrite, radiodiffusion, filmée. On lui demande d'organiser des visites d'information à Luxembourg, comme en octobre 1958 où il accueille une trentaine de stagiaires ou personnels du Conseil de l'Europe. Il est aussi chargé de mettre en place des prix de thèses sur des thèmes européens, dont Gilles Anouil sera le premier lauréat et qui se perpétuent jusque dans les années 1990, et d'organiser des conférences dans les États membres.

Ainsi, Paul Collowald organise la Journée des étudiants européens au Pavillon de la CECA à l'Exposition Internationale de Bruxelles en 1958. Robert Schuman y adresse un message aux représentants des étudiants :

> « *L'Europe dont nous avons voulu constituer l'unité ne peut pas être le résultat d'un simple assemblage d'institutions techniques – d'ailleurs nécessaires. Elle doit être, elle est déjà – bien qu'elle ne soit pas encore achevée – une véritable Communauté de nations qui reconnaissent l'identité de leur destin futur et se soumettent à des règles établies en commun pour le développement harmonieux de toutes, non à l'avantage de l'une au détriment de l'autre.*
>
> *S'agissant d'une telle communauté, il faut qu'existe un esprit communautaire. Sans lui nos efforts seraient vains. Avec lui, tout semble permis à l'Europe : la défense des valeurs de notre civilisation et leur réaffirmation dans le monde, l'accroissement des niveaux de vie et de meilleures chances pour tous, la rénovation de structures vieillies, un meilleur équilibre dans le monde, plus de liberté, et la Paix. Cet esprit nécessaire de communauté, il ne faut pas qu'il appartienne à*

---

[13] Collowald Paul in Dassetto Felice et Dumoulin Michel, 1993, *op. cit.*, pp. 35.
[14] Intervention de Paul Collowald lors du colloque sur « La campagne européenne de la jeunesse », Bruxelles, 8-9 novembre 1993.

quelques-uns seulement mais qu'il soit partagé, vécu par le plus grand nombre, surtout par les plus jeunes et notamment dans les Universités »[15].

Alors qu'il doit remplacer le membre luxembourgeois de la Haute Autorité Albert Wehrer, empêché, pour le discours inaugural, Paul Collowald explique :

« *Ainsi se trouve à nouveau soulignée la ferme volonté de la CECA de travailler en étroite liaison avec le monde de l'enseignement et de la jeunesse. Cette collaboration ira en se renforçant au cours des années, car l'Europe s'inscrit de plus en plus dans les faits. Bien entendu, cette action ne pourra prendre toute son efficacité qu'avec tous les intéressés (...).*

Vous avez ainsi raison de vous occuper et de vous préoccuper des problèmes – liés au processus d'intégration européenne – qui conditionnent plus particulièrement votre avenir immédiat et lointain : harmonisation des programmes, équivalence des diplômes, libre établissement dans les pays de la Communauté etc, vous n'oublierez pas non plus à l'occasion de cette rencontre de Bruxelles, d'aller au-delà, et d'étudier l'ensemble des réalités politiques, économiques et sociales de cette Europe en marche vers son unification »[16].

Le jeune étudiant de l'Institut d'études politiques de Strasbourg Alain Howiller, futur rédacteur en chef aux *DNA*, raconte sa visite au pavillon de la CECA à l'Expo de Bruxelles qui

« *faisait grosse impression et des dizaines de milliers de visiteurs y découvrirent, pour la première de leur vie, l'extraction du charbon : la communauté avait en effet installé une mine de charbon dans les sous-sols du pavillon (...). C'est dans le pavillon européen que le Mouvement européen organisa les premières rencontres d'étudiants européens (...). C'est ce patronage institutionnel mais aussi les fortes convictions qu'il avait toujours su afficher qui expliquèrent que l'une des chevilles ouvrières du congrès, celui qui par une efficace aide financière permit son organisation, fut le Strasbourgeois Paul Collowald, ancien journaliste au Nouvel Alsacien, pilier du FEC de Frère Médard* »[17].

Paul Collowald participe à l'organisation du Comité de liaison des Universités et étudiants, dont la première réunion des syndicats étudiants des six pays fondateurs se tient à Rome. Mais cette initiative restera

---

[15] Brochure de la Journée des étudiants européens, Pavillon de la CECA à l'Exposition universelle de Bruxelles, juin 1958 (Archives personnelles de Paul Collowald).
[16] *Idem.*
[17] Howiller Alain, *L'Europe au cœur. Engagements d'un journaliste alsacien*, Strasbourg : Nuée Bleue, 2004, pp. 67-68.

sans suite. Comme le commente par ailleurs Alain Howiller : « *L'essai du Mouvement des étudiants européens* [sera] *malheureusement éphémère pour plonger les racines d'une Europe, encore à six pays fondateurs, dans un terreau étudiant que l'actualité devait faire exploser, tout particulièrement en France* »[18].

Le projet d'une Université européenne

Les premiers et plus actifs interlocuteurs du monde universitaire sont les instituts européens au sein des universités, qui comptent parmi leur corps enseignant des professeurs, souvent aussi des militants, qui enseignent le Marché commun d'un point de vue juridique, économique et politique.

Très vite, la question de la création d'une université européenne se pose. Elle est ciblée explicitement par le directeur du Centre européen de la culture à Genève, Denis de Rougemont, lors d'une réunion qu'il a organisée les 4-5 juillet 1958 avec des représentants des Instituts d'études européennes – Brugmans du Collège d'Europe, Aubin de l'Institut de recherches européennes de l'Université de la Sarre...), des universités – Mouskhély de Strasbourg, Wais de Tübingen, Goriely de Bruxelles, Lehmann de Reading, Van der Ven d'Utrecht) et des observateurs, dont Paul Collowald qui représente la CECA – les deux autres communautés CEE et Euratom n'étant pas encore opérationnelles[19].

On découvre ainsi Denis de Rougemont, l'écrivain et penseur personnaliste transformé un temps en agent d'intégration des intérêts de l'enseignement supérieur auprès des décideurs politiques européens – aujourd'hui, on appelle cela tout simplement du lobbying – qui introduit ainsi l'objectif de la réunion :

> « *Voici le principe à illustrer : on ne fera pas l'Europe sans sa culture, car ce serait faire l'Europe sans ce qui la définit ; ce serait faire autre chose que l'Europe, quelque chose qui ne nous intéresse pas nécessairement.*
>
> *Et voici la situation concrète : les trois Communautés européennes ont publié le 20 mai dernier un communiqué de presse annonçant leur décision de créer une Université européenne. Nous avons appris un peu plus tard que la Commission désignée pour rapporter sur cet objet devait remettre ses propositions le 1er juillet*

---

[18] Howiller Alain, 2004, *op. cit.*, pp. 60.
[19] Publication des travaux par le Centre européen de la culture, n° 3, 1958 (Archives personnelles de Paul Collowald).

aux Conseils des ministres. Nous ignorons encore le contenu de ce rapport, et les suites que les ministres ont pu lui donner. Il n'est donc pas question de se prononcer là-dessus. Nous vous avons demandé de venir ici pour définir, en tout état de cause, vos positions, qu'elles se révèlent conformes ou non aux décisions qui pourront être prises ailleurs, et qu'il vous appartient d'influencer, si toutefois vous parlez à temps ».

Après avoir rappelé les projets déjà concrétisés – dont la création du Collège d'Europe à Bruges, la réunion porte ensuite sur plusieurs projets d'université européenne, dont le projet van Houtte – un projet intergouvernemental avec reconnaissance de l'équivalence du diplôme dans les six États « *inaugurant le libre établissement des intellectuels* » et celui fondé sur le traité de l'Euratom – École et Centre de recherches nucléaires, conçu de manière autonome par rapport aux États.

Le comité de travail des institutions européennes se réunit plusieurs fois à Val Duchesse, près de Bruxelles. Il se concentre sur deux propositions dans le cadre du traité de l'Euratom sur la coopération dans le domaine de l'énergie atomique civile. La première est de créer un institut post-universitaire de spécialisation ; la seconde, soutenue par les Allemands, ambitionne la création d'une Université européenne de grande envergure.

Le projet est abandonné en 1960, suite au refus du général de Gaulle – qui abandonne du même coup Étienne Hirsch, président d'Euratom, pourtant son fidèle compagnon qui l'avait rejoint à Londres dès juin 1940[20]. Un colloque international a lieu sur le thème de « L'Europe des Universités » à Grenoble en 1969. La première réalisation se fera par le biais d'un accord intergouvernemental pour l'obtention de diplômes de troisième cycle dans le domaine des sciences sociales et le droit. Cet accord donne naissance en 1976 à l'Institut universitaire européen, installé à Fiesole, sur les hauteurs de Florence. On est en-deçà des ambitions premières et l'idée de créer des universités européennes n'a été reprise que très récemment par le président de la République Emmanuel Macron lors de son discours sur l'Europe à l'Université de la Sorbonne, en septembre 2017. En accord avec le Conseil des ministres, la Commission européenne s'est engagée à financer des expériences pilotes en 2019 et 2020.

---

[20] Hirsch Étienne, *Ainsi va la vie*, Lausanne : Fondation Jean Monnet pour l'Europe (Cahiers rouges), 1988.

Changement de destination

Pour Paul Collowald, tout change à nouveau au printemps 1959 : il est sollicité par Robert Marjolin, l'ancien collaborateur de Jean Monnet, secrétaire général de l'OECE de 1947 à 1953 et désormais vice-président français de la Commission Hallstein, pour devenir son porte-parole. Marjolin se rappelait ses articles couvrant l'actualité européenne dans *Le Monde* et retrouve sa trace grâce à Jacques Rabier. Paul Collowald accepte sans hésiter car il renoue ainsi avec le monde journalistique, même si c'est avec une autre casquette.

Le transfert dure cependant plus de six mois car les couacs administratifs sont nombreux. Un des nouveaux membres de la Haute Autorité, Roger Reynaud, met son veto au départ. La Commission n'est pas encore complètement opérationnelle et la question du transfert de son statut de fonctionnaire CECA pose problème. Paul Collowald doit prendre un congé pour convenance personnelle avant d'entrer en fonction à la Commission européenne le 1er novembre 1959.

Avant de démarrer à Bruxelles, Paul Collowald est appelé à travailler 24 heures avec Jean Monnet, à Paris, en octobre 1959. Depuis 1954 et l'échec de la CED, Jean Monnet a fondé le Comité d'action pour les États-Unis d'Europe. Dans ce cas précis, il a demandé à Jacques Rabier s'il pouvait lui envoyer une « plume » pour l'aider à vulgariser ses idées lors de son allocution au prochain Congrès des syndicats libres, prévu en novembre à Luxembourg. C'est la première fois que Paul Collowald le rencontre : dès les premières minutes, il le trouve très accessible. Tout au long de la journée, Jean Monnet reste concentré sur la préparation de l'allocution, demandant de nombreuses clarifications tout en visant un discours simple, facile à comprendre.

Lors de cette réunion sont aussi présents l'économiste Jean Fourastié, Bernard Poignant, spécialiste des questions universitaires au Commissariat au Plan qui avait préparé des statistiques comparant l'éducation aux USA et au Japon, et François Fontaine, directeur du bureau de la Haute Autorité à Paris. Jean Monnet veut adresser un message alarmiste sur l'écart grandissant en matière de formation et d'enseignement au niveau universitaire entre l'Europe, les États-Unis et l'URSS. Le lendemain, Paul Collowald remet son brouillon, qu'il retrouve ensuite en grande partie dans l'allocution de Jean Monnet.

Ainsi, après avoir énuméré les résultats d'une décennie de construction européenne, Jean Monnet souligne le nouvel objectif de l'éducation et de la culture[21].

> L'unification économique, éventuellement politique, de nos pays, ne peut porter pleinement ses fruits que si le souci de la formation des hommes devient un élément essentiel de l'action de nos six pays. Quand je dis « les hommes », je pense à tous, des ouvriers aux plus hauts cadres.
>
> Il s'agit là d'un problème grave. (…) L'économie industrielle et agricole au 19ᵉ siècle pouvait progresser sur la base de l'enseignement primaire distribué à tous les travailleurs et d'un nombre limité de cadres formés dans les grandes écoles et les universités. De nos jours, l'expansion économique de l'Europe, pour prendre le large essor que rendent possible à la fois l'unification économique et les facteurs techniques nouveaux, exige également que soit multiplié le rythme de formation des personnes qualifiées et des cadres scientifiques et techniques, dans des proportions dont nous ne soupçonnons pas l'ampleur.
>
> Il y a un fait fondamental que nous devons constater : avec la nouvelle révolution industrielle et scientifique dans laquelle le monde s'engage, les facteurs humains (génie inventif, ingéniosité technique) vont jouer le rôle prépondérant qui était celui des ressources naturelles au siècle précédent. Dans la compétition pacifique de caractère économique, qui s'ouvre entre les nations, l'avenir est à celles qui se donneront le système scolaire le plus complet, à celles qui tireront le meilleur parti de l'intelligence de leur jeunesse, de toute leur jeunesse !
>
> (…) La construction économique de l'Europe que nous réalisons ensemble ne portera ses pleins effets que si nos pays mettent fin au gaspillage de l'intelligence de leur jeunesse par une véritable démocratisation de l'accès aux plus hautes études.
>
> (…) Au moment même où, grâce au progrès économique, s'établit entre le temps réservé au travail et le temps réservé aux loisirs un meilleur équilibre, l'accès à toutes les formes de culture, même les plus hautes, peut et doit devenir le fait du plus grand nombre et ne plus être réservé à une minorité.
>
> (…) [Après avoir fourni des statistiques détaillées] Sur ces deux points : formation de la masse, formation des cadres de la société, l'Europe occidentale se trouve dans une situation défavorable. (…) Les enseignements secondaires et supérieures, loin d'être pléthoriques, apparaissent anémiés par rapport aux deux grands pays neufs [États-Unis et URSS].
>
> Jean Monnet, Allocution à l'Assemblée générale des Syndicats libres des pays membres de la Communauté européenne (CISL) à Luxembourg, le 5 novembre 1959

---

[21] Le texte final a été publié intégralement dans un Cahier rouge de la Fondation Jean Monnet pour l'Europe à Lausanne : Poos Jacques-François et Rieben Henri, *Jean Monnet et le Luxembourg dans la construction de l'Europe*, 1989.

Cette allocution a aussi le mérite de clarifier un malentendu. Jean Monnet n'a jamais affirmé que « *Si c'était à refaire, je commencerais par la culture* » mais en parlant des jeunes, d'éducation et de culture, il entendait faire passer le message aux différents publics que le projet du Marché commun portait aussi sur ces points[22].

Les questions éducatives à la Commission européenne

En 1959, le député socialiste européen Gerhard Kreyssig obtient le soutien de l'Assemblée parlementaire pour réclamer auprès de la Commission européenne et du Conseil des ministres

> « *Une ligne budgétaire spécifique pour "développer un programme d'éducation civique européenne en particulier auprès des jeunes". Un crédit de dix millions de francs belges y est affecté, "donnant une légitimité renforcée au service commun pour agir dans ces milieux qui ne tardent pas à devenir particulièrement sensibles"* »[23].

Ce sera le « Fonds Kreyssig ». En outre, en juillet 1960, la Commission européenne nomme Jean Moreau – le chargé de mission dans la zone d'occupation française en Allemagne de 1946 à 1951 et l'organisateur des rencontres européennes de la jeunesse à la Lorelei qui deviendra, à la demande de Paul-Henri Spaak, la Campagne européenne de la jeunesse – à la tête du service qui doit s'occuper de la jeunesse, de l'éducation des adultes et des milieux universitaires. Il succède à Paul Collowald dans sa mission initiale à la Haute Autorité, avec des moyens accrus.

Outre le financement d'échanges de jeunes travailleurs dès 1964[24], la Commission européenne veut, selon les mots mêmes du secrétaire général Émile Noël, « *donner pleine priorité à l'action universitaire* », vu les enjeux identifiés pour la mise en œuvre du Marché commun et la constitution d'un espace public européen ; et ce malgré le fait que le domaine de l'éducation reste essentiellement du ressort des États membres et que ces derniers se montrent réticents à coopérer.

En 1962, alors qu'il est devenu le directeur du service commun de l'Information suite à la fusion des services de la Haute Autorité et de la

---

[22] « L'enjeu de la formation européenne » par Paul Collowald, *Revue « Belles Feuilles »*, automne 1993.
[23] Dumoulin Michel, 2007, *op. cit.*, pp. 540-542.
[24] Bantigny Ludivine, 2010, *op. cit.*, p. 10.

Commission européenne, Jacques Rabier recrute Jacqueline Lastenouse pour l'aider à structurer ce champ d'action. Les moyens restent limités, surtout en termes de personnel – Jacqueline Lastenouse, alors doctorante, est elle-même recrutée dans un premier temps comme stagiaire puis agent temporel, mais ils s'accroissent progressivement : « *des bourses de recherche [jusqu'à trente par an], l'envoi de la documentation des Communautés à des centres de documentation européenne (CDE) dans les universités, les subventions destinées à l'organisation de colloques et de séminaires, l'effort développé en faveur de la dissémination de travaux de recherche, la constitution, y compris au Royaume-Uni, d'associations universitaires destinées à réunir les spécialistes des études européennes, assurent lentement mais sûrement un maillage de l'espace universitaire européen* »[25].

Jusqu'au milieu des années 1960, comme le note Jacqueline Lastenouse, l'information se diffuse vers les universités et, « *la hiérarchie [étant] très souple [tous] participaient aux réunions qui se tenaient deux ou trois fois par an avec tous les chefs de bureau. Ce qui donnait le sentiment d'appartenir à la grande famille de l'information. Et nous apprenions par là ce qui se passait dans les différents domaines – l'information agricole, syndicale, de la recherche, etc, et dans les bureaux d'information dans les différents pays. C'était une méthode de travail horizontale très appréciée* »[26].

Jacques Rabier profite de la tenue du congrès mondial de l'*International Political Science Association* à Bruxelles au milieu des années 1960 pour nouer des contacts avec des professeurs d'université du bloc communiste[27]. Dans les années 1980, Manuel Santarelli, directeur général de l'Information *ad interim*, encouragera Jacqueline Lastenouse à lancer le programme des Chaires universitaires Jean Monnet : cela deviendra une réalité en 1987.

---

[25] Dumoulin Michel, 2007, *op. cit.*, pp. 540-542.
[26] Entretien de Jacqueline Lastenouse-Bury par Yves Demoulin et Julie Cailleau, janvier 2004.
[27] Theys Michel, 2017, *op. cit.*, pp. 133.

Départ pour la Commission européenne à Bruxelles

Une nouvelle fonction : porte-parole

Le Marché commun s'inscrit dans un projet politique fondé sur la liberté de circulation des facteurs de production, des biens et services, des travailleurs et du capital. À partir de 1958, on offre progressivement aux actifs avec ou sans emploi, à leurs familles et aux opérateurs économiques un espace sans frontières où ils peuvent jouir des mêmes conditions d'établissement ou d'emplois que les nationaux. Le traité de Rome a été le point de départ de cet espace intérieur sans frontières qui est devenu la réalité des Européens.

Pour appuyer l'action européenne, Paul Collowald a désormais, en tant que porte-parole, le souci de retranscrire, de manière intelligible aux opinions publiques, les décisions de la Commission qui les concernent dans ce domaine. Lui qui est désormais au cœur de la machine, il veut montrer que l'Europe existe, et qu'elle agit. Il comprend sa fonction comme un mélange de transmission d'information aux journalistes et de pédagogie destinée aux citoyens afin qu'ils s'intéressent à ce qui est décidé dans le cadre institutionnel de la Communauté à six, puis bientôt neuf États.

À leur nouveau poste, l'objectif que Paul Collowald et ses collègues poursuivent est très élevé : contribuer à la création d'un espace public européen vers lequel l'information quotidienne (« *hot news* ») des institutions européennes serait régulièrement diffusée. Les contraintes que Paul Collowald découvre sont cependant nombreuses : en plus du manque de relais des médias nationaux, le fonctionnement bureaucratique ne permet pas d'agir rapidement, ni tout azimut. Il faut choisir ses actions, les faire valider, puis y travailler tout en tenant compte des luttes de pouvoir internes et, plus important, des jeux diplomatiques entre États ou des sensibilités politiques nationales – à commencer par son propre pays, qui sont tout sauf négligeables.

Lors de la séance constituante de l'Assemblée parlementaire européenne, le 19 mars 1958 à Strasbourg, qui voit l'élection de Robert Schuman à la présidence, le premier président de la Commission européenne, l'Allemand Walter Hallstein, énonce les tâches de la Commission. Il commence ainsi : « *Que souhaitons-nous faire en fin de compte ? Nous souhaitons une transformation des êtres humains. Nous souhaitons que les êtres humains, lorsqu'ils se considèrent en tant qu'êtres politiques, ne s'identifient plus seulement en tant que membres des modèles d'États nationaux traditionnels, mais en tant que parents de la grande famille européenne* ».

Concernant ses attentes vis-à-vis des médias, elles ne sont pas moins ambitieuses : « *Nous demandons de tout cœur aux organes de l'opinion publique de suivre nos travaux avec un intérêt critique et de nous aider à insuffler aux idées nouvelles une vie solide et riche* ». Comme le note Michel Dumoulin qui reprend cette citation, Hallstein veut faire entre autres des journalistes « *des relais, voire, osons le mot, des "légitimateurs" de l'ambition de la Commission d'incarner l'Europe en devenir* »[1]. Il espère ainsi atteindre les citoyens, qui se voient définir des droits et obligations découlant directement des traités européens et des lois qui en résultent[2], mais n'en sont guère informés.

La création du groupe du porte-parole

La première étape consiste à organiser l'action en termes administratifs. Jacques Rabier propose un Service commun aux trois exécutifs – CEE, CECA, Euratom. En tant que directeur du Service de presse et d'information de la CECA, il a la confiance de la Haute Autorité qui reconnaît ses talents d'organisateur. Cependant, il fait face à plusieurs résistances liées à la constitution des nouvelles Communautés pour lesquelles les exécutifs respectifs défendent leur périmètre. Mais personne ne veut rater l'opportunité de la relance européenne offerte par les traités de Rome et la coordination se met en place. En 1960, un Service commun de la Presse et de l'Information est créé.

Déjà avec la CECA, des bureaux d'Information représentant la Commission européenne sont établis (parfois dès 1954) dans les capitales des États membres (Bonn, Paris, Rome, puis La Haye en 1958) et dans les

---

[1] Cité in Dumoulin Michel, 2007, *op. cit.*, pp. 523.
[2] Principe de l'« effet direct du droit européen », arrêt de la Cour de justice des Communautés européennes « Van Gend and Loos », 1963.

pays-tiers : à Londres et Washington, puis en 1963 à Dublin (sous la forme d'un Centre de documentation et de diffusion dans un premier temps) ou encore en 1967 à Athènes, à l'initiative du gouvernement grec[3]. Rabier se souviendra qu'il a bénéficié d'un « *soutien constant* » de l'Assemblée parlementaire – dénommée ensuite le Parlement européen. Par exemple en novembre 1960, l'Assemblée a réaffirmé « *l'importance capitale d'une politique efficace d'information de la Communauté européenne, en vue de favoriser la formation d'une opinion publique européenne consciente des grandes valeurs culturelles et matérielles de l'unification de l'Europe* »[4]. Pour accroître la visibilité de son service, Jacques Rabier met en relation les universitaires qui écrivent sur la Commission et les praticiens, et de là naissent des journées d'étude et des colloques pour approfondir certaines questions.

Concernant la fonction de porte-parole de la Commission... Il faut l'inventer, dans le sillage des premiers pas de la Haute Autorité. Rien à voir en effet avec d'autres organisations internationales, telles que le Conseil de l'Europe ou l'Unesco. Dès les premiers mois, le président Hallstein veut un porte-parole sur le modèle du « *Sprecher der Regierung* », le porte-parole du gouvernement allemand, et propose son proche collaborateur, le jeune diplomate Joachim von Stulpnagel. Clara Meyers qui vient du service de presse du Conseil de l'Europe, devient la porte-parole du vice-président Sicco Mansholt et Robert Marjolin recrute Paul Collowald. Un journaliste belge, André Patris, rejoint cette équipe ainsi que le Britannique Richard Mayne qui avait collaboré avec Jean Monnet.

Plusieurs mois s'écoulent ainsi, aussi liés aux obstacles dans le transfert de Paul de la CECA à la CEE. Puis le collège des commissaires décide de fonctionner en équipe. Giorgio Smoquina est nommé à la tête du groupe du porte-parole et il est directement dépendant du président. En 1961, suite à son retour à la *Farnesina* – le ministère des Affaires étrangères italien, il est remplacé par Bino Olivi, repéré par le vice-président Caron, originaire comme lui de Vénétie. Tout en étant porte-parole de Robert Marjolin, Paul Collowald joue le rôle d'adjoint de Bino Olivi. Située avenue de la Joyeuse Entrée, près du parc du Cinquantenaire à Bruxelles, cette petite équipe se sent une âme de pionniers et se sert les coudes.

Car encore une fois... tout est à faire. Les tâches sont nombreuses, ce sont les « *balbutiements* » comme le dira Paul Collowald. La première tâche est d'organiser le briefing de midi avec les journalistes – initialement

---

[3] Dumoulin Michel, 2007, *op. cit.*, pp. 543 ; Theys Michel, *op. cit.*, pp. 115.
[4] Rabier Jacques in Dassetto Felice et Dumoulin Michel, 1993, *op. cit.*, pp. 29.

hebdomadaire – des activités de la Commission pour rendre compte de ses décisions. Les mercredis, le porte-parole participait aux réunions du Collège des commissaires et faisait un compte rendu oral à son équipe le jeudi matin. Chacun des membres de l'équipe se voyait ensuite chargé de la transmission des informations sur les décisions ou sur une prise de position concernant un sujet d'actualité. L'habitude diplomatique aurait demandé à ce que l'on attende que les capitales soient informées par leur représentation respective qui siège au Comité des représentants permanents (COREPER). Mais le groupe du porte-parole a le souci de l'efficacité pour atteindre le plus rapidement possible les opinions publiques nationales, en Europe et au-delà, comme le décrit Paul Collowald :

> « *Les jeudis, Smoquina envoyait un télex style télégraphique pour dire aux bureaux installés dans les capitales quelles avaient été les décisions de la réunion du Collège des Commissaires afin que l'information la plus précise puisse être donnée à ceux qui les contacteraient. Rapidement il a aussi voulu que nous préparions des notes de fonds sur tel ou tel secteur. Il les a appelés les "BIOs" (Bureau Information Only). Un point de presse était aussi organisé à midi par l'équipe, et dans la foulée des réunions avec les journalistes qui le souhaitaient. Le secrétaire général de la Commission Émile Noël allait tous les jeudis matins au Charlemagne pour faire au Coreper le compte rendu de la réunion du Collège des commissaires de la veille. Par habitude diplomatique, les représentations permanentes envoyaient un télégramme à leur ministère des Affaires étrangères le jeudi. Il a fallu trouver un compromis pour que les bureaux d'information ne soient pas informés avant les ministères, mais sans que nous-mêmes l'on ait à attendre le vendredi pour informer* »[5].

Une autre tâche consiste à réaliser les revues de presse quotidiennes à destination des Commissaires, avec l'aide des bureaux dans chaque capitale nationale. Cela se fait de manière artisanale, généralement un pigiste qui résume les cinq, six quotidiens nationaux pour que cette information, envoyée par télex, soit tous les jours sur le bureau des Commissaires à 10h. L'objectif était, selon Paul Collowald, de transmettre « *la substance de l'information européenne telle que donnée dans les quotidiens nationaux* ».

Il s'agit aussi d'organiser la première salle de presse : pour cela, il faut obtenir de l'administration l'autorisation d'« *abattre une cloison, mettre des tables ensemble et voilà ; nous avions notre lieu du Briefing, où l'ambiance était de proximité avec les journalistes* ». Dans les années 1960, la Commission accrédite une quarantaine de journalistes. Le fait que Paul Collowald vienne

---

[5] Entretien personnel avec Paul Collowald (été 2017) ; certains éléments se retrouvent in Dumoulin Michel (dir.), 2007, *op. cit.*, pp. 528-529.

du même milieu est apprécié, car il tient toujours le même langage et il a le sens des relations. Il apprend à connaître personnellement chacun des journalistes. Il est décidé par consensus que la langue de travail du Briefing sera le français – il en sera ainsi jusqu'en 1995 – ce qui le met d'autant plus à l'aise. La configuration de la modeste salle de presse favorise aussi les liens personnels et l'instauration d'un climat de confiance.

Paul Collowald constate que rapidement, « *la greffe prend ; souvent les journalistes sont considérés comme des saltimbanques. Ancien journaliste, je me suis intégré dans la fonction publique tout en gardant mon objectif : informer* »[6]. Il est toujours aussi curieux de son environnement… et il a fort à faire : il apprend beaucoup et, au contact des journalistes allemands, de loin les plus représentés à Bruxelles, il perfectionne son allemand. Il fait parfois face à des journalistes spécialisés, cela le remet en question et le pousse à toujours se battre pour que l'information soit divulguée de la manière la plus précise possible : « *c'était sportif* », mais une expérience des plus enrichissantes, conclura-t-il.

Marguerite et lui aiment leur nouvelle vie et les réseaux d'amis se constituent vite grâce au milieu professionnel et aux réseaux des Français en Belgique. Ils apprécient la vie culturelle de Bruxelles et se passionnent pour les spectacles du chorégraphe Maurice Béjart. Leurs enfants Jean-François et Isabelle sont scolarisés à l'École européenne, puis au Lycée français.

Les défis de la politique d'information européenne

En tant qu'institution supranationale autonome des États membres, la Commission européenne développe une politique d'information d'un nouveau genre. Elle a le souci de la visibilité de ses décisions. Elle y consacre des moyens limités mais concrets. Cependant, elle fait face à différents obstacles, dont le plus important est de réduire la distance avec les citoyens qu'elle souhaite informer. Pour cela, elle compte sur les relais instaurés dans les capitales, ses bureaux, et sur les États membres eux-mêmes. Paul Collowald est au milieu de tout cela et constate une série de défis majeurs.

Le premier défi à relever consiste à rendre compte dans des termes clairs de la technicité des sujets. Joachim von Stulpnagel s'occupe des affaires extérieures, Paul Collowald, en tant que porte-parole de Robert

---

[6] Entretien personnel avec Paul Collowald (été 2017).

Marjolin, celles dites intérieures, à savoir les questions économiques, de l'énergie (pétrole), de la politique régionale et d'autres dossiers, en fonction de l'actualité. Il raconte :

> « On me demandait d'être au contact des journalistes et de clarifier les décisions de la Commission. Pour la PAC, qui est le principal développement des années 60, il fallait que j'explique les prix du Marché commun à l'export, ou encore l'économie… ce n'était pas mes domaines d'origine. Pas facile pour un ancien élève du philosophe Paul Ricœur ! Les journalistes eux-mêmes étaient souvent des débutants dans ces matières »[7].

Il travaille avec rigueur et patience, arrive à des résultats probants. Il devient l'expert qui est sollicité parfois par les journalistes eux-mêmes. Du fait de la technicité des dossiers, Jacques Danois de Radio Luxembourg (RTL) sent qu'il lui manque du temps pour saisir les tenants et les aboutissants des décisions lors des séances du Conseil des ministres pour réaliser la synthèse destinée à son émission « La Voix de l'Europe ». Il tend donc le micro à Paul Collowald pour quatre minutes afin de proposer le point de vue de la Commission, et en même temps, faire la synthèse des discussions à l'issue des séances du Conseil des ministres.

Mais Paul Collowald constate aussi que les questions liées au Marché commun ne passionnent pas : comme Jacques Delors le dira plus tard, « on ne tombe pas amoureux d'un grand marché »[8]. Dans son intervention au CUEJ à Strasbourg en mars 1965, Paul Collowald se disait déjà conscient de cette difficulté :

> « Je dois avouer que sur toute une série de nos problèmes il ne doit pas toujours être facile pour les journalistes de rendre d'une manière vivante, concrète, intelligible, la portée et les implications de telle ou telle décision. Mais ils y arrivent. Ainsi à côté des explications techniques très poussées qui avaient été données récemment en matière d'obstacles non tarifaires et qui empêchent encore trop la libre circulation des marchandises au sein de la Communauté, un journaliste avait voulu présenter, à travers une histoire – peut-être est-ce le début d'une forme d'humour européen ? – la vanité ou l'absurdité de certains contrôles aux frontières »[9].

Et de raconter ensuite cette histoire.

---

[7] Entretien personnel avec Paul Collowald (été 2017).
[8] Jacques Delors dans son discours d'investiture [second mandat] devant le Parlement européen, 17 janvier 1989 (archives personnelles de Paul Collowald).
[9] Intervention de Paul Collowald lors du IXe colloque international du CUEJ, 25 mars 1965 : archives personnelles de Paul Collowald.

> Un ouvrier belge se présente au poste-frontière de X…, poussant une bicyclette sur laquelle est calé un sac de sable.
>
> Formalités douanières :
>
> « *Qu'avez-vous à déclarer ?* »
>
> « *Rien, un sac de sable !* »
>
> Et l'ouvrier part sans encombre vers la France.
>
> Deux jours après, la même scène se reproduit, mais le douanier, intrigué par le sac de sable, arrête le frontalier. Or le sac semble effectivement contenir du sable, et l'autorisation de passage est donnée. A la 18ᵉ fois, le douanier sentant que ces passages sont de plus en plus louches, demande une fois encore : « *Mais que passez-vous ?* ». Et l'ouvrier ne peut que répondre : « *Rien, un sac de sable pour bâtir ma maison* ». On le fait entrer dans la cabine de fouille, on éventre le sac de sable, mais tout est en règle. La bicyclette démontée ne décèle aucune cachette. On ne trouve rien sur lui, et aucun règlement n'interdit de passer du sable entre les deux frontières.
>
> Pendant 10 ans le manège se répète, et un jour, le douanier qui doit prendre le lendemain sa retraite, interpelle l'homme et lui dit : « *j'ai toujours été un bon douanier, jamais trompé. Avec vous j'ai été joué. Je vous jure de ne rien dire à personne, mais pour que je puisse jouir en paix de ma retraite, dites-moi ce que vous passez* ».
>
> L'homme hésite, et toujours poussant son sac lui dit en s'éloignant : « *il y a 10 ans que je passe des bicyclettes* ».
>
> Intervention de Paul Collowald au CUEJ, 25 mars 1965

Un second défi de taille réside dans le manque de moyens, qui constitue aussi l'une des premières grandes batailles de la politique d'information européenne. Le commissaire Robert Lemaignen avait souligné dès 1960 le manque d'ambition dans ce domaine. Cette critique est reprise dans le rapport sur l'information de Jacques Rabier et du parlementaire européen social-chrétien hollandais Wilhelmus Schuijt, soumis à l'Assemblée de Strasbourg lors des débats sur le budget. Différentes séries de réponse seront données, mais dont est tenu à l'écart le service commun. C'est un signe que l'information européenne devient un enjeu politique. Déjà pour la CECA, Michel Dumoulin explique qu'« *en ayant à informer, attaquer ou contre-attaquer, la CECA gagne en crédibilité et en légitimité, forgeant ainsi les bases d'une identité dont la Haute Autorité constitue le fer de lance. Faut-il, dès lors, préciser que ceux qui n'apprécient déjà que fort peu le caractère supranational de la CECA sont exaspérés par une information qu'ils voudraient aphone ?* »[10].

---

[10] Dumoulin Michel, 2007, *op. cit.*, pp. 524-525.

> Le 13 juin 1960, les ministres des Affaires étrangères décident d'organiser une réunion des chefs des services de presse de leurs ministères afin d'examiner plusieurs problèmes d'information, dont la plupart concernent les Communautés, sans la participation du service commun. Cet incident significatif contribue, à terme, à placer la question sur le terrain politique car des choix qui seront arrêtés dépend l'ampleur des moyens budgétaires mis à la disposition de l'information. Le Conseil, en octobre 1962, tout en reconnaissant la nécessité d'un débat avec les exécutifs, en diffère la tenue. L'Assemblée ne l'entend pas de cette oreille. En novembre, elle adopte une résolution qui, dans le même temps qu'elle fixe l'objectif général qui a été rappelé, souligne fermement l'importance vitale d'une politique de l'information et l'urgence de sa discussion au Conseil (…).
>
> En mars 1963, le Coreper demande à la Commission de présenter un document qui servirait de base de discussion. Le mémorandum adopté par la Commission le 26 juin 1963, en accord avec les deux autres exécutifs, est enrichi par des suggestions du groupe du porte-parole. Il n'évoque pas (…) les problèmes administratifs mais uniquement la politique à suivre en vue de « contribuer à la formation d'une « conscience civique » européenne ». (…) Le Conseil se prononce en octobre 1963 sur quatre points importants :
> – développement et rationalisation de la politique d'information des Communautés
> – création d'un groupe d'experts nationaux de l'information
> – utilisation accrue des services des ambassades des pays membres dans les pays associés et tiers dont l'action devra être coordonnée tout en répondant positivement à la suggestion de la Commission d'ouvrir deux nouveaux bureaux à New York et à Genève
> – Création d'un groupe de travail du Conseil afin de superviser l'action de la Commission.
>
> Dumoulin Michel *et al.*, 2007, *op. cit.*, pp. 531

La politique d'information européenne de la Commission fait ensuite l'objet de plusieurs développements en coordination avec les États membres au début des années 1960. Mais la France s'opposera – en s'abstenant lors de l'adoption du budget de l'information – et les tensions atteindront son paroxysme lors de sa crise de la « chaise vide ».

Enfin, troisième défi majeur, Paul Collowald constate la difficulté d'atteindre les citoyens. Sa solution est de créer une relation de confiance avec les journalistes qu'il rencontre : « *Ne jamais leur raconter d'histoires, leur dire ce que l'on peut dire, et l'expliquer bien* » ; et « *inventer des formulations qui peuvent rendre compréhensible l'action de la Commission* »[11].

Pour le Service commun Presse et Information, et comme indiqué par le président Hallstein dès 1958, l'objectif était d'atteindre les quelques 160 millions de citoyens par le biais d'une communication simple, accessible

---

[11] Entretien personnel avec Paul Collowald (été 2017).

par les médias nationaux, et le développement d'un programme de visites d'information[12] – Paul Collowald y fait régulièrement des exposés.

La stratégie de Jacques Rabier s'appuie sur l'approche des « *damiers sociologiques* »[13] : parce qu'il a constaté avec les premiers résultats des sondages d'opinion que l'indifférence dominait sur les sujets européens, Rabier se concentre sur des milieux spécialisés[14] pour qu'ils servent de relais vers l'opinion publique et qu'ils apprennent à se connaître, en particulier à voir ce qu'ils ont en commun. Cela passe par le biais de l'information et de la documentation, ainsi par l'organisation de conférences. En d'autres termes, il s'agit, pour le «*fonctionnaire-militant*»[15], d'informer et sensibiliser les agriculteurs, les ouvriers, le monde des entreprises, les industries, les milieux de l'enseignement... sur la réalité européenne.

Dans le cadre des activités du porte-parole s'organise aussi la relation à différents milieux, en priorité le milieu économique. Dans une approche innovante mais qui restera isolée, à l'initiative de Marcel Bleustein-Blanchet, patron de Publicis, une conférence est organisée à Paris le 17 mars 1960. Il s'agit d'« entretiens d'information industrielle » avec les grands chefs d'entreprise français pour parler d'Europe. Le président Hallstein est invité à s'exprimer en français et son cabinet demande, en raison de la langue, à Paul Collowald de lui proposer le texte suivant un schéma qu'il lui avait fourni.

Paul Collowald se permet d'insérer un final très libre et politique fondé sur une citation de de Gaulle qui, à sa grande surprise, est repris intégralement par Hallstein :

> « *Je crois qu'en ce milieu du vingtième siècle, six pays – qui demain seront, je l'espère, plus nombreux – ont compris que le secret de notre réussite sera non plus seulement l'addition de nos efforts mais leur union dont l'effet multiplicateur ne peut plus être nié. Cette formule n'est ni magique, ni secrète, elle est à la disposition de tous nos voisins, mais au nom de quoi devrions nous y renoncer*

---

[12] Harrisson Jackie and Pukallus Stefanie « The European Community's public communication policy 1951-1967 » in *Contemporary European History*, 24, 2, 2015, pp. 242. Les auteures évoquent les chiffres de 150 groupes représentant 5 000 visiteurs dès 1960.
[13] Expression de Raymond Rifflet reprise par Rabier et citée in Dumoulin Michel, 2007, *op. cit.*, pp. 530 ; Theys Michel, 2017, *op. cit.*, pp. 106.
[14] Harrisson Jackie and Pukallus Stefanie, 2015, *op. cit.*, pp. 248.
[15] L'expression est de Jean Boissonnat : « *fonctionnaires loyaux envers les institutions qu'ils servaient ; militants parce que l'aventure européenne ne les trouvaient pas neutres, mais engagés* » – cité par Jacques Rabier lors d'une conférence à Rome en 1999 (référence complète in Theys Michel, 2017, *op. cit.*, pp. 110).

alors que c'est assurément l'une des manières les plus efficaces "d'épouser notre temps", selon l'expression du Général de Gaulle »[16].

Dans la salle, outre les chefs d'entreprise et les journalistes comme Pierre Drouin du *Monde* et le politologue Raymond Aron qui est aussi éditorialiste au *Figaro*, se trouve Pierre Mendès-France, invité d'honneur de Publicis. En entendant les derniers mots de Hallstein, des sourires s'esquissent : la surprise est palpable car on connaît en coulisses les divergences de vue entre Hallstein et de Gaulle et elles apparaîtront bientôt au grand jour. Paul Collowald montre toutefois ici que le rôle du porte-parole ne se limite pas à entretenir les relations avec les journalistes…

Les années 1960 sont une sorte de période de lune de miel entre la Commission et les milieux socio-économiques. Se pose alors la question du traitement des « représentants d'intérêt ». Des grandes entreprises comme Unilever ou Fiat installent une représentation à Bruxelles pour être à l'affût de l'information européenne dans un but évidemment intéressé. Les représentations du patronat, des consommateurs et des syndicats se développent aussi, ils créent des liens avec les journalistes… et veulent aussi venir au briefing hebdomadaire. C'est un non catégorique du porte-parole Bino Olivi. En revanche, on trouve un compromis en demandant à Paul Collowald de recevoir, dans l'après-midi qui suit le briefing, ceux qui le souhaitent pour leur commenter les décisions de la réunion hebdomadaire de la Commission. Malgré la multiplication des représentations d'intérêt à Bruxelles, cette séparation entre journalistes et groupes d'intérêt reste aujourd'hui toujours la règle au sein des institutions européennes.

L'information européenne face à la crise de la « chaise vide »

Paul Collowald dit de cette période qu'« *il fallait trouver des solutions avec souplesse, sans heurter, être à l'écoute, faire preuve de pédagogie* ». Pourtant, les crispations se font jour du côté des États, à commencer par la France, et se cristalliseront dans la crise dite de la « chaise vide ». Celle-ci, que Paul Collowald vit en direct, aura des répercussions importantes pour l'information sur l'Europe.

---

[16] Discours du président Hallstein à Publicis, « L'unité des Six, nouvelle entité dans l'économie mondiale » le 17 mars 1960 à Paris (archives personnelles de Paul Collowald, disponible http://aei.pitt.edu/14952/ consulté le 18 mai 2018).

Dès 1963, le défi consistant à gérer les sensibilités politiques nationales est apparu à Paul Collowald lors de la visite à Bruxelles du maire de Colmar Joseph Rey, dans le cadre de projets transfrontaliers qu'il a conçus avec le maire de Fribourg. Il est étonné d'apprendre que cette visite a suscité « *les plus grandes réserves de la Préfecture* », dans une confidence que Joseph Rey lui fait. Paul Collowald avait à vrai dire déjà été mis au parfum : informé par Jean Flory du cabinet de Marjolin, on lui avait présenté cette visite comme « *une affaire délicate car on ne veut pas avoir de problèmes avec Paris* »[17]. Paul Collowald est donc chargé d'organiser la visite, les différents exposés, sans d'ailleurs qu'il y ait de dispositif pour les visites de ce type puisque c'est l'une des premières. Mais les questions qu'elle a suscitées sont prémonitoires : Paris veut exercer une sorte de tutelle sur la politique d'information de la Commission.

À partir de 1962 s'opère en effet une rupture dans la politique européenne de la France. Le général de Gaulle arrive au pouvoir en 1958, et dans les institutions européennes comme dans les cinq autres États membres, on retient son souffle. Celui qui a parlé de la CECA comme d'un « méli-mélo » de charbon et d'acier peut demander à utiliser les clauses de sauvegarde des traités de Rome, adoptés en 1957 ; or, il n'en sera rien. En 1961, au cours d'une visite de quatre jours en Lorraine dont Paul Collowald a retrouvé trace, le général de Gaulle rencontre Robert Schuman à l'occasion d'une réception à la préfecture de Metz. Il lui adresse cette phrase énigmatique : « *c'est vous qui avez commencé et nous avons continué votre œuvre* »[18]...

Or, sa vision est celle de « *l'Europe européenne* », c'est-à-dire moins liée aux intérêts des États-Unis et devant surtout avantager les intérêts français, dans une Europe des États[19]. En 1961, le général de Gaulle avait déjà proposé le plan Fouchet de coopération intergouvernementale en matière de politique extérieure. Il fut discuté entre États membres pour parvenir à un compromis préservant à la fois l'Europe communautaire, l'Alliance atlantiste et permettant le développement d'une Europe politique[20]. Mais en janvier 1962, De Gaulle durcit le ton, ce qui raidit

---

[17] Collowald Paul in Dassetto Felice et Dumoulin Michel, 1993, *op. cit.*, pp. 39.
[18] « Dernière journée du voyage présidentiel » par Michel Bassi, Charles Haquet et Pierre Levaillant, *Le Figaro*, 3 juillet 1961 ; anecdote reprise par Paul Zing in *De Gaulle en Lorraine*, Éditions Gérard Louis, 1992 (dont la préface est du gaulliste Pierre Messmer).
[19] Olivi Bino, *l'Europe difficile, Histoire politique de l'intégration européenne*, Paris : Gallimard, 2001.
[20] Gerbet Pierre, *La construction de l'Europe*, Paris : Armand Colin, 2007, pp. 202-205.

la position des autres ; Fouchet doit se résigner à l'échec du plan proposé. Lors de sa conférence de presse du 15 mai 1962, De Gaulle accuse les « *apatrides* » de vouloir désormais faire parler l'esperanto en Europe, ou le « *volapük intégré* »… Et de redire sa vision de l'Europe, loin du modèle schumanien.

> « J'ai déjà dit et je répète, qu'à l'heure qu'il est, il ne peut pas y avoir d'autre Europe que celle des États, en dehors naturellement des mythes, des fictions, des parades. Ce qui se passe pour la Communauté économique le prouve tous les jours, car ce sont les États, et les États seulement, qui ont créé cette Communauté économique, qui l'ont pourvue de crédits, qui l'ont dotée de fonctionnaires. Et ce sont les États qui lui donnent une réalité et une efficacité, d'autant plus qu'on ne peut prendre aucune mesure économique importante sans commettre un acte politique. (…) Je voudrais parler plus spécialement de l'objection de l'intégration. On nous l'oppose en nous disant : « Fondons ensemble les six États dans une entité supranationale; ainsi ce sera très simple et très pratique. » Mais cette entité-là est impossible à découvrir faute d'un fédérateur qui ait aujourd'hui en Europe la force, l'adresse et le crédit suffisants. Alors on se rabat sur une espèce d'hybride dans lequel les six États acceptent de s'engager à se soumettre à ce qui sera décidé par une certaine majorité. En même temps, bien qu'il y ait déjà six Parlements nationaux plus l'Assemblée parlementaire européenne, plus l'Assemblée parlementaire du Conseil de l'Europe, qui est, il est vrai, antérieure à la conception des Six et qui, me dit-on, se meurt aux bords où elle fût laissée, il faudrait de surcroît élire un Parlement de plus, qualifié d'européen, et qui ferait la loi aux six États.
> Ce sont des idées qui peuvent peut-être charmer quelques esprits, mais je ne vois pas du tout comment on pourrait les réaliser pratiquement, quand bien même on aurait six signatures au bas d'un papier. Y a-t-il une France, une Allemagne, une Italie, une Hollande, une Belgique, un Luxembourg, qui soient prêts à faire, sur une question importante pour eux au point de vue national et au point de vue international, ce qui leur paraîtrait mauvais parce que cela leur serait commandé par d'autres ? Est-ce que le peuple français, le peuple allemand, le peuple italien, le peuple hollandais, le peuple belge, le peuple luxembourgeois, songeraient à se soumettre à des lois que voteraient des députés étrangers, dès lors que ces lois iraient à l'encontre de leur volonté profonde ? Ce n'est pas vrai ! Il n'y a pas moyen, à l'heure qu'il est, de faire en sorte qu'une majorité étrangère puisse contraindre des nations récalcitrantes. Il est vrai que, dans cette Europe « intégrée » comme on dit, il n'y aurait peut-être pas de politique du tout. Cela simplifierait beaucoup les choses. En effet, dès lors qu'il n'y aurait pas de France, pas d'Europe, qu'il n'y aurait pas une politique faute qu'on puisse en imposer une à chacun des Six États, on s'abstiendrait d'en faire. Mais alors, peut-être, ce monde se mettrait-il à la suite de quelqu'un du dehors qui, lui, en aurait une. Il y aurait peut-être un fédérateur, mais il ne serait pas Européen. Et ce ne serait pas l'Europe intégrée, ce serait tout autre chose de beaucoup plus large et de beaucoup plus étendu avec, je le répète, un fédérateur. Peut-être est-ce cela qui, dans quelque mesure et quelquefois, inspire certains propos de tel ou tel partisan de l'intégration de l'Europe. Alors, il vaudrait mieux le dire.

> Voyez-vous, quand on évoque les grandes affaires, eh bien ! on trouve agréable de rêver à la lampe merveilleuse qu'il suffisait à Aladin de frotter pour voler au-dessus du réel. Mais il n'y a pas de formule magique qui permette de construire quelque chose d'aussi difficile que l'Europe unie. Alors, mettons la réalité à la base de l'édifice et, quand nous aurons fait le travail, il sera temps de nous bercer aux contes des Mille et Une Nuits.
>
> Conférence de presse du général de Gaulle, 15 mai 1962

Les cinq ministres MRP du gouvernement français, dont Pierre Pflimlin, démissionnent dans la foulée de cette conférence de presse. S'ouvre alors une période marquée par une série de crispations gaulliennes par rapport à la construction européenne. À son conseiller Alain Peyrefitte qui le raconte dans *C'était de Gaulle*, il demande « *de lui expliquer "les chinoiseries de Bruxelles"* »[21]. En janvier 1963, il signe, certes, le traité de l'Élysée avec Konrad Adenauer, scellant l'amitié franco-allemande et une coopération active entre les deux États. Mais en septembre, il ne souhaite pas que le chancelier allemand se rende aux obsèques de Robert Schuman[22]. La même année, il s'oppose une seconde fois à ce que le Royaume-Uni présente sa candidature pour rejoindre la CEE. Toujours en 1963, la France a cette proposition pour la politique d'information européenne : pourquoi celle-ci ne serait-elle pas destinée davantage aux pays tiers plutôt qu'aux États membres ?[23] Le gouvernement français n'apprécie pas les *Notes d'information* réalisées par le bureau d'information à Paris pour les publics intéressés[24]. Informer les paysans sur les prix agricoles, oui ; les former à la conscience européenne, non.

Ces tensions culminent avec la crise de la « chaise vide » provoquée par la France en 1965. Les crispations du général de Gaulle sont en grande partie liées aux échéances à venir de la fin de la période de transition vers l'union douanière prévue en 1969 et au passage au vote à la majorité qualifiée au sein du Conseil des ministres prévu par les traités en 1966. Dans son article rédigé pour la *Libre Belgique* en 2001 et fondé sur son vécu de la crise et ses contacts d'alors, notamment avec Emanuele Gazzo, Paul Collowald livre au fond la raison principale : De Gaulle veut mettre

---

[21] « L'après-Nice : le mot, la chose et les arrière-pensées » par Paul Collowald, *La Libre Belgique*, 22 février 2001.
[22] Roth François, 2008, *op. cit.*, pp. 524.
[23] Theys Michel, 2017, *op. cit.*, pp. 114.
[24] Dumoulin Michel, 2007, *op. cit.*, pp. 532.

« *en sommeil la supranationalité* »[25]. Après l'échec de la CED en 1954, la France est à l'origine d'une nouvelle crise en 1965.

Le mercredi 24 mars, la Commission européenne est à Strasbourg, pour la session du Parlement. Dans ce cas, le Collège des commissaires ne se réunit pas le mercredi mais le mardi, en début de session. Lors du briefing, le porte-parole Bino Olivi affirme avoir eu l'instruction du président Hallstein d'informer que la Commission avait pris position sur l'ensemble des questions urgentes. Des journalistes préviennent immédiatement des parlementaires et il s'ensuit une certaine émotion. Walter Hallstein doit donc s'expliquer dès le lendemain devant les parlementaires. C'est alors que le ministre des Affaires étrangères français, Maurice Couve de Murville, fait savoir que son pays est offusqué. Comment la Commission peut-elle se permettre de s'adresser aux parlementaires avant même les États ? Et Bino Olivi de conclure, « *Ce fut donc le porte-parole qui fut – matériellement – à l'origine de la crise de la "chaise vide"* »[26].

À partir de ce moment, la France s'oppose à toute nouvelle négociation sur les avancées proposées par la Commission. Le 30 juin 1965, Paul Collowald est dans la salle du Conseil des ministres. La réunion vise à discuter une nouvelle fois des différentes propositions, dont la plus urgente est le renouvellement du règlement financier concernant la Politique agricole commune qui vient à échéance le même jour. À minuit, sans compromis, Maurice Couve de Murville quitte la salle du Conseil et Jean-Marc Bœgner, son représentant permanent, laissera sa chaise vide au Coreper pendant six mois. La crise s'achèvera avec le « compromis de Luxembourg » qui scelle désormais dans la pratique de la décision communautaire la prise en compte des « *intérêts essentiels* » nationaux[27].

En ce qui concerne les répercussions sur la politique d'information européenne, c'est Jacques Rabier qui est en première ligne dans ces tensions avec le gouvernement français. En 1963 déjà, la présidence française avait demandé d'organiser la rationalisation de la politique d'information des Communautés. Pour Rabier, ce n'est pas tant cette question – au contraire, des concertations avec les services nationaux d'information ont été souhaitées par la Commission européenne dès

---

[25] In *La Libre Belgique*, *op. cit.*
[26] Dumoulin Michel, 2007, *op. cit.*, pp. 535.
[27] Pour un compte-rendu voir le site https://www.cvce.eu/education/unit-content/-/unit/d1cfaf4d-8b5c-4334-ac1d-0438f4a0d617/a9aaa0cd-4401-45ba-867f-50e4e04cf272 (consulté le 12 avril 2017).

Départ pour la Commission européenne à Bruxelles 175

octobre 1962 – mais la « *suspicion dans laquelle était tenue l'activité – sans doute jugée trop "communautaire" du service commun* ». Preuve de cette suspicion : la circulaire du Secrétariat général du Comité interministériel pour les questions de coopération économique européenne, directement rattaché au Premier ministre, le 25 juin 1965, et qui fait allusion

> « *aux errements fâcheux suivis par le passé par le service commun et au redressement qui s'impose. L'occasion de cette remise en ordre peut être, sans même attendre la fusion des institutions* [CECA-CEE-Euratom], *la nécessité de définir à nouveau (…) le fonctionnement du service actuel de presse et d'information selon une orientation qui imposerait à ce service le respect d'un "code de bonne conduite" dans des matières délicates, touchant à des activités de caractère politique ou culturel qui ne sont pas du domaine des traités de Rome ou de Paris* »[28].

Ensuite, la circulaire demande aux départements ministériels d'établir les éléments d'information sur les faits survenus afin d'établir une étude préliminaire et qui ont été omis dans le Rapport général de la Commission européenne. Seuls deux ministères répondent à l'enquête… et pour dire leur satisfaction[29]. Ces tensions avec le gouvernement français ont toutefois des répercussions importantes sur l'information européenne produite par la Commission.

> En juin 1965, préfigurant en quelque sorte la crise de la « chaise vide », les représentants du gouvernement français cessent de participer aux réunions des groupes de travail associant service commun d'information et administrations nationales, tandis qu'une visite du Conseil d'État français, organisée par Gaudet en accord avec le Garde des Sceaux, est annulée par Paris au dernier moment. En cause, une lettre de Rabier « introduisant auprès des membres de l'Assemblée un questionnaire américain [affaire du MIT] concernant la politique du général de Gaulle ». Ce n'est qu'un incident parmi d'autres. Yann de L'Écotais, envoyé spécial de l'AFP à Bruxelles à partir de 1965, raconte que, durant la crise proprement dite, le studio de télévision de la Commission est inauguré. La représentation permanente française n'est ni avertie ni invitée. Scandale mêlé de paranoïa car « on imagina que depuis « son » studio (…) le président Hallstein allait s'adresser en direct aux populations européennes ». Un autre incident encore. Durant la campagne présidentielle française, une petite brochure à couverture argentée consacrée à l'Eglise et l'Europe « est largement diffusée dans les régions

---

[28] Rabier Jacques in Dassetto Felice et Dumoulin Michel, 1993, *op. cit.*, pp. 30.
[29] Theys Michel, 2017, *op. cit.*, pp. 126.

> « religieusement » sensibles et constituant donc un terrain naturellement favorable à Jean Lecanuet, adversaire du général. Or, « préparée avec l'aide rédactionnelle de l'Office catholique d'information sur les problèmes européens (OCIPE) et financée à la demande du bureau de Paris », la brochure était publiée par le service commun. La suite est aisée à imaginer.
>
> Dumoulin Michel, 2007, op. cit., pp. 534

En janvier 1966, le gouvernement français demande à ce que la politique d'information de la Commission européenne soit révisée en observant

> « une certaine neutralité vis-à-vis de la politique globale des États membres et doit être menée à la fois par le Conseil et la Commission. Tandis que les cinq autres partenaires cherchent à atténuer quelque peu l'impact des demandes françaises, la Commission manifeste à son tour sa bonne volonté. Colonna di Paliano suggère de consulter le Coreper sur les grandes lignes du programme d'information avant que celui-ci soit arrêté par les trois exécutifs. Le commissaire estime qu'il importe pour les exécutifs de réaffirmer leur pleine autorité sur le service commun, tout en tenant compte des développements concernant la future fusion [des trois communautés en 1965]. Finalement, forte du relatif appui des Cinq, la Commission préserve son autonomie en matière d'information (…) »[30].

Jacques Rabier sort renforcé, dans un premier temps au moins, face aux attaques du gouvernement français. Son objectif reste le même : en aucun cas un « esprit de propagande », uniquement « faciliter l'accès des journalistes aux sources d'information ». « Certaines opérations étaient de communication ou éducatives pour susciter un débat démocratique, pas un jugement tout fait »[31].

Au groupe du porte-parole, Paul Collowald et ses collègues se sentent moins concernés. Certes, le jeu institutionnel rend la diffusion d'information européenne plus compliquée. Mais c'est aussi une opportunité de la démultiplier, comme l'expliquait déjà Paul Collowald au CUEJ en mars 1965 :

> « Cette réalité institutionnelle complexe et originale amène évidemment certaines complications, notamment lorsque la Commission fait des propositions qui doivent ensuite faire l'objet de décisions de la part du Conseil des Ministres, très souvent après avis du Parlement européen. On conçoit alors que dans cette situation délicate – et qui n'a pas son équivalent national – le porte-parole

---

[30] Dumoulin Michel, 2007, *op. cit.*, pp. 535.
[31] Theys Michel, 2017, *op. cit.*, pp. 107.

aura à agir avec prudence pour satisfaire les journalistes, sans se mettre à dos les gouvernements des six pays qui auront encore à se prononcer définitivement sur la question, ainsi que les parlementaires dont les commissions compétentes ne sont pas encore officiellement informées.

En fait, ces aspects institutionnels qui compliquent parfois le travail d'information, peuvent aussi, d'une certaine manière, le favoriser, car ils permettent ce que les spécialistes appellent l'effet de "redondance" ; dans un langage plus simple ; l'efficacité par la répétition, lorsque la presse est amenée à se saisir et à commenter une proposition de la Commission aux différents stades de la procédure »[32].

Suite à la crise de la « chaise vide », Paul Collowald et ses collègues doivent tenir compte de certaines sensibilités des gouvernements supplémentaires :

« *La seule limite pour nous au groupe du porte-parole, c'est par exemple que l'on ne pouvait pas donner de détails en séance de Briefing sur le montant des fonds européens dont venait d'en décider la Commission dans sa séance du mercredi. Et personnellement, je l'ai vécu difficilement, en tant que Français et avec mes convictions européennes : mon pays était à l'origine de quelque chose de grave : la non-information qui conduit à l'ignorance et à l'indifférence des citoyens relatives aux réalisations européennes* »[33].

Malgré les crises, c'est le temps des pionniers de l'information européenne. La volonté de contribuer à l'intégration européenne fait que Paul Collowald ne compte pas ses heures. Du fait de son ancien profil de journaliste, des amitiés qu'il noue parmi les journalistes accrédités et de son esprit d'initiative, il bénéficie d'un champ d'action et d'une liberté qui sont rares dans une organisation politico-administrative et encore plus dans un cadre diplomatique, où les contraintes sont en temps ordinaire nombreuses.

Les termes d'« *entre soi* » et de « *connivence* »[34] ont été avancés par Olivier Baisnée plus récemment pour décrire le rapport entre journalistes accrédités et fonctionnaires européens qui fréquentent les mêmes lieux professionnels et personnels à Bruxelles. Paul Collowald ne s'y reconnaît pas : il se rappelle pour sa part qu'avec les années, il connaissait certes tous les accrédités et que des rapports de confiance réciproques se sont

---

[32] Intervention de Paul Collowald lors du IXe colloque international du CUEJ, *op. cit.*
[33] Entretien personnel avec Paul Collowald (automne 2017).
[34] Baisnée Olivier, « Les journalistes, seul public de l'Union Européenne ? » in *Critique Internationale*, vol. 9, 2000, pp. 32.

développés, voire une complicité dans la diffusion d'une information européenne. Certes Paul Collowald travaillait sur les éléments de langage pour faciliter le travail des journalistes confrontés à la technicité des décisions, par exemple dans le domaine du Marché commun. Mais il n'y avait pas de confusion des rôles : les profils étaient très variés et chacun gardait un intérêt différent à l'égard de l'information européenne – lui, jouer son rôle de transmission des décisions de la Commission, les journalistes, de transmission de l'information vers leur public national respectif, avec leur liberté dans le commentaire.

Étapes d'une carrière européenne

La création de la DG X « Presse et Information » et ses conséquences

Paul Collowald apprend vite les nouveaux codes du pouvoir politique et progresse dans sa carrière de haut-fonctionnaire, en passant du poste de porte-parole adjoint en 1967 à celui de directeur à la Direction générale Presse et Information en 1973. Mais le problème posé dès le début de sa carrière à Strasbourg, Luxembourg et Bruxelles reste le même, quelles que soient les rivalités au sein de l'administration européenne ou les réticences exprimées par les États membres : comment atteindre les citoyens, c'est-à-dire les informer rapidement et suffisamment pour qu'ils se sentent concernés et puissent décider en connaissance de cause ? Il devient plus pressant au fur et à mesure que les Communautés européennes s'ouvrent à de nouveaux champs d'action et à de nouveaux États membres.

En 1967, la fusion des exécutifs des trois Communautés est réalisée et la DG X Direction générale de la Presse et de l'Information est créée. Tous accueillent favorablement ce changement car cela permet de simplifier le fonctionnement, notamment en termes de budget. Les objectifs restent les mêmes – information sur le fonctionnement de l'Europe communautaire à destination des citoyens, des pays candidats et des milieux universitaires – dans le cadre d'un redéploiement de la politique d'information autour des principes suivants : « *débat* [annuel] [de] *la politique de presse et d'information afin de dégager la ligne générale des activités d'information,* avant [italique de l'auteur] *de la traduire en termes budgétaires* [;] *(…) la Commission doit allouer plus de crédits à ses public relations* [;] [et] *(…) la désignation, dans chacune* [des directions générales], *d'un fonctionnaire chargé d'entretenir des contacts permanents avec la DG X* »[1].

Au bout de quelques mois, on constate cependant que certaines informations qui ne devaient pas être encore diffusées, par exemple

---

[1] Dumoulin Michel, 2007, *op. cit.*, pp. 537.

sur la politique de la recherche, circulent trop vite entre les DG et la presse, ou entre Bruxelles et les bureaux d'information dans les capitales. C'est un argument suffisant pour reprendre le contrôle sur l'information au dépend de la DG X. Sous l'autorité du commissaire Borschette, la direction est réorganisée en 1971[2].

En 1967, Jacques Rabier a accueilli favorablement la création de la DG X. En revanche, il n'est pas retenu pour en prendre la tête. On lui propose de devenir directeur de l'Information des secteurs particuliers – une conséquence des priorités d'action qui ressortent de l'examen annuel du programme d'activités par le collège de la Commission[3]. D'un côté, cela renforce son action menée depuis les années 1950 pour interpeller les différents milieux de la société ; de l'autre, la Commission demande à en assurer le contrôle, en particulier sur les « *contributions* [demandées] *aux "organismes multiplicateurs". (…) Comme s'il fallait serrer la vis à une direction générale dont la culture d'entreprise, depuis le service commun, avait été faite de trop d'ingéniosité* »[4].

En 1973, évincé de l'équipe de direction au profit d'un haut-fonctionnaire d'un des nouveaux États membres – l'Irlandais Sean Ronan – Jacques Rabier devient conseiller spécial où il mettra en œuvre l'outil qu'il crée, l'Eurobaromètre. D'abord initié de manière artisanale – les sondages sont tapés à la machine à écrire – et avec l'assistance d'une seule secrétaire, Rabier s'entoure peu à peu de spécialistes des sondages tels que l'Américain David Handley et d'universitaires. Son objectif est double : développer une méthode de sondage de manière à savoir ce que pensent (et à quoi aspirent) les opinions publiques en Europe, et en même temps susciter un sentiment d'appartenance par la prise de conscience de l'action menée au niveau européen[5]. L'outil se développe donc en particulier dans le cadre de l'agenda politique de l'« Europe des citoyens » suivant l'idée selon laquelle plus les citoyens sont informés, plus ils prennent conscience de son importance et plus la distance entre eux et l'Europe se réduit[6].

---

[2] Dumoulin Michel, 2007, *op. cit.*, pp. 537-538.
[3] Dumoulin Michel, 2007, *op. cit.*, pp. 538.
[4] Dumoulin Michel, 2007, *op. cit.*, pp. 539.
[5] Theys Michel, 2017, *op. cit.*, pp. 140-141 ; entretien avec Jacques-René Rabier le 21 octobre 2003 (dans le cadre de la publication de l'ouvrage Commission européenne, *histoire et mémoires d'une institution*, tomes 1 et 2).
[6] Aldrin Philippe, « L'Union européenne face à l'opinion. Construction et usages politiques de l'opinion comme problème communautaire », *Savoirs/Agir*, 1/7, 2009, pp. 4.

Porte-parole de Raymond Barre

Paul Collowald devient quant à lui porte-parole adjoint de la Commission européenne et donc bras droit de Bino Olivi. Il reste aussi le porte-parole du vice-président qui, dans la nouvelle Commission présidée par Jean Rey, est Raymond Barre. Économiste de renom, proche du général de Gaulle, ce dernier est accueilli... avec prudence, voire avec un peu d'inquiétude, dans l'administration européenne. Mais Raymond Barre se révèle, grâce à sa capacité de travail et à sa rigueur, très rapidement efficace sur les dossiers qu'il a en charge, notamment sur l'Union économique et monétaire (UEM). Il développe au fil des ans un grand respect pour l'héritage européen de Schuman[7].

Paul Collowald obtient vite sa confiance. Raymond Barre lui demande de lui présenter le milieu journalistique bruxellois, où les Allemands sont les plus nombreux. Ne parlant pas cette langue, il lui demande également de traduire ses échanges avec eux. Paul Collowald se rappelle d'un entretien avec Hans Herbert Götz du principal quotidien allemand *Frankfurter Allgemeine Zeitung* (FAZ) : Barre et Götz entrent dans des considérations économiques assez pointues, étayent leur discussion par des références à la théorie de Schumpeter... Et Paul Collowald de leur dire : « – ... *Là, je cale ! Les deux éclatent de rire* »[8].

Dans ses archives personnelles, Paul Collowald a retrouvé quelques-uns des billets que lui écrivait Raymond Barre au cours de leur travail. L'un d'eux répond à la question de sa possible candidature à la présidence de la Commission en 1973 :

> « *Cher Ami, j'ai lu dans quelques journaux que l'une des explications de mes "Réflexions" était que j'étais candidat à la Présidence de la Commission... Je vous saurais gré de ne pas cacher, avec toute l'habileté qui est la vôtre, que, pour de multiples raisons qui remontent notamment à juin 1971, je ne conçois pas de telles ambitions. D'autre part, les journalistes doivent, je pense, assez connaître la discrétion que j'ai toujours conservée à l'égard de ma propre personne pour admettre que si beaucoup de journaux me rangent parmi les "possibles" ou les "probables", j'en suis flatté, mais que je n'y suis pour rien. Amitiés, R. Barre* (21/6/72) ».

---

[7] Roth François, 2008, *op. cit.*, p. 548. Voir aussi le témoignage de Raymond Barre à la fin de la biographie de Raymond Poidevin, *Robert Schuman*, Paris : Beauchesne éditeur, 1988.

[8] Entretien personnel avec Paul Collowald (été 2017). L'entretien de Yves Conrad et Myriam Rancon en 2003 rapporte aussi cette anecdote.

La référence à juin 1971 correspond aux ultimes négociations sur l'adhésion du Royaume-Uni : au nom du président de la République Pompidou, le ministre de l'Économie français Valéry Giscard d'Estaing déclare aux journalistes présents que « *le dossier est désormais bouclé* ». Averti par des journalistes, Paul Collowald en informe Raymond Barre, qui est furieux et le fait savoir à Paris. Par souci de rigueur, il déclare à Philippe Lemaître, journaliste au *Monde* venu l'interroger : « *Oui mais la Commission a fait son devoir. Je tiens à souligner que certains aspects ont été réglés rapidement* »[9]. Concernant la présidence de la Commission… la France proposera un membre du cabinet du président Pompidou, François-Xavier Ortoli, qui en prendra la tête en 1973.

Mission pour le Conseil de l'Europe

En février 1968, le Secrétaire général du Conseil de l'Europe, Peter Smither, demande à Jean Rey le détachement temporaire de Paul Collowald « *en vue d'effectuer une étude préalable à la réorganisation du Service de Presse et d'Information du Conseil de l'Europe* ». L'accueil est favorable : la lettre de réponse souligne que « *M. Collowald est en effet un fonctionnaire dont la connaissance des problèmes de l'information et des milieux journalistiques a toujours été très appréciée au sein de notre Commission* ». Début avril, Paul Collowald rend un « Rapport sur les problèmes de la Direction de l'Information et de Presse », où il suggère des pistes d'améliorations concrètes à court et moyen terme. Il y combine son regard d'expert dans le domaine de la presse et ses compétences de gestionnaire.

Ainsi, il conseille de travailler sur de nouveaux outils d'information, en tenant compte des difficultés spécifiques du Conseil de l'Europe : parmi celles-ci, un Conseil des ministres dont des décisions sont prises à huis clos, et qui sont rarement des « hot news », donc difficiles à placer dans le fil de l'actualité. Ou encore le nombre élevé de langues dont il souligne les conséquences pour le travail de la presse et la transmission des communiqués : « *Un "bon" communiqué, même transmis rapidement, risque de finir au panier s'il tombe, en langue étrangère, dans une salle de rédaction d'un journal où l'on a toujours cent problèmes à résoudre et où il ne faut pas en ajouter un 101ᵉ.* » Pour pallier la localisation à Strasbourg

---

[9] Cet épisode est aussi relaté dans la biographie de Raymond Barre écrite par Henri Amouroux, *Monsieur Barre*, Paris : Robert Laffont, 1986, pp. 138.

où les opérations de presse de grande envergure sont difficiles à organiser, il suggère de renforcer le Bureau de Paris et d'y développer les contacts permanents avec la presse « *tout au long de l'année par l'exploitation systématique des réunions des Commissions de l'Assemblée* » :

> « *Pour Paris, il s'agirait tout d'abord de choisir parmi les réunions de Commission celles qui offrent un thème attrayant et un rapporteur (ou un Président) qui passe la rampe, afin d'organiser à cette occasion briefing ou conférence de presse. Parmi les résultats immédiats, on pourrait certainement escompter plusieurs articles sur le thème retenu, mais cette initiative fournirait surtout l'occasion de construire patiemment un réseau d'intérêt et un courant de sympathie parmi les journalistes (dont bénéficieraient aussi peu à peu, les réunions du Comité, selon ce principe des "vases communicants")* ».

Il propose de faire de même avec les journalistes accrédités à Bruxelles car certaines thématiques du Conseil de l'Europe se rapprochent de celles qu'ils suivent à Bruxelles et à Strasbourg, où ils se déplacent pour les sessions parlementaires. Après quelques suggestions d'amélioration concernant l'organigramme – où il constate le problème de n'avoir aucun spécialiste de l'information au niveau de la direction du service, Paul Collowald se concentre sur le programme d'action. Celui-ci doit se fonder sur un nouveau tandem fait d'un dirigeant issu du monde de l'information et du secrétariat général pour être au cœur de l'information de l'organisation et de ce qu'elle produit.

On peut aisément imaginer que ce rapport se fonde sur les conclusions qu'il a tirées de son expérience à la Commission. On y voit en particulier le souci du rapport direct et régulier avec les collègues en interne et ceux de la presse, la définition d'une stratégie de repérage de l'information attrayante, par problème et par pays, la priorité d'assouplir « *certaines procédures administratives pour faciliter la rapidité des transmissions de la Direction et ses possibilités de contact et de déplacement (par exemple, visa pour telex de routine, frais de représentation, missions…)* » et le besoin d'un programme d'action validé par le Cabinet.

On « oublie » d'inviter la Commission…

À la fin des années 1960, le monde des journalistes accrédités à Bruxelles a changé : ils sont plus de 300, autant qu'à Washington. Paul Collowald travaille dans un environnement bouillonnant, même si les dossiers européens avancent plus ou moins vite. Il constate les suites de la crise de « la chaise vide » à travers deux événements.

Premier événement : le sommet informel de La Haye, en décembre 1969. Les médias l'attendent car de nouveaux visages apparaissent à la tête de l'Allemagne (Brandt), la France (Pompidou) et de la Commission (Rey). De Gaulle démissionne en avril 1969 et est remplacé par Georges Pompidou qui replace dans ses dossiers prioritaires celui des relations franco-allemandes et de l'Europe. Ce sommet est l'occasion pour la France de reprendre l'initiative. Il prend langue avec le nouveau ministre des Affaires étrangères allemand Willy Brandt, qui deviendra ensuite chancelier. C'est aussi le premier sommet qui annonce des décisions importantes concernant l'UEM et l'élargissement, après le blocage du général de Gaulle concernant l'entrée du Royaume Uni.

En effet, le mémorandum du vice-président Barre sur l'UEM de février 1969 est jugé si complet qu'il est intégré aux documents du sommet. Pour Barre, qui considérait le monétaire comme « *le ventre mou du traité de Rome* », c'est un succès. Il parviendra peu à peu à convaincre tous les gouverneurs des Banques centrales. Le ministre des Finances luxembourgeois Pierre Werner[10] est ensuite chargé dans son rapport d'établir l'échéancier pour la mise en place de la monnaie unique en 1980 – ce qui n'aura pas lieu au final avant 1999. Au cœur de l'approche de l'UEM de Raymond Barre : respect des règles et solidarité, se rappelle Paul Collowald à partir des notes prises en 1969… Une problématique âprement discuté entre États membres depuis le lancement de l'euro dans les années 2000 :

> « *La solidarité monétaire et financière n'est acceptable que si chacun a son mot à dire sur ce que font ses partenaires. Inversement, les contraintes qu'implique la coordination des politiques économiques ne sont tolérables que si elles sont compensées par la certitude – pour tout pays en difficulté – de trouver, auprès des partenaires, aide et soutien immédiat* »[11].

---

[10] Voir le récent colloque organisé par le cvce au sujet du plan Werner : Pierre Werner, une vision pour l'Europe – pensée, action, enseignements 27-28 novembre 2013 à Luxembourg (consulté le 4 juin 2018 https://www.cvce.eu/recherche/unit-content/-/unit/20df8fb3-f0fc-4a63-8fe0-955910b72089/20df8fb3-f0fc-4a63-8fe0-955910b72089/Resources).

[11] Cette citation de Raymond Barre datant de 1969 est reprise in Collowald Paul, 2014, *op. cit.*, pp. 152.

Lors du Sommet de La Haye, on souhaite visiblement au niveau des chefs d'État ou de gouvernement que la Commission joue un rôle marginal. Son président, Jean Rey, est convié à s'exprimer devant le Sommet le deuxième jour pour présenter les « *aspects communautaires* » pendant une heure, c'est tout ! En réaction, Bino Olivi et Paul Collowald mobilisent les « *amis de la presse de Bruxelles* » pour mener une opération de presse dans une salle de conférence comble :

> « *Nous avons alors monté le scénario suivant : récolter tout au long de la soirée le maximum d'information en couvrant le briefing des différentes délégations ; se retrouver au petit-déjeuner avec le président pour faire le point ; retenir la salle des conférences de presse pour présenter le résumé de l'intervention du président ; mobiliser le maximum de journalistes. (...) L'opération a parfaitement réussi grâce à quelques ingrédients fondamentaux : synergie entre Bruxelles et bureaux décentralisés ; efficacité du responsable local (Simons Cohen), grâce à ses bonnes relations avec les services gouvernementaux, et la presse nationale ; relations de confiance avec les "accrédités" : la conférence de presse convoquée par Bino Olivi faisant salle comble en était la meilleure illustration* »[12].

Second événement : le Sommet européen de Paris d'octobre 1972 avec la nouvelle Commission présidée par Sicco Mansholt. Dans la phase de préparation, le président Mansholt sollicite Paul Collowald pour mener plusieurs opérations de communication. Déjà en mars 1971, en tant que commissaire vice-président en charge de l'Agriculture, il avait participé avec Lucien Biset, président des Chambres d'agriculture, à l'émission politique française *À Armes Égales* animée par le journaliste Alain Duhamel et à laquelle les téléspectateurs pouvaient participer en communiquant leur avis par sondage.

Devenu président de la Commission européenne en remplacement de Franco Malfatti parti pour se présenter aux élections législatives italiennes, Mansholt participe à nouveau *À Armes égales* le 18 juillet 1972 sur le thème « Faut-il avoir peur de la croissance économique ? ». Proche du Club de Rome, il fait face à l'homme d'affaires Ambroise Roux, alors vice-président du Conseil national du patronat et ami de Georges Pompidou. Seule une autre personnalité étrangère participera à cette émission qui perdure pendant cinq ans, et ce sera à nouveau un membre de la Commission européenne : le dirigeant travailliste britannique Roy Jenkins – et futur président de la Commission, qui intervient le 2 avril 1971 avec Maurice Couve de Murville sur le thème « France-Angleterre ».

---

[12] Entretien de Paul Collowald par Yves Conrad et Myriam Rancon en 2003.

En quelques semaines, Paul Collowald doit organiser plusieurs opérations à Paris pour que Mansholt puisse être entendu de différents milieux : au final, ce sont une intervention au congrès des agriculteurs pour répondre à certaines de leurs craintes, à l'assemblée générale des jeunes du RPR pour parler à la jeunesse gaulliste réputée être contre l'Europe communautaire et un déjeuner-débat avec la presse diplomatique[13].

Le Sommet de Paris est l'occasion d'accueillir les dirigeants politiques des pays issus du premier élargissement – Grande-Bretagne, Irlande et Danemark, et traite de l'UEM ainsi que de nouveaux domaines d'action communautaire dans le domaine du développement régional, social, environnemental, industriel et technologique.

Mais déjà lors des travaux préparatoires, François Fontaine, le chef du bureau d'information à Paris, a vent que la Commission serait tenue à l'écart. Avant l'ouverture de ce Sommet, Paul Collowald rencontre le nouveau responsable du service diplomatique du *Monde*, Michel Tatu qui, à peine rentré de Moscou, ne connaît que peu de choses aux affaires européennes, à commencer par le rôle de la Commission dont il dit retenir celui d'« observateur » lors du Sommet. Certainement comme certains le souhaitent en tous les cas…

Le jour J, Paul Collowald convie les journalistes à venir voir où se situera la place de la délégation de la Commission et leur confirme la présence de Mansholt et des trois vice-présidents – Raymond Barre, Wilhelm Haferkamp et Carlo Scarascia Mugnozza. Il leur indique à quelle heure et dans quelle salle aura lieu la conférence de presse. Au cours du Sommet, le président Mansholt réagit dans un communiqué distribué à la presse sur les conclusions du Coreper concernant le budget européen : « *Si, à un moment donné, les États membres ne nous donnent pas les crédits pour faire l'information, je proposerai, dans les délibérations de la Commission, de refuser un certain nombre de propositions que je ne pourrai pas expliquer aux citoyens européens… faute de moyens !* »[14]. Il tape du poing sur la table mais il n'y a que peu d'échos dans la presse.

La seconde déception est liée à l'absence d'image du président Mansholt lors de l'arrivée des chefs d'État ou de gouvernement et qui est commenté au journal télévisé de 13 heures par Léon Zitrone. Paul Collowald s'étonne de cette « coupure » lors de la réception offerte à

---

[13] Paul Collowald in Dassetto Felice et Dumoulin Michel, 1993, *op. cit.*, pp. 42.
[14] Paul Collowald in Dassetto Felice et Dumoulin Michel, 1993, *op. cit.*, pp. 41.

la presse dans les salons du Pré Catelan à Paris, où il rencontre Léon Zitrone. Et celui-ci de lui répondre :

> « *Comment, Monsieur Mansholt* ? *ses services ne m'ont certainement pas fait parvenir son curriculum ! J'ai des fiches, moi, je classe tout… Pour ce qui est de la conscience professionnelle, je n'accepte aucun soupçon !* »[15].

Certes, Paul Collowald n'avait pas adressé le cv de son président, mais il s'imaginait que la Commission était suffisamment « connue » dans son rôle et son action pour faire l'objet d'une attention… Dans le groupe de journalistes étrangers invités, il y a des sourires, voire des réflexions assez ironiques concernant la télévision française[16].

Directeur à la DG X

En janvier 1973, Paul Collowald devient brièvement le porte-parole du vice-président de la Commission Wilhelm Haferkamp, un ancien leader syndicaliste allemand du DGB[17], après le départ de Raymond Barre, et suite à la mise en place de la nouvelle Commission Ortoli. Au bout de cinq mois, Paul Collowald est nommé directeur dans une DG X en pleine réorganisation.

À ce poste, Paul Collowald innove dans la manière de transmettre l'information en interne de la manière la moins technocratique possible. Il invente par exemple le « télex du mardi » rédigé essentiellement à destination des bureaux dans les Etats membres, dont chacun apprécie la tonalité plus humaine.

> *On se retrouve, au coude à coude, à côté de la table des juristes, à la table des porte-paroles les lundi après-midi. Les lundi soir, je reprenais mes notes et rédigeais le « telex du mardi », notamment à propos du dosage entre le centre (Commission) et la périphérie (Délégations, représentations), à propos du mouvement du personnel, des dossiers techniques… en évitant le ton bureaucratique. Ainsi je donnais à mes interlocuteurs dans les Délégations et Représentations, dès le mardi, du contenu pour les sensibiliser aux thèmes qui allaient être discutés par le Collège le mercredi. Le Secrétariat général envoyait à la suite de cette réunion un communiqué de presse plus officiel, sur un ton diplomatique. J'avais choisi ma tonalité pour assurer un maximum de proximité, et donc d'efficacité dans l'information européenne.*
>
> Entretien personnel avec Paul Collowald et Michel Dumoulin (dir.), 2007, *op. cit.*, pp. 95

---

[15] Paul Collowald in Dassetto Felice et Dumoulin Michel, 1993, *op. cit.*, pp. 43.
[16] Entretien de Paul Collowald par Yves Conrad et Myriam Rancon en 2003.
[17] *Deutscher Gewerkschaftsbund* – principal syndicat allemand.

En tant que directeur à la DG X, Paul Collowald ne s'occupe plus des « hot news » mais de l'information à l'attention des différents publics. Dans un contexte où les moyens manquent, la Commission Ortoli ne faisant plus de l'information une priorité[18], il se démène pour maintenir le cap fixé.

Paul Collowald est en particulier chargé de développer le rôle et le nombre des bureaux d'information de la Commission dans les États membres afin de renforcer le lien direct entre les institutions et les citoyens. Concernant le nombre, le Royaume-Uni a obtenu dans ses négociations d'adhésion, outre Londres, trois bureaux régionaux (Belfast, Edimbourg et Cardiff). Un bureau est créé à Berlin en 1968, ainsi qu'à Milan en 1981. En France, le gouvernement s'oppose à ce qu'un bureau supplémentaire soit créé. Un second bureau verra finalement le jour en 1982, sous l'impulsion du ministre de l'Intérieur Gaston Defferre, dans sa ville de Marseille.

Concernant leur rôle, initialement « *les bureaux de presse et d'information dans les capitales ont pour but d'informer l'opinion publique nationale et en même temps de mesurer les réactions de celle-ci et de transmettre cette information aux exécutifs. En outre, ils collaboreront étroitement à l'élaboration et à la réalisation des programmes et des initiatives développées par la direction générale à Bruxelles* »[19]. Paul Collowald souhaite, dans une approche décentralisée, soutenir aussi les initiatives venant du terrain. À cela deux raisons principales, comme il l'indique dans un entretien publié dans le *Courrier du Personnel* en octobre 1976 : d'une part, garantir une information efficace en assurant « *des allers-retours* » entre le « centre » et la « périphérie » ; d'autre part, mieux informer le citoyen pour qu'il se sente plus concerné.

---

[18] Dumoulin Michel, 2007, *op. cit.*, pp. 547 ; Collowald Paul in Dassetto Felice et Dumoulin Michel, 1993, *op. cit.*, pp. 43 et suite.

[19] Dumoulin Michel, 2007, *op. cit.*, pp. 542-543.

> Pour parvenir aux citoyens de nos différents pays, nous pensons que le « message », que les informations tout simplement sur l'activité de la Commission et de la Communauté, non seulement doivent être modulées pour s'adapter aux réalités et à la psychologie de ceux qui reçoivent ces informations, mais le contenu doit être plus concret et plus humain. Pour cette Europe plus tangible et plus intelligible, nous avons besoin de relais entre Bruxelles et les différents pays. (…)
>
> Nous avons été chargés à la direction générale de l'information de passer à la radioscopie cette maison pour voir à quels endroits nous pourrions prélever des informations plus concrètes qui intéresseraient directement nos concitoyens. Et, bien entendu, comme on ne peut pas faire tout à la fois, nous avons commencé par les « grands fonds », c'est-à-dire le FEOGA-Orientation, le Fonds social et le jeune Fonds régional, qui, avec les aspects CECA, sont à l'origine d'interventions concrètes financières sur le terrain. L'exercice consistait, avec le porte-parole et les collègues des directions générales intéressées, à détecter les possibilités dans ce domaine, de voir quels étaient les difficultés, d'essayer de lever les obstacles. Il s'agissait, d'autre part, de voir comment dans les différents pays, surtout par le relais de nos bureaux, on pourrait établir progressivement avec la presse régionale un mécanisme assurant un flux permanent de nouvelles qui, mois après mois, montre ce que la Commission décide au titre des diverses tranches du FEOGA, du Fonds régional, du Fonds social, etc. Plus que par le passé, ces informations « régionalisées » doivent donner davantage de détails sur la nature, la localisation et le montant des projets retenus afin de les valoriser et, ainsi, non seulement mettre le doigt sur une réalisation concrète à tel endroit de la Communauté, mais en même temps expliquer l'ensemble du système institutionnel d'une manière moins abstraite.
>
> Paul Collowald in *Courrier du personnel*, octobre 1976

Pourtant, Paul Collowald perçoit les difficultés ressenties par ses équipes dans les États membres pour la diffusion de l'information européenne. À commencer par la France… Lors de la réception organisée pour les vœux de janvier 1976 pour la presse parisienne, François Fontaine du bureau de Paris invite des journalistes de renom comme Pierre Drouin « *dans l'objectif de secouer l'opinion* ». Ceci lui sera reproché. La Datar[20] s'opposera aussi à toute communication de la Commission concernant les fonds européens dédiés au développement régional. Son raisonnement est le suivant : puisque ces fonds sont complémentaires, nous restons les maîtres du jeu, y compris de l'information. Cela se traduit ainsi aussi par l'interdiction d'écriteaux mentionnant les fonds européens sur site. Cette position évolue ensuite légèrement : il est possible de préciser quelles infrastructures ont été financées par les fonds européens, mais pas le nombre d'emplois créés…

---

[20] Délégation à l'Aménagement du Territoire et à l'Action Régionale, directement rattachée au Premier ministre français.

Dans la foulée de la relance du président français Valéry Giscard d'Estaing et Helmut Schmidt et en vue de la préparation des premières élections européennes au suffrage universel direct de 1979, Paul Collowald veut pourtant agir. Quelle situation plus emblématique pour l'information et l'Europe que celle d'une première élection européenne où les citoyens sont appelés à désigner des représentants sur un sujet qu'ils découvrent pour la plupart, et dont ils ont peu d'exemples concrets ? L'instauration d'un suffrage universel direct est une étape essentielle dans la constitution d'une Europe des citoyens et l'information y joue un rôle-clé.

Désormais, sa cible prioritaire concerne les futurs électeurs[21]. Paul Collowald propose au secrétaire général de la Commission, Émile Noël, d'informer sur ce que fait l'Europe dans le cadre de la politique régionale, qu'il connaît bien grâce à son travail avec Robert Marjolin au cours des années précédentes.

> En 1978, les élections du Parlement européen au suffrage universel approchaient et, convaincu que des « fiches régionales » sur ce que faisait la Communauté constitueraient le meilleur instrument d'information, je réussis à persuader mes patrons d'entreprendre une action concertée avec mes collègues des directions générales concernées. C'est ainsi que je présidai un groupe de travail « Inter-Services » afin de réunir toute la matière première publiable ; en associant le Service juridique on s'aperçut que des prétextes invoqués dans plusieurs capitales ne tenaient pas la route : le « secret des affaires » ne pouvait jouer que dans quelques cas particuliers, parfaitement identifiés (par exemple les prêts CECA). La localisation des projets « industriels » du FEDER (pour les « infrastructures » l'indication du département était autorisée !) nous ayant été interdite par la DATAR, il nous est arrivé de contourner l'obstacle avec une bonne complicité du côté de la presse régionale et nous avons été en mesure de publier des dépliants, par région française, globalisant les aides financières européennes qui, à mes yeux, illustraient concrètement l'existence de l'Europe au niveau local, c'est-à-dire, au plus proche des citoyens.
>
> Paul Collowald, in Felice Dassetto et Michel Dumoulin, *op. cit.*, pp. 44

Les fiches sont préparées et diffusées par le biais des réseaux établis par le Bureau de Paris à destination de la presse et des candidats aux élections. Un camion sillonne la France pour expliquer au moyen d'une exposition « ce que l'Europe fait pour vous ». Des spots télévisés ou radio,

---

[21] Laloux Pierre-Olivier, « Au service des citoyens européens : information, Europe des citoyens, culture, éducation et formation » in Bussière Éric *et al.*, *La Commission Européenne, histoire et mémoires d'une institution 1973-1986*, Luxembourg : Office des publications de l'Union européenne, 2014, pp. 459.

des affiches, des concours dans la presse sont financés, conjointement avec le Parlement européen[22].

Les difficultés dans le travail sont aussi liées à des facteurs internes. Avec la nouvelle Commission Jenkins en 1977 est décidée une fusion du groupe du porte-parole avec la DG X, qui est désormais placée sous l'autorité directe du président :

> « Renato Ruggiero devient porte-parole et directeur général, tandis que Bino Olivi et Sean Ronan sont tous deux remerciés. C'est le Gallois Aneurin ("Nye") Hughes, chef de la division "Coordination intérieure" au Secrétariat général, qui semble être à l'origine de cette réforme. Procédant, peu avant l'ère Jenkins, à une évaluation des services d'information de la Commission à la demande d'Émile Noël, Hughes dresse un rapport fort négatif dans lequel il suggère une série de réformes, la principale étant le regroupement du service du porte-parole et de la DG X en une seule entité placée sous la tutelle du président. Le projet aboutit et Hughes est chargé d'épauler Ruggiero sous le statut de conseiller »[23].

C'est un changement radical dans l'administration européenne concernant l'information. Désormais en charge des deux fonctions, porte-parole et directeur général à l'information, Renato Ruggiero voit diminuer l'importance du service[24]. La Commission Jenkins veut aussi reprendre le contrôle de l'information et les sources de pouvoir qu'elle représente. Le Cabinet du président place ses hommes : Hayden Phillips, directeur adjoint au Cabinet, suit désormais les dossiers de la direction générale et Roger Beetham, homme de confiance du président, entre dans le cercle des porte-parole[25].

Quand son agenda le lui permet, Paul Collowald continue de participer à des rencontres journalistiques ou éducatives. Il participe à la visite de journalistes européens à Lisbonne, où il est reçu par le Premier ministre Mario Soarès en 1977 et à l'inauguration du Centre de documentation des Communautés européennes à l'Université de Zagreb en 1979.

Il revoit aussi dans le cadre de son travail son ami Senghor. Devenu président de la République du Sénégal et porte-parole de dix-neuf États africains, malgache et mauricien associés à la Communauté, Senghor effectue deux visites officielles à la Commission en 1973 et 1979. À chaque fois, il plaide en faveur de l'association – lui qui croit dans la

---

[22] Laloux Pierre-Olivier, *op. cit.*, pp. 459-460.
[23] Laloux Pierre-Olivier, *op. cit.*, p. 457.
[24] Entretien avec Jacqueline Lastenouse-Bury, 2004, *op. cit.*
[25] Dumoulin Michel in Bussière Éric *et al.*, 2014, *op. cit.*, pp. 100.

valeur des civilisations d'échanges et des métissages de cultures, mais selon des termes justes. Dans le *Courrier du Personnel* de juillet 1979, Paul Collowald reprend son vibrant appel :

> « Le dialogue Nord-Sud tourne à l'aigre et la situation aujourd'hui est grave. J'ai eu l'occasion de le dire l'an dernier, "la troisième guerre mondiale", que les pays développés redoutent tant, à cause précisément de leurs richesses immenses, sinon de leur développement, cette guerre totale peut naître du désespoir des peuples prolétaires : n'ayant rien à sauver, ils n'ont rien à perdre. Depuis 1960, les Sénégalais ont été parmi les premiers à dénoncer le nouveau système qui a hérité du Pacte colonial : la détérioration des termes de l'échange. (…) Cela explique qu'aujourd'hui, plus gravement que dans le système du Pacte colonial, ce sont les pays en développement qui aident à la prospérité des pays développés, et non le contraire ».

La Convention de Lomé, signée en 1975, sera révisée en 1979 pour améliorer ces termes de l'échange, mais avec des effets très limités.

Quel bilan de la politique d'information de la Commission européenne ?

Outre l'évolution de la DG X vers une position secondaire dans l'organigramme de l'administration européenne, le bilan de la politique d'information de la Commission européenne à la fin des années 1970 est mitigé sur plusieurs autres aspects.

En premier lieu, les États n'ont pas pris le relais, alors même que c'était le souhait officiel exprimé dès les années soixante et un aspect du compromis de Luxembourg, censé régler la crise de la « chaise vide »[26]. Certes, à cette époque, la CEE n'a pas le champ de compétences que l'on connaît aujourd'hui à l'Union européenne ; mais elle touche déjà par son action à de nombreux domaines qui ont un impact direct sur le quotidien des Européens qui se trouvent désormais non plus dans six, mais neuf États membres – sans compter les pays candidats officiels qui les rejoindront bientôt : la Grèce, l'Espagne et le Portugal. Face à cette absence d'information produite par les États, le Service commun s'organise : publication de brochures, organisation de colloques et de

---

[26] Entretien avec Jacqueline Lastenouse-Bury, 2004, *op. cit.* : référence à « *l'heptalogue du compromis de Luxembourg qui prévoyait entre autre la création d'un comité au niveau du Conseil, le comité de l'information, pour "piloter" l'information. Ce qui ne s'est finalement jamais fait* », pp. 13.

visites, communiqués de presse quotidiens pour les journalistes, ainsi que des lettres mensuelles et des pages spéciales Europe dans les journaux nationaux[27]. Mais les moyens que lui octroie le Conseil des ministres sont limités. Ce dernier s'en tient quant à lui à une politique d'information d'ordre diplomatique, sans se mêler au débat politique.

Seconde limite : l'information européenne reste ciblée vers certains publics spécialisés. Le milieu universitaire et de la jeunesse reste privilégié. Ainsi, après Mai 68 et le départ du général de Gaulle, la Commission Rey organise des rassemblements de jeunes scouts ou issus de mouvements politiques pour entamer un dialogue. Dès le Sommet de La Haye de 1969 l'unanimité entre États se fait sur ce point que rappelle Paul Collowald trente ans plus tard : que « *toutes les actions créatrices et de croissance européenne ici décidées seront assurées d'un plus grand avenir si la jeunesse y est étroitement associée ; cette préoccupation a été retenue par les gouvernements et les communautés y pourvoiront* »[28]. L'une des illustrations est le Forum européen de la jeunesse créé par la Commission Rey en 1972 et le Fonds européen de la jeunesse pour financer des échanges et des campagnes d'information. À l'initiative du Conseil de l'Europe, la même année, le Centre européen de la jeunesse est installé à Strasbourg[29].

Quant au milieu universitaire, des contacts ont été établis par la Commission pour ouvrir des centres de documentation européenne – en Pologne par exemple, qui sont devenus proches de Solidarnosc – ou pour continuer à inviter des chercheurs d'Europe de l'Est tel que Rabier l'avait initié. Dès l'arrivée de Deng Xiaoping au pouvoir en 1979, un premier chercheur chinois qui avait travaillé sur le général de Gaulle est invité par la Commission[30]. Mais tous les secteurs de la société ne bénéficient pas des mêmes campagnes de sensibilisation, qui en conséquence ne s'apparentent plus à de l'information mais à de la communication.

À la fin des années 1970 et anticipant sur le bilan des années 1980 et 1990, la même critique peut être faite de l'Eurobaromètre, qui se concentre plusieurs fois sur les 15-24 ans dans ses enquêtes[31]. L'instrument est, de manière générale, innovant car il permet des enquêtes de large envergure

---

[27] Harrisson Jackie and Pukallus Stefanie, 2015, *op. cit.*
[28] *La Libre Belgique*, « l'Europe inachevée de la jeunesse » par Paul Collowald, 3 décembre 1999 (extrait du communiqué final).
[29] Bantigny Ludivine, 2010, *op. cit.*, pp. 10.
[30] Entretien avec Jacqueline Lastenouse-Bury, 2004, *op. cit.*, pp. 21-23.
[31] Bantigny Ludivine, 2010, *op. cit.*, pp. 13.

dans le temps et dans l'espace pour cerner les préoccupations des sociétés en Europe et sonder leur appréciation de la construction européenne en général ou sur des secteurs particuliers. Pour la première fois, on peut connaître les réponses aux mêmes questions posées à travers l'Europe et en observer l'évolution. Plusieurs types d'outils se développent au fil du temps : à l'Eurobaromètre « standard » s'ajoutent le « spécial » lié à l'actualité et le « flash », qui consiste en une enquête plus brève sur des groupes ciblés, en priorité les entreprises et les jeunes. En revanche, son caractère scientifique est contesté, prenant la « *forme hybride (…) entre le compte rendu savant et la note d'analyse politique* »[32], ainsi que son usage à des fins politiques par le collège des commissaires.

Enfin, l'information européenne reste élitaire, et cela concerne à la fois la production de l'information par les institutions nationales et européennes, et celle par les journalistes. D'un côté, la stratégie de Jacques Rabier d'atteindre le public le plus large possible par le biais de ses contacts avec les milieux spécialisés reste limitée dans ses résultats. Certes, les responsables dans le domaine économique et social, ou encore éducatif ou de l'information, sont, une fois informés, des courroies de transmission potentielles. Mais en maintenant une action ciblée sur des milieux particuliers, l'information est dirigée vers qui a la compétence de s'en servir, et dans un cadre professionnel principalement. Les citoyens dans leur ensemble en restent éloignés, ce qui amènera le chercheur Ludlow à parler d'« *ambitions frustrées* » de la politique d'information de la Commission[33].

De l'autre, même si le nombre de journalistes accrédités s'accroît fortement dès les années 1960, la couverture médiatique des questions européennes reste marginale au niveau national. L'association des journalistes européens voit le jour en 1975 et ses statuts font clairement apparaître l'engagement pro-européen de ses membres, mais l'information européenne ne gagne pas en visibilité. Paul Collowald suggère en 1993 lors d'un colloque qu'un étudiant examine un jour « *la collection du monde pendant plusieurs mois et il va s'apercevoir que sous* [la] *rubrique Europe, on réunit des articles assez hétérogènes (…). Le principe de base du*

---

[32] Aldrin Philippe, 2010, *op. cit.*, pp. 100.
[33] Ludlow N. Piers, « Frustrated Ambitions: The European Commission and the Formation of a European Identity 1958–1967 » in Marie-Thérèse Bitsch *et al.* (eds.), *Institutions européennes et identités européennes*, Brussels : Bruylant, 1998.

Étapes d'une carrière européenne 195

Monde (...) *conduisait cependant à présenter une "Europe en miettes"* »[34]. Et au final, même l'initiative européenne d'Emanuele Gazzo de créer, avec le Bulletin quotidien de l'agence Europe, un tremplin d'information sur les décisions européennes en cours de discussion vers l'extérieur, est lue en premier lieu… par les professionnels de l'Europe, en particulier l'administration européenne, les représentants des États membres et ceux des groupes d'intérêt à Bruxelles, le bulletin équivalant au « *quasi-journal officiel de la Commission* »[35].

Ce qui change aussi et surtout, c'est que les opinions publiques en Europe expriment non plus de l'indifférence à laquelle on pouvait répondre en informant ; mais des critiques face à des décisions européennes qu'elles ne comprennent pas[36]. Dans cette situation, Paul Collowald ne voit qu'une issue : s'engager pour défendre le projet européen au cœur de la société civile.

---

[34] Collowald Paul, débats à la suite des interventions in Dasseto Felice et Dumoulin Michel, 1993, *op. cit.*, pp. 79.
[35] Pupat Yoann, *La médiation médiatique de l'Agence Europe au sein du dispositif communautaire, analyse du fonctionnement d'une agence de presse spécialisée dans l'information européenne*, mémoire de l'IEP de Lyon sous la direction de Michèle Bacot-Décriaud, 2008, pp. 20.
[36] Dulphy Anne et Manigand Christine, « "Introduction" et "L'opinion française, vers l'euroconscience et le désenchantement" » in Dulphy Anne et Manigand Christine (eds.), *Les opinions publiques face à l'Europe communautaire, entre cultures nationales et horizon européen*, Bruxelles : Presses interuniversitaires européennes, 2004, pp. 11.

L'engagement de l'Européen

L'action dans les associations à Bruxelles et à Strasbourg

En plus de sa carrière professionnelle, Paul Collowald maintient de multiples engagements dans la société civile : à Bruxelles, le Foyer catholique européen, ATD Quart Monde et l'Association pour la Promotion de l'Alsace et, à Strasbourg, le FEC. Il continue aussi d'écrire des articles de presse sur l'Europe, malgré les contraintes liées à son devoir de réserve en tant que fonctionnaire.

Paul Collowald maintient des contacts étroits avec le FEC. Tous les mois, l'actualité le conduit à la session plénière du Parlement européen et il en profite pour revoir le Frère Médard. Il lui suggère des noms et sert de relais pour les conférences sur le thème de l'Europe à Strasbourg. En 1970, Raymond Barre, alors vice-président de la Commission, vient ainsi faire le point sur l'UEM. Trois feuilles au format A3 sont ensuite publiées dans le journal du FEC *Élan*[1]. Paul Collowald continue d'écrire aussi dans ce périodique.

À Bruxelles, Paul Collowald est président du Foyer catholique européen de 1958 à 1968, qui est dirigé par le jésuite Pierre van Stappen et proposé aux fonctionnaires des institutions européennes. Il est aussi « allié », c'est-à-dire un membre actif d'ATD Quart Monde. À l'automne 1972, son fondateur, le Père Joseph Wrezinski, souhaite plaider la cause des pauvres auprès de la Commission européenne, alors que le premier élargissement vient d'être entériné : « *Ne pas les oublier, même si l'Europe s'élargit et fait entrer des pays dont la préoccupation centrale est le Marché. Que peut-on faire pour lutter contre la misère, en associant les populations ?* ». Il rend visite au commissaire belge Albert Coppé en charge des Affaires sociales, qui avait proposé le mémorandum sur la politique sociale communautaire l'année précédente[2].

---

[1] *Élan* n° 9, novembre 1970 ; Hommage à Frère Médard, Cahier FEC-ICS, avril 1989.
[2] Varsori Antonio « Aux origines d'une Europe sociale » in Dumoulin Michel (dir.), 2007 *op. cit.*, pp. 451.

Paul Collowald retrouve le commissaire Coppé au Briefing de midi qu'il anime ce jour-là à la place de Bino Olivi. Il se rappelle :

> « On bavarde un peu. Albert Coppé me dit – Ah ce Père Joseph ! Il vient de m'interpeller, me disant : "Je viens vous voir car le moment est important, à partir du 1er janvier, la Communauté européenne s'élargit, il y aura certainement des initiatives nouvelles, des nouveaux peuples vont entrer. Mais avez-vous pensé au "peuple des pauvres" ?". Albert Coppé est un peu soufflé. Aux journalistes, il dit qu'il va examiner la situation. Sous son impulsion, la Commission a pris l'initiative d'un programme de lutte contre la pauvreté avec des expériences pilotes dans différents pays. Trois programmes se suivent, avec succès. Mais le Royaume-Uni et l'Allemagne soulèvent la question de la base juridique de cette initiative et exigent que cela soit désormais voté à l'unanimité ; or le premier met son veto, et la seconde fait valoir "Warum Brüssel ?", ils estiment mieux le faire au niveau des Länder. L'affaire est portée à la Cour de justice, les deux pays gagnent contre la Commission, et le quatrième programme est finalement bloqué »[3].

Les programmes « Pauvreté » existeront jusqu'en 1994, année où l'Allemagne et le Royaume Uni obtiendront sa suppression par décision de la Cour de justice des Communautés européennes, remettant en cause sa base juridique.

À partir de 1980, Paul Collowald s'investit dans un nouveau type d'action : l'Association de promotion de l'Alsace à Bruxelles (APA), créée par François Brunagel, fonctionnaire au Conseil économique et social à Bruxelles, puis au Parlement européen où il deviendra directeur du protocole. Le but de l'association est de représenter les intérêts alsaciens à Bruxelles et diffuser l'information européenne vers l'Alsace, avec un accent mis sur la dimension économique. Dans le contexte de la décentralisation, l'association obtient le soutien des collectivités territoriales d'Alsace ainsi que des chambres consulaires et, plus récemment, des Universités de Strasbourg et de Haute-Alsace.

Le premier rapport de l'APA « Les aides communautaires à l'investissement en Alsace » constitue une première pour une région française, quand on se rappelle que la Datar ne souhaitait pas offrir cette visibilité de l'Europe dans les régions. Rédigé par les bénévoles de l'association, par ailleurs des professionnels issus du privé ou du public et spécialistes des questions européennes à Bruxelles, il vise à offrir un panorama clair et précis des différentes possibilités de financements européens pour l'Alsace[4]. À ce titre, Paul Collowald réalise la fiche

---

[3] Entretien personnel avec Paul Collowald (automne 2017).
[4] « Carte blanche à François Brunagel », *Réalités Alsaciennes*, n° 23 août 1987.

concernant « l'action sociale – lutte contre la pauvreté » des aides communautaires[5]. Il y explique qu'environ 114 000 d'équivalents francs français ont été engagés dans le budget européen de 1975 à 1979 pour des expériences-pilotes qui mettent en œuvre « *de nouvelles méthodes d'approche du problème de la pauvreté* [avec] *une programmation systématique et une analyse d'impact. Ils doivent aussi être insérables dans des programmes ultérieurs plus vastes. Enfin, la participation des pauvres eux-mêmes est requise* ». Suivent des exemples de financement en Alsace, comme des logements sociaux dans le quartier du Neuhof à Strasbourg.

Un séjour américain

Bénéficiant d'une bourse du Département d'État américain, Paul Collowald se rend aux États-Unis de fin mai à fin juin 1967. Il y rencontre son collègue Franz Froschmaier à la délégation de la Commission à New York. Coïncidence incroyable : avec la complicité d'un diplomate auquel il avait été recommandé par Alfred Grosser pour la visite du siège des Nations unies, il fait l'expérience du Conseil de sécurité... pendant la guerre des Six Jours. Il est projeté au cœur de l'actualité mondiale : il se retrouve sur un des strapontins de la délégation française pendant une discussion sur le cessez-le-feu, la tentative des Nations unies de jouer son rôle de médiateur étant contrebalancé par le rythme effréné des télégrammes venant de Washington ou du Caire.

Il se rend à Stanford et Berkeley pour rencontrer le milieu universitaire, parler de la formation au journalisme, des problèmes économiques et de la guerre du Vietnam... et voit ses premiers hippies. Il retrouve le temps d'une soirée des descendants de membres de sa famille qui avaient immigré en 1870 en Californie. Il choisit de faire un crochet par la Nouvelle-Orléans, dîne dans une famille d'origine française et goûte aux improvisations de jazz... Traverser l'Atlantique lui fait prendre encore plus conscience de son identité européenne.

Il raconte aujourd'hui :

> « *Cette visite d'information aux États-Unis connut une suite assez surprenante. En effet, Michel Albert et moi, nous étions des collègues à la Commission et de grands amis, de surcroît. Saisissant l'occasion du passage simultané de Jacques Delors et Michel Rocard pour des réunions à Bruxelles, il me demanda de me joindre à eux, les ayant invités à déjeuner chez lui. L'arrière-pensée de Michel*

---

[5] *Aides Communautaires à l'investissement en Alsace*, publié en octobre 1980.

Albert, c'était d'avoir une discussion avec Michel Rocard dont l'attitude vis-à-vis des États-Unis commençait à l'inquiéter. Or, j'en revenais, avec des analyses et des impressions toutes fraîches, à la suite de mes contacts avec les milieux diplomatiques, culturels et universitaires. Ce fut passionnant, donc animé, et le café bu, chacun se hâta pour rejoindre son travail. J'ai toujours aimé ces moments d'échange dans le respect et l'écoute de l'autre, faisant au passage de nouvelles connaissances »[6].

Parler à la jeunesse dans l'après 1968

Alors que Jacques Rabier perfectionne l'outil que constitue l'Eurobaromètre et lance des enquêtes ciblées sur la jeunesse, Paul Collowald se dédie à la rédaction d'articles à diffusion dans la presse écrite ou dans des revues du type *Élan*. Il rencontre le Père Pire, un dominicain belge qui avait reçu le prix Nobel de la paix en 1958 pour ses « Îles de la paix » fondées à Huy et destinées à aider les populations du nord et du sud à jouer un rôle actif dans l'amélioration de leurs conditions de vie. Avec lui et Paul Lévy, Paul Collowald intervient lors d'un colloque sur la jeunesse et l'Europe.

Sur l'information européenne notamment en lien avec la jeunesse, Jacques Rabier et Paul Collowald sont deux collègues et amis indissociables dans leur combat des années 1950 à nos jours. Il faut y ajouter à cette époque un troisième personnage : Emanuele Gazzo qui, malgré la différence d'âge – de quinze ans avec Paul Collowald – veut aussi interpeller les opinions publiques européennes et en particulier la jeunesse. Tous les trois, ils sentent bien qu'elles ne s'enthousiasment plus comme eux pour la construction européenne.

Pour Gazzo, cela intervient au cœur des événements de mai 1968. Dans un éditorial du bulletin de l'agence Europe du 13 mai 1968, il soulève ce qu'il conçoit comme une contradiction : pourquoi la jeunesse est-elle indifférente à ce qui se produit grâce à l'Europe ? Il rappelle la dimension révolutionnaire du projet européen avec l'ouverture des frontières, la liberté de circulation, sans discrimination de nationalité. À l'époque de sa jeunesse, c'était son idéal : dépasser les frontières. Mais il constate que cela ne l'est plus, en particulier chez ceux qui manifestent. À l'appui, il reprend l'interview d'un jeune leader allemand que l'on devine être… le futur député européen et leader écologiste Daniel Cohn-Bendit.

---

[6] Entretien personnel avec Paul Collowald (printemps 2018).

> Même si on fait la part de ce qui est occasionnel, accessoire et épisodique, on peut déceler dans ces mouvements divers auxquels nous assistons, des motivations profondes, et des éléments de caractère permanent qu'il faut retenir.
> Constatons, en premier lieu, une coïncidence, qui de notre point de vue est intéressante, et une contradiction, qui doit nous faire réfléchir. Un des plus fougueux parmi les leaders de cette jeunesse estudiantine, interrogé par quelqu'un qui s'étonnait de le voir, lui citoyen allemand, mener la lutte à la tête d'un des groupes revendicatifs dans une université française, a répondu tout simplement : « Je ne comprends pas pourquoi on me pose cette question, pendant qu'on parle tout le temps d'Europe : c'est parfaitement indifférent de savoir d'où je suis ». Cette coïncidence est frappante, surtout parce qu'elle est spontanée et naturelle : le mouvement revendicatif dans les Universités refuse les limites nationales et les « discriminations dues à la nationalité ». Le libre exercice du droit d'établissement, si peu cher à certains gouvernements, est ici appliqué d'instinct, c'est une chose acquise, dont on ne parle même pas. La contradiction est cependant frappante. Pour ce même étudiant, comme pour un très grand nombre de ses collègues, le fait de se mouvoir dans un contexte européen n'a pas une grande signification. Si on leur parle de cet espace européen, de la nécessité de se battre pour que cet espace mythique devienne une réalité, ils changent de discours, ils sont peu intéressés ou indifférents. Il ne s'agit pas pour eux d'un « objectif » pour lequel une lutte mérite d'être engagée. Bien sûr, ils sont tous d'accord – depuis les plus extrêmes qui contestent globalement la société et l'Université, expression de cette société, jusqu'aux plus modérés, qui souhaitent une adaptation de l'Université aux conditions nouvelles de l'économie et de la technique – ils sont tous d'accord pour reconnaître que les thèmes qu'ils agitent sont exactement les mêmes à Berlin comme à Rome, à Paris comme à Amsterdam, mais ils ne semblent pas voir qu'il y a là tout de même un problème et que tout ne va pas de soi-même, comme ils le croient peut être. Une des premières choses qui mériteraient d'être mises au clair, est donc l'intérêt que présente pour ces actions de revendication ou de contestation, l'existence d'un cadre qui constitue, par sa nature même, une mise en question des structures traditionnelles, lesquelles d'ailleurs s'efforcent d'empêcher ou de retarder sa mise en œuvre. Il y a la matière à discussion en commun et éventuellement d'action en commun.
>
> « La jeunesse, l'Université, l'Europe », Emanuele Gazzo, 13 mai 1968 (*Europe*)

Au public d'*Élan* en mai 1970, Paul Collowald s'adresse à la jeunesse dont, il l'espère, du fait de leur engagement chrétien, qu'elle reste sensible aux actes nouveaux de leurs prédécesseurs. Il rappelle deux anniversaires, celui d'Emmanuel Mounier et celui de Robert Schuman, et reprend les mots-mêmes de Mounier qui l'avaient fait vibrés, lui, dans ses vingt ans[7] :

---

[7] Collowald, Paul, « texte et mélodie pour deux anniversaires : E. Mounier et R. Schuman », *Élan*, 6/7, mai 1970 ; la citation d'Emmanuel Mounier a été soulignée par l'auteure.

> « *Les chemins de ces deux hommes si différents les conduisirent ainsi à Strasbourg, il y a plus de vingt ans. Deux chrétiens. Deux tempéraments. Deux générations. Deux anniversaires… et une seule mélodie. (…) Les jeunes, en quête d'auteurs et de chants nouveaux, reconnaîtront-ils cet air chargé de liberté et d'exigence ? Et les "Européens ", parfois enfermés dans leurs attitudes, vont-ils comprendre la communauté européenne aura besoin de cette <u>fidélité créatrice</u>"… qui n'est pas étalement et répétition uniforme, mais rejaillissement continuel ? Fidélité créatrice à quelques idées révolutionnaires de 1950 et à <u>quelques entêtements irréductibles</u>, afin que les choix de l'Europe en 1970, soient aussi les choix de l'espoir* ».

Pour Paul Collowald, un événement personnel tragique rendra cette attention à la jeunesse d'autant plus poignante et douloureuse. En juillet 1970, son fils meurt à la suite d'un accident en moto, dans une collision avec un taxi près de la gare centrale de Bruxelles. Il allait avoir 20 ans. Malgré l'énorme chagrin, Paul Collowald décide de continuer d'interpeller la jeunesse. Cela deviendra même l'un de ses combats prioritaires pour le reste de sa vie.

Un autre domaine où Paul Collowald se révèle combatif, c'est le traitement mémoriel réservé à Robert Schuman et à ses idées, en particulier en France. Dans *Élan*, il rappelle, en un mois d'août 1974 à l'actualité sombre avec le conflit israélo-égyptien, la démission du président Nixon, les barrages routiers des agriculteurs en France… « *les souvenirs plus lumineux (…) européens du mois d'août 1949 à Strasbourg* ». Il témoigne de sa « *conviction profonde* » devant des jeunes lors d'un débat improvisé sur son lieu de vacances et reprend point par point les sujets d'actualité européenne pour en débattre avec eux[8].

---

[8] On retrouve une grande partie de ce texte dans le numéro spécial du *Courrier du Personnel* de 1975 à l'occasion du 25ᵉ anniversaire de la Déclaration Schuman ; repris également en partie dans le numéro spécial du *Courrier du Personnel* de juin 1986 (n° 475), à l'occasion du centième anniversaire de la naissance de Robert Schuman.

> L'Europe ? Mais qui peut encore s'y intéresser ? et à fortiori, y croire ? L'Europe, pourquoi ? et pour qui ? Lancinantes questions que nous étions déjà plusieurs à nous poser, il y a 25 ans. Et surtout, la jeunesse ? la croyez-vous encore mobilisable pour une cause qui a échoué ou, au mieux, pour un mythe desséché ?
>
> Certes, l'on peut accumuler ainsi des arguments et des observations allant du scepticisme à l'ironie, mais en définitive y a-t-il tellement d'alternatives, tellement de réelles possibilités d'action à offrir à nos contemporains et aux jeunes en particulier ? Assurément 1974 n'est pas 1950, le monde a bougé et les motivations en faveur de l'Europe de garçons et de filles de 20 à 25 ans ne peuvent plus être les nôtres, nous qui, à leur âge, sortions d'une guerre atroce, laissant l'Europe exsangue, une vraie non-personne sur le plan économique et sur le plan politique. La longue marche vers les États-Unis d'Europe (sur un modèle *sui generis*, qui ne saurait être ni suisse ni américain), commencée en 1950 après l'appel de Robert Schuman, au nom de la France, était une idée juste et généreuse, capable de réunir des hommes POUR un grand dessein et pas seulement CONTRE quelqu'un ou CONTRE quelque chose.
>
> C'est cette conviction profonde que j'essayai de faire partager à un groupe de jeunes de divers pays d'Europe et d'autres continents lors d'un débat improvisé sur l'Europe, un soir d'été à Cannes.
>
> (…) D'aucuns trouvent que j'étais un « idéaliste » qui ne tenait pas assez compte des effets négatifs du Marché commun (responsable évidemment de la hausse des prix au Royaume-Uni) et des réalités internationales (puissance américaine, pouvoir des sociétés multinationales, etc.) devant lesquelles l'Europe ne pesait pas lourd. Il y avait comme de la commisération, teintée de scepticisme, dans l'air…
>
> Il a fallu reprendre point par point, concrètement les balbutiements de la concertation politique à neuf, les positions de la Communauté européenne vis-à-vis des problèmes du Tiers-Monde, les initiatives prises en matière de travailleurs migrants, les pénalités infligées par la Commission de Bruxelles à l'égard de grandes sociétés escamotant la concurrence, bref, autant d'éléments précis d'une Europe en train de s'affirmer sur le plan intérieur et extérieur. Certes, tout cela restait encore modeste et en-deçà de nos espoirs d'une Europe plus solidaire, plus fraternelle, plus généreuse. Mais quand-même !
>
> Il s'agissait ou bien de serrer les dents et d'appuyer ces efforts pour accélérer les réalisations à portée de main (politique régionale, politique énergétique, etc.) ou bien de baisser les bras en renonçant à cette dernière chance donnée à l'Europe de parler d'une seule voix et de proposer une action à la mesure des défis de notre temps.
>
> « Robert Schuman et les impératifs européens d'aujourd'hui », *Élan* 3 (1974)
>
> Par Paul Collowald

Enfin, il intervient face à la multiplication des attaques contre l'Europe en France. Dans un article du *Monde* publié le 1er avril 1976 intitulé « Pour une nouvelle ambition française et européenne », il réagit à plusieurs interventions d'hommes politiques « *galvaudant* » des mots tels que celui de « patriotisme ». Il a demandé l'autorisation de sortir de son devoir de réserve en tant que fonctionnaire pour le publier à titre personnel, ce qui lui a été accordé. En page quatre du journal, Paul Collowald dénonce :

> Terrible époque où les mots sont si souvent galvaudés. On s'étonne alors de voir les sceptiques se multiplier ; l'ironie corroder tout, comme un acide ; des patriotes se fourvoyer dans de mauvais combats.
>
> On nous a parlé récemment d'une « nouvelle Résistance », liée à l'idée d'indépendance et aussi de l'élection du Parlement européen au suffrage universel, associée aux notions d'effacement et de soumission [citant l'article de Alexandre Sanguinetti, *Le Monde*, 15 décembre 1975] ; il était aussi question de « long complot » et de « mainmise étrangère » [citant Michel Debré, *Le Nouvel Observateur*, 8 décembre 1975]. En clair et en filigrane s'annoncent donc à nouveau quelques coups bas destinés aux apatrides de Bruxelles et d'ailleurs, aux mauvais Français, parce qu'« européens », s'obstinant diaboliquement à réaliser l'unité européenne au détriment de la France. Et l'on attache allégrement à la queue du chat ces vieilles casseroles qui ont été efficaces et qui ont fait grand bruit à l'époque de la C.E.D. Or, dans notre monde, en 1976, les Français peuvent-ils se payer le luxe de s'affronter sur de faux procès ou de faux problèmes ?
>
> Ainsi, une bonne fois pour toutes, nous devrions en finir avec cette fausse antinomie : patriotisme et unification européenne. Non seulement il ne faut pas craindre d'associer Résistance et Europe, mais il faut rappeler que, dans la Résistance – notamment en France, en Italie, en Belgique – tout comme il y avait « ceux qui croyaient au ciel et ceux qui n'y croyaient pas », il y avait ceux qui voulaient « faire l'Europe » et ceux qui y pensaient moins. (…)
>
> Quant aux Français de cette Commission, le président Ortoli a participé activement aux combats de la Résistance en Indochine, et Claude Cheysson est entré à Saverne en tête d'un peloton de chars de la 2ᵉ D.B. de Leclerc. Étranges apatrides ! Rappelons enfin que c'est dans les bureaux de ces Eurocrates de Bruxelles – et non des gouvernements et des parlementaires de nos pays – que montèrent l'indignation et la colère qui, avec d'autres, empêchèrent de façon non négligeable à M. Achenbach, ancien collaborateur de M. Abetz, de devenir membre de la Commission.
>
> Puisque, aussi bien, l'économie est désormais aussi importante que l'arme nucléaire, disons également un mot de ces réalités industrielles pour lesquelles une partie de la gauche française, et notamment les communistes, sont si prompts à défendre l'indépendance et la souveraineté françaises. En prenant un exemple très sectoriel mais récent, il se trouve que Michel Rocard (…) déplorait les décisions de M. d'Ornano préférant la formule dite « américaine » avec Honeywell-Bull [plutôt que « l'intégration plus poussée entre les trois partenaires d'Unidata [C.C.I., Siemens et Philips] (…) c'était la solution d'un capitalisme européen distinguant ses intérêts de ceux des firmes américaines et accordant une préférence aux matériels construits en Europe »].

> Nous touchons là les profondes contradictions de certains aspects fondamentaux de ce que l'on appelle l'intégrisme gaulliste et, en partie, des positions de la gauche française anti-européenne, car presque au même moment l'on ameutait l'opinion publique française contre les mauvais Européens (les autres !) qui, dans le fameux « contrat du siècle » négociaient (ô traitres !) avec les Américains ! Quelle logique ! les « étrangers » peuvent vraiment en perdre leur... Descartes !
>
> Finalement, ou bien l'on construit l'« Europe européenne », sans exclusive, avec tous les pays de la Communauté (y compris l'Allemagne) et les partenaires sociaux (y compris les patrons), ou bien l'on nous raconte des histoires pour enfants. Et j'étais plutôt triste, cet été, aux « Décades de Provence », consacrées à l'Europe, en entendant Claude Bourdet, toujours émouvant, toujours brillant (mais avec les Allemands au travers de la gorge et les Américains sur l'estomac), qui accordait au général de Gaulle au moins un mérite : il nous a rendu ce grand service de retarder l'Europe, car elle aurait été capitaliste, et ce n'est pas la « nôtre ». Et voilà ! Ainsi l'écureuil européen continuera à tourner dans sa cage (en produisant si peu d'énergie) sous les yeux amusés ou tristes des badauds russes, américains ou chinois.
>
> En fait, en matière de politique étrangère, terme d'ailleurs impropre pour désigner les affaires européennes, on peut se demander où se situent actuellement les « progressistes » et les « conservateurs », car le clivage ne se dessine-t-il pas de plus en plus entre une nouvelle crispation, méfiante ou rageuse, accrochée au passé, et une nouvelle ambition, tournée vers l'avenir ? (...)
>
> Alors un « nouveau souffle » pour l'Europe ? Certes. Une nouvelle ambition ? Assurément. Avec des Européens lucides, jamais résignés et fondamentalement préoccupés de passer le relais à la jeunesse qui en 1980, ne devra pas nous jeter au visage – trente ans après l'appel de Robert Schuman – « Qu'avez-vous fait de l'une des seules idées révolutionnaires de ce demi-siècle ? ».
>
> On ne mobilise plus les jeunes sur des thèmes de 1950 ? C'est évident ; mais à nous, avec eux, d'en trouver de nouveaux, et il en existe, allant de la générosité à l'imagination aussi bien dans nos pays que hors de la Communauté, avec les problèmes du tiers-monde notamment, où l'Europe peut et doit jouer un rôle unique dans une bataille pour un ordre économique et politique nouveau, sous le double signe d'un peu plus de justice et d'un peu plus de fraternité. Entre l'Europe simplement mercantile et l'Europe du bla-bla-bla, il y a un chemin praticable.
>
> Paul Collowald, « Pour une nouvelle ambition française et européenne », *Le Monde* 1er avril 1976

L'article va en énerver certains à Paris. En revanche, le commissaire Cheysson dira en avoir « *apprécié, approuvé chaque pensée, chaque idée* ».

François Fontaine lui écrit pour sa part :

« *dix années de mandarinat n'ont pas émoussé votre plume et le fameux devoir de réserve n'a pas éteint votre liberté d'esprit. Bravo !* ».

Le 7 novembre 1978, Paul Collowald écrit à Jean Monnet à l'occasion de son 90ᵉ anniversaire :

« *De vieux démons ressurgissent en France où il est si facile d'être "patriotique" à bon marché, contre les Allemands et contre les Américains. Ce n'est pas impunément que l'on nous a traité d'"apatrides" à Bruxelles, après nous avoir traité de "boches" à l'époque de la CED, nous, les Français des Marches de l'Est, qui avions sans doute plus que d'autres la vocation de devenir "Européen", mais aussi, le mérite de le faire avec ceux qui avaient brutalement annexé nos provinces, fusillé, enfermé ou torturé parents et amis.*

Lucides, mais point résignés, il nous faut continuer à inventer, afin de passer le relais à nos enfants : merci à vous, oui merci d'avoir été l'inspirateur de ce grand dessein, assurément l'une, sinon la seule des grandes aventures de ce 20ᵉ siècle au service de l'homme et de la paix »[9].

Conclusion

Paul Collowald entame une nouvelle étape exaltante de sa carrière professionnelle à partir de 1958. Cette étape lui permet de vivre intensément sa double passion pour l'information et l'Europe. Être au cœur de la « machine » européenne lui fait expérimenter nombre de luttes internes et de conflits avec les autres institutions, et aussi et en premier lieu avec les États membres, à commencer par le sien. Dans les années 1960 et 1970, la Commission européenne prend la tête des initiatives concernant l'information européenne, mais cette dernière devient vite un enjeu politique. Il est aux premières loges et redouble d'énergie, d'initiatives et d'envie de progresser sur cette voie.

Dans le même temps, les citoyens en restent tenus à distance pour la plupart. Ils sont désormais conviés aux rendez-vous électoraux européens, mais sans une compréhension suffisante des enjeux et des options existantes, peu se mobilisent. La période est aussi celle qui a vu disparaître les pères fondateurs : Schuman décède en 1963, Konrad Adenauer en 1967, Paul-Henri Spaak en 1972, Jean Monnet en 1979...

---

[9] Lettre issue des archives personnelles de Paul Collowald.

Paul Collowald constate que les jeunes générations ne s'enthousiasment pas comme lui pour la construction européenne. C'est à la fois considéré par la majorité comme un acquis mais plus forcément un idéal. C'est comme si, déjà, il n'était plus nécessaire de se battre pour le dépassement des frontières. Au contraire, ce qui retient l'attention, ce sont les aléas de la construction européenne – la difficulté à prendre des décisions entre des États membres de plus en plus nombreux, la question de la souveraineté nationale, la crise économique ou encore la difficile émergence de la question écologique ou de l'Europe sociale face à l'Europe du marché…

Dans ce contexte, Paul Collowald, le militant européen en plus du fonctionnaire, prend position, en particulier en publiant des articles dans les quotidiens français et belges, pour garder la mémoire de l'œuvre de Schuman et la transmettre aux nouvelles générations. L'Europe a changé mais le combat pour une Europe à unir continue pour lui.

IV/ Dépasser les frontières – fin de carrière au Parlement européen et retraite militante pour l'Europe et l'information

« *Les Européens sont inconscients et laissent passer leur chance* ».
Extrait d'une lettre adressée par Simone Veil à Paul Collowald en 1983

Vers les élections européennes de 1984

La mise à l'écart des postes-clés

Paul Collowald devient directeur général faisant fonction de la DG X en 1980 pour remplacer Enzo Perlot, un diplomate italien qui repart à la *Farnesina*. Mais il n'est pas confirmé en mai 1981 au profit de Franz Froschmaier, le même qu'il avait croisé à la délégation de Washington en 1967. Il n'a donc non seulement pas la promotion à laquelle il aspirait légitimement, mais on l'écarte des postes-clés de l'organigramme officiel en lui proposant à la place un statut de conseiller spécial.

Son remplacement par son collègue allemand s'apparente à une mise au placard. Dans un premier temps, tout en reconnaissant son incontestable compétence, on lui fait comprendre qu'avec les élargissements de six à dix pays, la nouvelle Commission Thorn veut « *du changement, il y a trop de Français à la tête des DG* », se rappelle-t-il. Déjà en 1973, le même argument avait été utilisé pour justifier la mise à l'écart de Jacques Rabier et son remplacement par l'ambassadeur irlandais à Bonn, Sean Ronan. Il y a eu aussi la fusion de la DG X et du groupe du porte-parole qui a bouleversé les structures et les personnes. Or,

> « *à la suite du rapport Schall estimant que cette réforme a porté "préjudice à la mission fondamentale de la politique d'information", puisqu'elle a conduit à "l'affaiblissement, voire [à] l'éclatement de la DG X", cette dernière retrouve son autonomie sous la commission Thorn, le portefeuille de l'information revenant comme précédemment à un commissaire italien, Lorenzo Natali. Mais un vent de changement souffle à nouveau. Enzo Perlot, qui avait remplacé Renato Ruggiero* [en charge des fonctions de porte-parole et de directeur général] *parti vers d'autres cieux en cours de mandat, démissionne en septembre 1980. Manuel Santarelli et Paul Collowald assurent alors l'intérim, respectivement comme porte-parole et directeur général. Si Santarelli se voit confirmé dans ses fonctions, Collowald (…) est finalement remercié malgré huit ans de bons et loyaux services. La DG X est une nouvelle fois décapitée* »[1].

---

[1] Laloux Pierre-Olivier, 2014, *op. cit.*, pp. 458.

Quand, en mai 1981, Paul Collowald apprend les nominations, il est évidemment déçu, en particulier par l'hypocrisie du changement annoncé. Le directeur général est Allemand, les deux Directeurs : l'un Italien, proche du vice-président Natali, l'autre Français, issu du cabinet d'un commissaire français. Rien à voir avec l'élargissement et le « trop plein » des grades de directeurs de nationalité française.

Il se souvient qu'Enzo Perlot lui avait offert de remplacer François Fontaine, que les gaullistes n'appréciaient guère, à la tête du bureau d'information de la Commission à Paris. Paul Collowald avait refusé, par amitié et par conviction, l'estimant être un remarquable directeur, il n'y avait aucune raison de s'en priver d'après lui. Entre-temps, son ami Emanuele Gazzo avait été invité à participer à une *task force* sur la nouvelle politique d'information qui était en cours de constitution à l'initiative de Lorenzo Natali, en charge de l'information. Emanuele Gazzo refuse d'y participer, indigné par le sort fait à Paul Collowald. Il écrira un post-scriptum dans le Bulletin de l'agence Europe où il dénonce le gâchis et les combines politiques à l'œuvre au sein de l'administration européenne.

Comme avant lui Jacques Rabier ou Roy Price, Paul Collowald devient conseiller spécial. Qu'à cela ne tienne : même si la déception est grande, il s'investit dans ce qu'il a toujours aimé faire, rendre l'information sur l'Europe la plus accessible possible. En particulier, la perspective des élections européennes de 1984 occupe toute son attention.

Lors du pot organisé pour son départ, un livre d'or circule pour ceux qui souhaitent témoigner de leur amitié. Les messages laissés révèlent les liens forts qu'il a tissés pendant plus de vingt ans avec ses collègues. L'Allemand Norbert Kohlhase, ancien porte-parole à la Commission et représentant en chef de la Commission à Athènes pendant les négociations d'adhésion de la Grèce, lui rend un très bel hommage sur ses qualités humaines et son sens de l'engagement.

Vers les élections européennes de 1984

> *Pendant 25 ans, vous nous avez montré l'exemple de ce à quoi l'Europe pourrait un jour ressembler : un lieu humain, bienveillant et avec des conditions de vie dignes, où les vertus comme l'intégrité et l'honnêteté ont une valeur et s'imposeront.*
>
> *Durant cette longue période, où je vous ai d'abord connu comme voisin de bureau jusqu'à mon retour plus tard en tant que votre collaborateur, je ne vous ai jamais vu excédé ou d'humeur désagréable. Votre caractère chevaleresque a transformé votre bureau en un refuge, où l'on était à l'abri des déstabilisations, de la perfidie et du rejet.*
>
> *Laissez-moi vous remercier pour toutes ces années de collaboration et vous dire ce que dans la langue allemande est l'expression du plus bel hommage qui soit : vous avez bien mérité de la cause européenne* (Sie haben sich wahrhaft um die europäische Sache verdient gemacht).
>
> Votre Norbert Kohlhase
(traduction de l'auteure ; archives personnelles de Paul Collowald)

Adolescent, Paul se voyait servir sa patrie en faisant Saint-Cyr ; finalement, il aura, aux yeux de ses plus proches collègues, servi l'Europe, par-delà ses diverses frontières.

Deux autres collègues laissent des messages parfois sans nuance : pour Pierre Cros, initialement chargé de l'information à la DG Développement (« *les grandes gueules* » comme il dit), c'est l'occasion de vider son sac[2].

> *On a cassé quelque chose à la DG X. La Commission ne s'est pas grandie, elle qui renvoie comme des malpropres ceux qu'elle a faits, qu'elle a utilisé, qu'elle a exploité...*
>
> *Exécutés au dessert, entre la poire et le fromage... ça vaut mieux qu'au petit four !*
>
> *Tout cela sans explication valable... c'est lamentable.*
>
> *(...) Une DG bafouée, vilipendée... et qui tournait cependant du mieux qu'elle pouvait encore le faire car elle restait face aux autres exemples que nous connaissons, ailleurs, un modèle... et de fait respectée... On a définitivement excusé le « petit quelque chose » qui faisait que nous étions un peu plus que des fonctionnaires, des salariés, des employés...*
>
> *Disparu le temps des mousquetaires, des jongleurs...*
>
> *Les « comptables » nous étranglent.*
>
> *J'attends de céder ma place...*
>
> *Bien affectueusement, Pierre Cros*

---

[2] Dans l'entretien qu'il donne à Yves Conrad et Anaïs Legendre en 2003, Pierre Cros confirme cette prise de position, cette fois-ci publique, face à la décision de la Commission de congédier les personnes de 60 ans : « [j'ai écrit le roman] "Les Dix commandements de l'expert". *La Commission avait décidé un jour, qu'à partir de 60 ans, elle pourrait mettre à la retraite qui elle voudrait, foutre à la porte, etc. Et j'ai écrit un article qui s'appelait "Les vieux cons", mais alors qui était incendiaire... publié dans le journal de l'Union syndicale* Agora ».

Fausta Deshormes, cheville ouvrière de *Giovane Europa*, collègue de l'unité en charge des actions pour les femmes, souligne l'engagement citoyen et européen de Paul Collowald.

> *C'est bien d'écrire après tous les autres, en les lisant bien entendu, car on voit le fil rouge qui court d'une page à l'autre et les relie.*
>
> *Ce ne sont plus des dédicaces isolées, c'est un colloque. Et on peut choisir de s'associer à l'une ou l'autre parmi les voix qui s'adressent à vous.*
>
> *Je choisis principalement la voix de Cros pour vous dire la solidarité et le respect en face de l'injustice et de l'incompréhensible.*
>
> *Mais je tiens aussi à vous dire merci, à vous qui n'étiez pourtant pas « mon directeur », pour le soutien et la compréhension que vous avez toujours accordé à mon travail.*
>
> *Et à vous dire aussi l'espoir de vous retrouver malgré tout, dans ce « combat pour l'Europe » qui, vous nous l'avez appris, ne se fait pas dans les bureaux mais dans l'engagement de la vie quotidienne,*
>
> *Fausta Deshormes*

Le 27 octobre, Paul Collowald envoie un dernier « telex du Mardi », son invention, pour faire ses adieux à ses collègues des bureaux dans les capitales et grandes villes européennes.

> COPIES A : MM. FROSCHMAIER SANTARELLI CERF CARROLL CROS SIMON KOHLHASE BECKER PENDVILLE
>
> ---
>
> OBJET : TELEX DU MARDI (SUITE ET FIN)
>
> ---
>
> LE TELEX DU MARDI 27/10/81 AURA DONC ETE LE DERNIER DU GENRE C'EST-A-DIRE UNE TENTATIVE HEBDOMADAIRE, D'UNE PART, DE RESTITUER – EN LIAISON ETROITE AVEC LE PORTE PAROLE – L'ACTUALITE COMMUNAUTAIRE DANS SON CONTEXTE ET SES COMPOSANTES MAJEURES, D'AUTRE PART, DE MAINTENIR LA PERMANENCE DES LIENS ENTRE LE CENTRE ET LA PERIPHERIE Y COMPRIS SUR LE PLAN HUMAIN.
>
> AVRIL, C'EST LE PRINTEMPS, QUELQUES SEMAINES APRES NOTRE PREMIERE REUNION AVEC M.NATALI, D'OU NOUS SORTIONS REVIGORES ET PRETS A RETROUSSER LES MANCHES AVEC LE PROCHAIN DIRECTEUR GENERAL, DONT LA NOMINATION ETAIT IMMINENTE.
>
> AVRIL, C'ETAIT AUSSI LE SOUVENIR DE MES DEBUTS A LUXEMBOURG EN 1958 LORS DE LA CREATION DU SERVICE COMMUN D'INFORMATION DES COMMUNAUTES EUROPEENNES…

> VOICI MAINTENANT L'AUTOMNE ET LE TEMPS DES ADIEUX. F.FROSCHMAIER ET M.SANTARELLI ONT EU LA GENTILLESSE D'INVITER JEUDI APRES MIDI, EN SALLE DE PRESSE, NOS AMIS JOURNALISTES ET DES COLLEGUES DE NOMBREUSES DIRECTIONS GENERALES. POUR MA PART, VOUS M'AVEZ PLUS D'UNE FOIS ENTENDU DIRE QUE L'EUROPE ETAIT CERTES INACHEVEE, MAIS QU'ELLE ETAIT COMMENCEE ET QU'ELLE AVAIT BESOIN DE TOUS NOS EFFORTS POUR POURSUIVRE SA DIFFICILE ET LENTE CONSTRUCTION. ASSUREMENT, ON PEUT Y TRAVAILLER SUR PLUSIEURS CHANTIERS ET J'ESPERE DONC VOUS RETROUVER, AILLEURS ET AUTREMENT, LES UNS ET LES AUTRES FIDELES A NOS COMMUNES CONVICTIONS EUROPEENNES... (...)
> P.COLLOWALD DG.X 27/10/1981

Ce même jour, il reçoit une réponse au message qu'il a adressé au secrétaire général Émile Noël, qui vient de recevoir la médaille d'Or Robert Schuman à Scy-Chazelles : « *Merci sincèrement, cher Ami, de vos félicitations et de votre amical message. J'ai été extrêmement sensible à votre geste, particulièrement en ces jours amers pour vous. Acceptez mes pensées très cordiales, Vôtre, Émile Noël* »[3].

Une approche globale de l'information européenne

Pendant la période où Paul Collowald a fait office de directeur général, il a participé au congrès de l'Association des journalistes européens à Rome en octobre 1980, avec Jean-Pierre Gouzy, Roy Jenkins, Günther Wagenlehner. En avril 1981, il témoigne de son expérience de l'information au colloque intitulé « Demain l'information » à l'Université de Louvain (UCL), aux côtés du prix Nobel de la Paix Sean McBride, Paul Lévy et Jacques Rabier. À cette occasion, il définit son approche globale de l'information européenne :

> « *Si ce matin, je m'adresse à vous, j'aimerais le faire moins en haut fonctionnaire européen qu'en informateur, l'un des vôtres, en somme, journaliste, enseignant, praticien de l'information, etc. Au cours de ce Colloque, ne s'agit-il pas, précisément, d'engager un dialogue au sein de la grande famille de l'information que nous constituons ici ? Un dialogue qui partirait de nos expériences vécues et devrait nous mener à de nouveaux développements* ».

---

[3] Archives personnelles de Paul Collowald.

Il poursuit en livrant son analyse du triangle informés – journaliste – informateur.

> Le triangle informé (public) – journaliste – informateur, il m'est arrivé en certaines circonstances de le ressentir comme un véritable cercle vicieux ! En effet, il suffit de poser comme prémisses : l'information européenne est ennuyeuse, trop technique, quasi incompréhensible et surgit alors cet admirable syllogisme : « je (le journaliste) n'en parle pas… pour ne pas ennuyer le lecteur, l'auditeur, le téléspectateur. Mais celui-ci n'étant, du coup, pas informé, comment voulez-vous qu'il se sente concerné ?
>
> (…) Dans cette relation, dans cette interaction complexe : « informé » et « informateur », « opinion publique » et « information » – il manque alors vraiment quelque chose, comme l'étincelle du moteur à explosion. (…) Il y a deux ans, lors de la campagne pour les élections directes au Parlement Européen, nous avions pu observer quelques signes intéressants et positifs. D'une part, des citoyens européens enfin mieux informés et se sentant désormais davantage concernés. D'autre part, des journalistes découvrant, mais oui, pour la première fois, des réalisations européennes au niveau de la vie quotidienne et ayant envie de les faire partager à leurs lecteurs et à leurs auditeurs. Enfin, le cercle vicieux se trouvait brisé. Un processus pouvait se mettre en marche, vers plus de curiosité, plus d'appétit, pour ce « produit » complexe que constitue l'information européenne. L'information européenne, mal connue, mal aimée, et pourtant si indispensable, si l'on veut progresser, avec les citoyens européens dans cette grande aventure née, en 1950, à la césure du siècle.
>
> Paul Collowald
>
> Colloque UCL « Demain l'information », avril 1981, pp. 157

Le conseiller spécial

À 58 ans, Paul Collowald a encore plein d'idées et d'énergie… et dit pudiquement de cette période qu'il a heureusement pu « *diversifier ses missions* ». Désormais logé avec Raymonde Pachenko, sa secrétaire, dans une annexe de la Commission rue Archimède, Paul Collowald prospecte et plusieurs propositions lui parviennent rapidement : ainsi en est-il de l'Unesco et du Conseil de l'Europe sur le thème des « Médias, communication, développement », un congrès organisé à Strasbourg en octobre 1983, en lien avec l'Association des journalistes européens. Il représente également le président de la Commission lors d'une manifestation à l'Institut européen des médias à l'Université de Manchester.

Paul choisit d'enseigner la construction européenne à l'Université. Il assure des cours dans les facultés de droit de Lyon, Lille et Nice. À

Sophia Antipolis (Valbonne), le Centre d'enseignement et de recherche appliquée au management (CERAM) lui propose une expérience-pilote de trois jours pour un séminaire sur « L'entreprise face aux réalités européennes », avec le thème notamment de l'européanisation dans la formation de l'innovation. À l'École centrale à Paris, il intervient sur « L'Europe industrielle ». Au-delà de l'enseignement supérieur, il participe au « Dialogue européen » avec les jeunes en mars 1984 à la Maison de l'Europe de Paris, organisé par le Mouvement européen.

Il souhaite aussi renouer avec la formation des futurs journalistes. À l'École supérieure de journalisme de Lille, il anime trois séminaires sur « Les grands problèmes d'actualité de la Communauté européenne », avec comme travaux pratiques, la confection d'une brochure sur l'Europe de l'Ouest. Il donne des cours à l'Institut pour journalistes de Belgique et au Département Communication sociale de l'UCL.

Il investit le champ de la recherche sur l'information européenne dans une approche globale. À l'Institut universitaire d'études européennes à Genève, le séminaire porte sur « Les citoyens et l'Europe : sont-ils informés ? par qui ? comment ? ». À l'Université de Grenoble, il participe à un colloque sur « La presse étrangère en France (expression, établissement, diffusion) » où il est le rapporteur chargé de la synthèse finale. En 1983, il est membre du jury de thèse d'Éliane Coupry sur le thème des « Activités de presse et Marché commun : le régime juridique français à l'épreuve du traité de Rome ». Il sera ensuite le préfacier du livre de la journaliste.

Il devient aussi conférencier à la Maison de l'Europe à Paris, où il assure le thème « L'Europe des médias » notamment les satellites européens. À la Chambre économique de Grasse, il intervient sur « L'information peut-elle être régionalisée ? ». En Italie, il participe au colloque « Développement et culture » à Saint-Vincent dans le Val d'Aoste et est rapporteur sur le thème « Développement & information dans les perspectives des négociations de Lomé III ». En 1987, à Düsseldorf, sa conférence au Cercle d'affaires franco-allemand présidé par Hubert Lutz est très appréciée.

Dans ces missions au service de l'information européenne, Paul Collowald attache toujours autant d'importance au travail mémoriel. Dans le cadre des Amitiés françaises, il participe à Mons en 1983 à l'ouverture du cycle de conférences sur le thème « La France et l'Europe, Robert Schuman au temps présent ». Louise Weiss, doyenne du Parlement européen, féministe et ancienne journaliste, fait appel à lui en 1981 pour s'occuper des contacts avec la ville de Strasbourg afin de concevoir un projet de Musée de l'idée européenne, prévu à l'emplacement actuel de l'École nationale d'administration. Elle rédige un rapport sur le projet pour la commission de la culture. Paul Collowald en traite dans un dossier spécial du *Courrier du Personnel* des institutions européennes où il reprend les principaux éléments de son interview avec Louise Weiss, peu de temps avant son décès en 1982. Mais le projet ne verra jamais le jour[4]. 25 ans plus tard, le Président du Parlement européen Hans-Gert Pöttering reprendra l'idée sous une autre forme, la Maison de l'histoire européenne inaugurée en mai 2017 à Bruxelles.

En novembre 1983, Paul Collowald est invité par la Fondation Jean Monnet pour l'Europe à Lausanne pour la cérémonie de la remise du prix Monnet à René Pleven, ancien président du Conseil français. Les invités sont tous logés à l'hôtel Beau Rivage, ce qui lui donne la possibilité de rencontrer quelques protagonistes du 9 mai 1950 : Robert Mischlich, magistrat français, alsacien, l'envoyé secret de Schuman le 8 mai 1950 et Herbert Blankenhorn, l'ancien directeur de cabinet du chancelier Adenauer. Avec Henri Rieben, président de la Fondation, il les retrouve dans le hall de l'hôtel avant la cérémonie. Paul Collowald n'a rien perdu de ses réflexes de journaliste : saisissant l'occasion de cette rencontre, il questionne Robert Mischlich. Ce dernier confirme ce qu'il lui avait déjà écrit : qu'aucun contact n'avait été pris, avant sa mission secrète, avec l'Allemagne et les États-Unis. François Fontaine lui demande alors une interview sur ce qui s'est passé exactement le 9 mai 1950 à Bonn. Mais Robert Mischlich décline gentiment en lui précisant que Paul Collowald lui a fait la même demande dans une lettre de juillet et qu'il a jugé prématuré de révéler la teneur de son entretien avec le chancelier Adenauer dans la matinée du 9 mai 1950. Il publiera finalement son récit « Mission secrète à Bonn » dans un *Cahier Rouge* de la Fondation de Lausanne en 1986, sous une forme très détaillée.

Contribution à la presse européenne

En 1982, Paul Collowald participe au lancement d'un projet de périodique : *L'Européen*, « *quelque chose entre Paris Match et le Spiegel Magazin* » selon les mots de son promoteur et directeur de la publication,

---

[4] Voir le récit complet in Fondation Jean Monnet pour l'Europe, *Louise Weiss l'Européenne*, Lausanne, Fondation Jean Monnet pour l'Europe (Cahiers Rouges), 1994.

Jean Buisson, un pro-Européen proche du monde des affaires, que Paul Collowald rencontre par le biais d'un jeune fédéraliste de l'École centrale à Paris, Laurent Grégoire. Le contact est ensuite pris à Bonn avec *Europäische Zeitung* pour amorcer une collaboration pouvant favoriser l'édition bilingue. La même démarche est faite à Londres avec l'édition du *Bulletin* de la Section britannique du Mouvement européen (Éditions Pergamon), avec l'idée de le publier en trois langues.

À Paris, Jean Buisson trouve un vif intérêt chez Théo Braun, l'ancien leader jociste et dirigeant syndical que Paul Collowald côtoyait dans les années 1950 et qui est désormais le dirigeant du Crédit Mutuel d'Alsace. Paul Collowald accompagne également Jean Buisson chez Alain Poher, président du Sénat, et un rendez-vous est pris à Strasbourg aux *DNA* où se tiendra une réunion avec Daniel Riot, journaliste en charge des affaires européennes et Rémy Pflimlin – le futur PDG de France Télévisions – pour approfondir les aspects commerciaux. Maxwell va finalement acheter le titre à Jean Buisson, puis le revendre, et la publication s'arrête.

En 1998, le projet est relancé avec l'appui du journal *Le Monde* : Christine Ockrent en devient la rédactrice en chef. C'est une « *entreprise périlleuse pour une niche éditoriale* »[5] : tirée à 65 000 exemplaires, la publication peine à être rentable et elle est arrêtée au bout de quatre mois[6]. La formule a été analysée comme « *trop généraliste et pas assez porteuse d'informations originales et pointues pour fidéliser le lectorat des "européanisés". Trop superficielle et kaléidoscopique mais pas assez analytique ou en prise sur les débats sociaux pour un lectorat plus intellectuel. Pédagogique mais trop europhile et pas assez attentive aux eurosceptiques pour élargir la base sociale du lectorat des hebdomadaires. Trop "froide" pour un hebdo assez au contact du terrain pour un mensuel fouillé* »[7]. Mais la saga ne semble pas finie puisque *The New European*, un hebdomadaire en anglais édité par Archant, a été lancé en 2016, à la suite du vote du Brexit…

En vue des élections européennes de 1984, Paul Collowald continue de publier des articles dans la presse francophone européenne. Il rédige une carte blanche dans le quotidien *Le Soir* (Bruxelles) « L'Aventure

---

[5] Neveu Erik, « L'Europe comme « communauté inimaginable » ? L'échec du magazine français l'Européen (mars-juillet 1998) » in Marchetti Dominique (dir.), *En quête d'Europe, médias européens et médiatisation de l'Europe*, Presses universitaires de Rennes, 2004, pp. 177.

[6] Tailleur Jean-Pierre, *Bévues de presse : l'information aux yeux bandées*, Paris : Éditions Le Félin, 2002.

[7] Neveu Erik, 2004, *op. cit.*, pp. 199.

au cœur de l'Europe », à l'occasion du 30ᵉ anniversaire de l'Agence Europe et en l'honneur de son ami Gazzo ; un « Point de vue » dans *La Libre Belgique* (Bruxelles) « Choisir, agir, persévérer : le message européen de R. Schuman » à l'occasion du vingtième anniversaire de sa mort ; pour *L'Européen* (Paris), il collabore au numéro spécial « L'Europe, notre seule chance », dans la perspective du Conseil européen d'Athènes et des élections du Parlement Européen, et réalise un bilan argumenté du rapport établi pour le Parlement européen par Michel Albert sur les problèmes et solutions du redressement de l'économie européenne dans les années 1980 ; ou encore sa contribution au numéro spécial « objectif-Europe », dans la *Revue de l'OCIPE* (Bruxelles), consacré à « L'Europe et les médias », avec un article analysant « La politique régionale et les médias ».

Avec Pierre Pflimlin au Parlement européen

Au Cabinet Pflimlin

En juillet 1984, retournement de situation : à la suite des élections européennes, Pierre Pflimlin est élu président du Parlement. Paul Collowald reçoit un appel de lui pour rejoindre son cabinet. La surprise est grande. Il est touché par cette expression de confiance, née d'une amitié fidèle datant des rencontres du FEC. Contre toute attente, sa carrière est relancée. Il devient ensuite directeur général de l'Information et des Relations publiques du Parlement, ce qui fera de lui l'un des rares fonctionnaires à la fois Directeur général de l'Information honoraire à la Commission et au Parlement.

Alors que Paul Collowald est en vacances en famille dans le midi de la France, la secrétaire de Pierre Pflimlin l'appelle et lui passe le président du Parlement européen. Paul Collowald raconte :

> « *Je me souviens très bien des origines de ce coup de fil... Apprenant par la radio l'élection de Pierre Pflimlin à la présidence du Parlement européen, je prends évidemment ma plume pour le féliciter. Après quelques considérations sur la situation de l'Europe, je termine par l'évocation du centième anniversaire de Robert Schuman en juin 1986 ! Si dans les initiatives à envisager, je puis être utile, j'en serai très heureux et je suis disponible. Dernier détail, en haut à gauche, j'indique notre adresse postale à Plascassier, près de Grasse, et j'ajoute, à tout hasard, notre téléphone. Au moment où il faut prendre des décisions rapides pour constituer le cabinet du Président du Parlement européen, je pense que ma motivation "schumanienne" toujours présente, et l'indication du numéro de téléphone, ont joué un rôle probablement décisif... avec ces deux "détails" !* »[1].

Paul Collowald avait toujours maintenu le contact avec Pierre Pflimlin, avec des hauts et des bas. Pierre Pflimlin n'avait par exemple pas compris pourquoi, lors des premières élections au suffrage universel direct du Parlement européen en juin 1979, la soirée électorale ne pouvait

---

[1] Entretien personnel avec Paul Collowald (printemps 2018).

pas se faire à Strasbourg. Au téléphone, Paul Collowald lui avait expliqué que la Commission et le Parlement européen avaient décidé de faire une soirée conjointe avec la presse, à Bruxelles, et on ne lui avait pas demandé son avis…

L'appel de juillet va constituer une sorte de nouveau départ. Pierre Pflimlin souhaite que Paul Collowald intègre son cabinet et entretienne en particulier les relations avec la presse accréditée auprès des institutions européennes à Bruxelles.

Paul Collowald raconte dans l'ouvrage *Pierre Pflimlin, Alsacien et Européen*[2] qu'il a été chargé d'organiser la première conférence de presse à Bruxelles le 4 octobre 1985, devant des centaines de journalistes accrédités. Il existait en effet un sujet « chaud » : le budget européen. De manière très précise, Pierre Pflimlin explique les points de discorde avec le Conseil des ministres sur le montant et les champs d'intervention financière européenne, tout en plaçant le débat sur le budget dans la perspective de l'élargissement à l'Espagne et au Portugal et des politiques à réaliser pour donner une réalité aux objectifs de la Commission. En décembre, pour la première fois dans l'histoire des institutions européennes, le président du Parlement européen refuse de signer la proposition de budget du Conseil et lui demande une nouvelle copie. La raison essentielle est que ce budget ne couvre que dix mois d'exercice, pour des questions d'économie. Finalement, le Parlement européen aura gain de cause : la Cour de justice européenne, sollicitée par plusieurs États membres, l'avait condamné en raison de son refus unilatéral, mais finalement, les chiffres du Parlement, à peu de chose près, furent retenus. En attendant la décision de la justice européenne, Pierre Pflimlin confiera sous un « *air faussement attristé* » à Paul Collowald : « *vous vous rendez compte, à mon âge, être ainsi trainé devant les tribunaux ; pour la première fois !* »[3]. Depuis, tout le monde sait que sans la signature du président du Parlement, il n'y a pas de budget…

La relance européenne par Jacques Delors

Syndicaliste de la CFTC puis de la CFDT[4] et membre du Parti socialiste, Jacques Delors devient député européen en 1979, puis ministre de l'Économie et des Finances de 1981 à 1984. Paul Collowald connaissait

---

[2] Brunagel François (dir.), 2007, *op.cit.*
[3] Collowald Paul in Brunagel François (dir.), 2007, *op. cit.*, pp. 35.
[4] Confédération française démocratique du travail.

son nom par les publications *Citoyens 60* du groupe Vie Nouvelle dont il faisait partie à Strasbourg, et il l'avait croisé à Bruxelles.

Dès la fin 1984, il rencontre Jacques Delors dans le cadre de sa récente désignation comme futur président de la Commission. Revenant d'une première tournée des capitales européennes, Delors vient discuter de sa stratégie de relance européenne avec Pierre Pflimlin à Strasbourg. Paul Collowald y assiste et voit Delors assez déçu par ce qu'il a vu et entendu, mais déterminé à avancer concrètement et résolument sur un objectif qui fait consensus, le Marché unique.

Jacques Delors bénéficie d'un contexte politique plus favorable que ses prédécesseurs et très différent de celui vécu par Jean Rey qui avait subi les conséquences de la politique de la « chaise vide ». C'est le trio Kohl-Mitterrand-Delors qui est à l'œuvre, Delors bénéficiant du soutien des deux leaders politiques. Fondé sur le Livre blanc de la Commission de 1984 et les conclusions du rapport Cecchini sur « Les coûts d'une non Europe » la même année, Jacques Delors fait accepter aux États membres un agenda serré de négociations de nouvelles directives pour démanteler les contrôles de personnes aux frontières, permettre la reconnaissance des diplômes et la mobilité des jeunes, la libéralisation du capital, mettre en œuvre un agenda social, etc. Ce sont près de 300 directives et règlements qui seront adoptés entre 1987 et 1993, facilités par un autre changement fondamental que Delors parvient à faire accepter, l'extension du vote à la majorité qualifiée au sein du Conseil des ministres, initialement prévu par le traité.

Lors des Conseils européens, Jacques Delors est invité à part entière, même si la Première ministre britannique Margaret Thatcher tente, à travers les attaques qu'elle lui adresse, de remettre en cause ce rôle de la Commission. Le temps est à la relance de la construction européenne, et la chute du Mur de Berlin donnera au président Delors l'occasion historique de proposer une nouvelle révision des traités, cinq ans seulement après l'Acte unique européen : ce sera le traité de Maastricht qui, outre un changement de nom – on passe de la « Communauté » à l'« Union européenne », introduit deux nouvelles formes de coopération dans le domaine de la sécurité et de la politique étrangère et celui des migrations, politique d'asile, coopération policière et de justice. Ce traité engage aussi tous les États membres à créer une monnaie unique à l'horizon 1999. Par son titre VIII relatif au Fonds social européen, en particulier l'article 126, l'aide financière à la formation professionnelle pour la mobilité des jeunes apprentis et étudiants[5] est inscrite désormais dans les traités européens.

Concernant la politique d'information, la Commission Delors opère de nombreux changements pour appuyer cette accélération dans le processus d'intégration européenne. D'une part, concernant le rôle du porte-parole, il connaît de nouveau un bouleversement radical. Jacques Delors souhaite que soit recréé le service du porte-parole et qu'un porte-parole soit rattaché directement à deux Commissaires, sans partager leur nationalité. Il espère ainsi que l'intérêt européen sera davantage défendu[6]. D'autre part, la communication est renforcée : Jacques Delors demande à ce que le Marché commun soit expliqué aux citoyens, avec tous les droits qui y sont associés, dans la perspective de l'ouverture des frontières en 1993[7]. Ce sera à long terme un succès puisqu'interrogées aujourd'hui sur les apports de l'Europe, les personnes citent en premier les quatre libertés de circulation et l'un de ses corollaires, le programme d'étude à l'étranger Erasmus[8].

Directeur Général de la DG Information et Relations publiques

À l'automne 1984, le directeur général de la DG Information et Relations publiques, Raymond Legrand-Lanne, prend sa retraite. Pierre Pflimlin souhaite que cela soit Paul Collowald qui le remplace. Il doit soumettre cette proposition au Bureau des vice-présidents du Parlement européen. La socialiste Nicole Péry en fait partie. Une fois la décision actée, son candidat étant rejeté, elle échange quelques mots sur la politique d'information européenne avec Paul Collowald. En tant qu'élue de Bayonne, elle lui fait part de l'utilité des fiches sur les fonds européens par régions qu'elle avait obtenues de la Commission pour préparer les élections de 1979. Et Paul Collowald de lui révéler qu'il était à l'origine

---

[5] Bantigny Ludivine, 2010, *op. cit.*, pp. 11.
[6] Dumoulin Michel, « Le collège » in Bussière Éric *et al.*, 2014, *op. cit.*, pp. 102.
[7] Dacheux Éric, *L'impossible défi, la politique de communication de l'Union Européenne*, CNRS éditions, 2004.
[8] Voir par exemple, en plus des eurobaromètres, les résultats du projet CODES « one Union two universes ? Critical perception of the EU in six EU Member States », décembre 2017 : résumé des débats organisés avec des citoyens en Slovaquie, Autriche, Bulgarie, Allemagne, Hongrie et Lettonie en 2016 et 2017, accessible à (consulté le 30 janvier 2018 : https://papers.ssrn.com/sol3/papers.cfm?abstract_id=3086542).

de ces fiches lors de la campagne d'information en France... étrange complicité *a posteriori* !

Le 1er novembre 1984, Paul Collowald prend ses fonctions de Directeur général de la DG Information et Relations publiques à Luxembourg, là où se trouve le Secrétariat général du Parlement européen. L'une de ses premières décisions est de faire intégrer quelques questions sur le Parlement européen au sein de l'Eurobaromètre de la Commission.

Pierre Pflimlin est attaché à valoriser les initiatives en lien avec les nouvelles technologies et la jeunesse. Dans ce cadre, Paul Collowald est chargé d'organiser la couverture médiatique d'une grande exposition au parc de l'Orangerie à Strasbourg sur le thème « Europe 2000 – le défi technologique » en octobre 1985. Il souhaite aussi valoriser les efforts du service audiovisuel du Parlement européen. Pour couvrir l'événement, *FR3 Alsace* est présent lorsque Martine Kempf, ingénieure alsacienne qui partira ensuite pour la Silicon Valley à défaut d'un environnement adapté trouvé en France, présente son prototype de voiture conduite à la voix, appelé le « Katalavox ». Pierre Pflimlin et le ministre de la Recherche Hubert Curien y prennent place, ainsi que le cameraman de la télévision régionale. C'est une superbe illustration des progrès technologiques et de la bonne collaboration des services audiovisuels dans le cadre d'une politique de décentralisation.

Mais le soir... rien au journal télévisé de *Soir 3*. Paul Collowald est furieux, à la fois déçu et attristé de l'occasion manquée de valoriser l'Europe à Strasbourg, une fois de plus... Flagrant délit d'absence d'information européenne, qui fait que les citoyens, en retour, pensent que l'Europe ne fait pas grand-chose... Il prend sa plume pour le dire à la présidente de la Haute Autorité de l'Audiovisuel, Michèle Cotta. Un extrait :

> *Madame la Présidente* [Cotta]
>
> *(...)*
>
> *Entre le chagrin (d'une telle occultation de l'information) et la pitié (pauvre Europe de l'an 2000), j'ai écrit, il y a huit jours, une lettre à M. Dauriac, Rédacteur en chef de « Soir 3 », pour lui faire part de mon étonnement. Une réponse me parviendra peut-être un jour, mais, en attendant, j'ai trouvé de nouvelles coupures de presse, dont deux relatives au « Katalavox » de Martine Kempf : l'une dans* Le Figaro *du 10 octobre et l'autre dans* Le Républicain Lorrain *du 13 octobre, où il apparaît que nous tenions véritablement à Strasbourg un thème très concret et très passionnant. Les 37.000 visiteurs de l'Exposition en ont été les témoins ; les autres Français n'en savent rien.*

> J'ai la conviction que les citoyens européens, et donc les citoyens français, sont de plus en plus concernés par l'Europe. S'ils ne sont pas informés, comment voulez-vous qu'ils se sentent concernés et pourquoi voulez-vous qu'ils réclament plus d'Europe. Il me faut constater que l'on peut avoir le « meilleur produit », mais, s'il y a ce double handicap (la province et l'Europe), l'événement n'existe pas, même si toutes les conditions journalistiques sont remplies. (...)
>
> Paul Collowald
>
> [Paul Collowald fait ici référence au documentaire « Le chagrin et la pitié » de Marcel Ophuls réalisé en 1969 et qui porte sur le comportement des Français sous l'occupation : il sera très tardivement autorisé à passer sur une chaîne de télévision en France – après l'Allemagne et la Belgique]

D'autres initiatives montrent le souci du président Pflimlin d'aller à la rencontre des citoyens. En 1986, Paul Collowald aménage un stand à la Foire de Metz. Il fait réaliser des panneaux présentant l'impact des fonds structurels européens en France. Celui concernant la Moselle est intitulé « En passant par la Lorraine... », slogan simple, amusant, qui parle à tout un chacun, puisque c'est le titre d'une chanson bien connue.

Le 9 mai 1986 a lieu la première Journée de l'Europe. La Commission invite l'orchestre philarmonique de Rotterdam à se produire au Palais des Beaux-Arts à Bruxelles. L'*Ode à la Joie* de la neuvième symphonie de Beethoven, désormais l'« Hymne européen », inaugure la soirée.

Paul Collowald s'attache à créer une coopération permanente entre les services d'information de la Commission et du Parlement européen. Avec les présidents Delors et Pflimlin, les circonstances sont favorables. À ceux-là s'ajoutent Franz Froschmaier et Paul Collowald, à la tête de chacune des Directions générales de l'Information. Cela débouche notamment sur une initiative commune : Paul Collowald, préoccupé par la formation des futurs journalistes aux réalités européennes, suggère au printemps 1987 à son collègue Froschmaier de réunir quelques directeurs d'Écoles de journalisme pour lancer le Comité de Liaison des écoles de journalisme – avec les trois écoles de journalisme françaises, une italienne et deux allemandes. Ce comité va créer une association, puis un centre de journalisme européen à Maastricht. Cette alliance entre la Commission et le Parlement européen sur la politique d'information va durer jusqu'aux années 2000 pour donner lieu ensuite à un rapport plus concurrentiel[9].

---

[9] Aldrin Philippe, « Parler au nom de l'Europe. Luttes d'institutions et conflits de légitimités pour le porte-parolat de "l'Union" » in Aldrin *et al.*, *op. cit.*, 2014.

Enfin, Paul Collowald mène à bien son idée de commémorer le centième anniversaire de la naissance de Robert Schuman. En tant que directeur général, il constitue un groupe ad hoc pour planifier de nombreux événements impliquant tant les institutions européennes que les chaînes de télévision, la création d'un écu commémoratif, l'organisation de colloques et même d'un sondage spécial de l'Eurobaromètre – qui ne sera finalement pas organisé. En juin 1986 a lieu la cérémonie de l'Association Robert Schuman à Scy-Chazelles où Pierre Pflimlin, Jacques Santer – alors Premier ministre luxembourgeois, succédant à Pierre Werner, aussi présent, viennent se recueillir sur la tombe de Robert Schuman. Au Parlement à Paris, le président de la République François Mitterrand fait également lire un hommage pour honorer sa mémoire et qui fait ressortir ses convictions européennes fortes.

> Mesdames, messieurs, le centième anniversaire de la naissance de Robert Schuman nous fournit l'occasion d'examiner ensemble les données du présent et de nous demander si, précisément, en 1986, et compte tenu des rigueurs de la crise et du repli sur soi qu'elle provoque, compte tenu également des craintes pour la paix que suscitent la course aux armements et les tensions de toutes sortes qui déchirent tant de peuples, nous ne nous laissons pas détourner de la grande ambition qui, seule, nous permettra d'aborder le siècle prochain avec l'espoir au cœur d'une Europe libre de son destin.
>
> Convainquons-nous d'abord qu'il n'est pas en Europe de pays, pour ancien et glorieux qu'il soit, qui puisse maîtriser isolément sa croissance, sa monnaie, son emploi, ni atteindre à la modernité scientifique et technique par ses seules capacités nationales ; que mettre en commun nos ressources, notre savoir, nos recherches, nos industries, nos moyens de transport, la défense de notre environnement, j'en passe, après l'avoir fait pour notre agriculture, est la plus sûre manière de préserver nos acquis nationaux, nos façons d'être et de faire.
>
> Réaliser dans les délais prévus le grand marché intérieur, harmoniser les législations sociales et fiscales, parachever l'union monétaire, accroître d'un même mouvement le concours de la Communauté au développement du tiers monde, prévoir et mettre en œuvre, par une approche exacte des réalités du moment, les moyens de notre sécurité, échanger nos cultures, voilà ce qui dépend de nous. Mais rien ne sera finalement acquis si l'on perd de vue l'ultime objectif hors duquel tout restera fondamentalement menacé : la volonté, l'union politique de l'Europe, condition non seulement de sa grandeur et de son rang, mais aussi de la grandeur et du rang dans les pays qui la composent.
>
> Mesdames et messieurs, tout était contenu dans le premier message de Robert Schuman. Cet homme discret, modeste et bon, qu'inspirait sa foi profonde en Dieu, montrait quand il le fallait une résolution que rien ne pouvait fléchir. Homme public, sa vie obéissait à un rythme intérieur qui échappait aux agitations de l'action. Membre

> de son gouvernement, je l'ai vu tel qu'il était, levé tôt le matin, abordant son travail le bureau vide de tout papier, après une longue méditation quotidienne que nul n'aurait osé troubler.
>
> Son projet pour l'Europe lui valut d'âpres attaques qui cherchaient à l'atteindre dans son honneur et son patriotisme. Lui qui ne connaissait ni la colère ni le ressentiment dut supporter la haine. D'où lui venait cette étonnante maîtrise qui demeure pour ceux qui l'ont connu un bel exemple d'achèvement humain ? De ce qu'il croyait aux vertus simples de notre peuple. Son patriotisme était là. Il ne doutait pas de la France.
>
> Vive la République. Vive la France.
>
> Hommage du président de la République François Mitterrand lu au Parlement à Paris (Assemblée et Sénat) à l'occasion du centième anniversaire de la naissance de Robert Schuman, le 25 juin 1986 (extraits)
> (http://discours.vie-publique.fr/notices/867010900.html consulté le 21 mai 2018)

Directeur de cabinet

En 1986, Enrico Vinci, alors directeur de cabinet de Pierre Pflimlin, devient secrétaire général du Parlement européen. Pour la dernière année de son mandat, Pierre Pflimlin souhaite que Paul Collowald devienne aussi son directeur de cabinet, en plus de directeur général en charge de l'Information et des Relations publiques. Le refus est cependant net : « *Ce n'est pas possible car mon épouse a un cancer* ». Paul Collowald en parle à Marguerite. Il veut dire non ; elle l'en dissuade, « *Tu dois accepter* ». Visiblement, Paul Collowald ne souhaite pas s'étendre davantage sur cette année 1986 ; il reconnaît que pour ce double mandat, il a bénéficié de l'appui précieux d'Enrico Vinci et de son équipe dans ses allers-retours réguliers entre Bruxelles, où réside sa famille, et la capitale du Grand-Duché, où il travaille. Il ajoute, « *Cricri, elle, a été simplement formidable* »…

Ce soutien lui est très précieux, les heures de travail ne se comptant pas évidemment, mais le prix à payer, c'est la vie familiale qui est touchée. Le rôle et la responsabilité du directeur de Cabinet est assez complexe, liés aux problèmes quotidiens à résoudre et à la relation de confiance avec son président. Pierre Pflimlin attachait beaucoup d'importance à l'information des citoyens et François Brunagel, le conseiller de presse, remplissait cette mission. Paul Collowald se rappelle de la remarque pleine d'humour du Président Pflimlin, un ancien du MRP, au sujet de ses relations avec le gaulliste Denis Baudoin :

> « *Dans ma nouvelle fonction, nous n'étions plus à la Commission mais au Parlement où les interlocuteurs et les initiatives à prendre sont de nature différente. Le Président avait suggéré à cet effet la création d'un "groupe d'information ad hoc" au sein de la Commission parlementaire classique "Jeunesse, culture, éducation, information, sports". Denis Baudoin y jouait un rôle important, en raison de son appartenance politique et de sa compétence, ayant été le conseiller de presse de Georges Pompidou, de Jacques Chirac et d'Édouard Balladur, après avoir été journaliste. En constatant les excellents rapports que j'avais avec lui, Pierre Pflimlin me dit, pleinement rassuré, avec un petit sourire : "C'est parfait, vous étiez faits pour vous entendre. Ah ! ces anciens journalistes"* »[10].

En mai 1986, Paul Collowald accompagne Pierre Pflimlin en visite officielle à Londres. Le président du Parlement européen est reçu en audience par la reine Elisabeth, puis par plusieurs membres du Gouvernement pour envisager la prochaine présidence britannique, enfin, par la Première ministre Margaret Thatcher. Ils s'étaient rencontrés lors du Sommet européen de Strasbourg en 1979 et Pierre Pflimlin, alors maire de Strasbourg, avait pu apprécier sa courtoisie, étant la seule à avoir adressé ses remerciements. À Londres, Pierre Pflimlin raconte dans ses *Mémoires* qu'il a évité les sujets où les positions du gouvernement britannique et du Parlement européen étaient trop éloignées, mais il a décidé, comme le rappelle Paul Collowald[11], de soutenir les propositions budgétaires de Jacques Delors. Devant la Première ministre, il souligne l'importance que revêt le budget européen pour investir dans la recherche et l'éducation, y compris le programme Erasmus. Margaret Thatcher acquiesce courtoisement… mais n'est toujours pas convaincue.

En décembre 1986, elle est à Strasbourg pour présenter les conclusions de la présidence britannique. Pierre Pflimlin raconte dans ses *Mémoires*[12] :

> « *Selon l'usage, elle offrit ensuite un déjeuner. J'étais assis à sa droite. La conversation porta d'abord sur la politique agricole commune, dont Mrs. Thatcher pensait beaucoup de mal. J'essayais d'aiguiller l'entretien sur un sujet plus facile en parlant du projet "Erasmus", lancé par la Commission, qui visait à encourager par des bourses les étudiants à faire une partie de leurs études dans un pays de la Communauté autre que le leur. Je rappelai qu'au Moyen Âge les étudiants circulaient librement à travers l'Europe, allant d'une université à l'autre, alors que présentement 1 % seulement des étudiants faisaient des études en dehors de leur pays. Soudain le visage de Mrs. Thatcher changea. Elle me regarda*

---

[10] Entretien personnel avec Paul Collowald (printemps 2018).
[11] Brunagel François (dir.), 2007, *op. cit.*, pp. 38.
[12] Pflimlin Pierre, *op. cit.*, 1991, pp. 361-362.

sévèrement et me dit : "What ? You will spend more money, no !". Je dois ajouter que trois mois plus tard, le gouvernement britannique se rallia quand même au projet "Erasmus" qui fonctionne bien, quoique les crédits qui lui sont affectés ne permettent pas, il s'en faut de beaucoup, de satisfaire toutes les demandes. Cette expérience a renforcé ma conviction qu'on peut toujours garder l'espoir de voir la Grande-Bretagne participer, tôt ou tard, à la marche en avant de l'Europe. Encore faut-il que d'autres pays, notamment la France et l'Allemagne, continuent imperturbablement de jouer le rôle de moteur ».

Pour Paul Collowald, c'est l'une des périodes les plus passionnantes de sa vie, mais aussi la plus dure. Cricri décède en janvier 1987 « *et tous nos projets de voyage et de retraités se sont envolés. Cela m'a apporté beaucoup de tristesse* »[13]. Il prend sa retraite le 1er juillet 1988, à 65 ans, suivant le statut de fonctionnaire européen.

---

[13] Entretien personnel avec Paul Collowald (automne 2017).

Persévérer dans la transmission du projet européen

Se remettre en chemin

Un mois après le décès de son épouse Marguerite, Paul Collowald reçoit une lettre du Père Joseph Wrezinski, de retour d'une longue mission en Amérique latine :

> *Méry-syr-Oise, le 27 février 1987,*
>
> *Je viens d'apprendre que votre épouse avait été rappelée à Dieu en janvier dernier. Je suis peiné de vous écrire si tard car la souffrance d'un ami est quelque chose qui m'atteint personnellement.*
>
> *Vous voilà maintenant investi d'une nouvelle responsabilité, celle de reprendre à votre compte tout ce que votre épouse portait de meilleur en elle, pour que rien ne soit perdu de ce qu'elle était pour ceux qu'elle rencontrait, qu'elle connaissait et qu'elle aimait. Il vous faudra beaucoup de courage pour prendre ce relais. C'est pourquoi, par ces quelques mots je voulais vous assurer de mes prières.*
>
> *La Messe que je célébrerai jeudi prochain en notre humble chapelle de Méry sera pour vous et pour votre épouse.*
>
> *Je vous affectionne.*
>
> *Père Joseph*

Cette lettre l'aidera beaucoup à aborder cette nouvelle période de sa vie.

Enseignant et conférencier

De 1992 à 2004, Paul Collowald enseigne dans le DESS Euro-journalisme au CUEJ à Strasbourg. Il est un intervenant idéal pour former les journalistes à l'Europe.

> L'origine de sa création, à savoir la chute du Mur de Berlin et la perspective d'une Europe réunifiée, illustrait bien l'ambition de l'équipe pédagogique du CUEJ dirigée par Alain Channel, de former des journalistes experts sur l'objet « Europe » (…).
>
> Cette formation sur un an, la seule de ce type dispensée en langue française dans les années 1990, possédait tous les critères de la formation journalistique : d'abord, les étudiants étaient soumis à un approfondissement théorique de leur connaissance très poussé, qui comprenait 98 heures de cours théoriques annuels sur l'histoire de l'intégration européenne en partenariat avec l'Institut des hautes études européennes de Strasbourg, agrémentés de modules spécialisés sur les différents volets des politiques européennes, tels que la PAC, la PESC, les politiques de cohésion économique ainsi que les enjeux du fonctionnement des différentes institutions. (…) La spécialisation technique était surtout accompagnée d'une réelle mise en pratique professionnelle des compétences acquises par les étudiants, par le biais de 300 heures de travaux dirigés visant à la production de travaux de presse, à l'initiation aux sources, ainsi qu'à l'apprentissage du suivi régulier de l'actualité européenne et internationale. Dans cette optique, l'année s'achevait par la réalisation d'un reportage d'un mois sur une région d'un État membre, de même que sur un stage d'un mois à Bruxelles en tant qu'apprenti-correspondant, sanctionné par le rendu d'un mémoire.
>
> Deux autres aspects sont importants à noter quant au caractère spécialisant du DESS Eurojournalisme du CUEJ : d'une part, les enseignements dispensés aux étudiants étaient quasiment entièrement assurés par des journalistes professionnels exerçant majoritairement au sein du champ médiatique européen. Ce fut ainsi le cas de Jean Quatremer, correspondant de *Libération* à Bruxelles, Paul Collowald, ancien directeur général de l'information de la Commission Européenne et du Parlement Européen, ou encore Philippe Lemaître et Daniel Vernet, anciens journalistes au *Monde*. D'autre part, était présente une forte dimension européenne et transnationale, puisque non seulement le cursus se déroulait à cheval sur quatre pays, en raison des voyages d'études à Bruxelles, à Luxembourg et dans un autre pays membre, mais de surcroît la part des étrangers dans les promotions était devenue majoritaire, permettant sans doute une réelle homogénéisation des pratiques. De plus, le DESS entretenait des liens particuliers avec d'autres écoles européennes du réseau Erasmus, les institutions européennes et un certain nombre de média disposant d'antennes bruxelloises comme Le Monde, Libération, l'AFP Bruxelles, Reuters Bruxelles, ou encore l'Agence Europe.
>
> Mémoire de troisième cycle de Cécile Frangne (2015), Université de Strasbourg

Profitant de ses déplacements à Strasbourg, Paul Collowald continue de voir Pierre Pflimlin. Ils déjeunent ensemble et échangent sur l'actualité. Lors de l'un de ces déjeuners en 1994, ils discutent de l'initiative des parlementaires du centre droit allemand CDU/CSU, Wolfgang Schäuble et Karl Lamers pour un « noyau dur » en Europe et de son accueil mitigé à Paris. Dès 1962, Pierre Pflimlin avait évoqué dans un discours « *l'Europe différenciée* »[1]. Paul Collowald convient que les deux parlementaires ont eu raison de traduire le plus rapidement possible leur proposition en français pour la faire connaître à l'opinion publique par le biais des médias. Mais ils sont allés un peu vite et « *fester Kern* » a été traduit par « noyau dur », ce qui est ensuite resté dans l'opinion publique. Or, « noyau solide » dans ce cas convenait mieux. Paul Collowald se rappelle, « *le noyau dur a suscité la fureur des Italiens et des Espagnols qui avaient l'impression de rentrer en seconde division* »[2].

De la même veine, mais élargissant le champ du public, il organise une conférence avec Sœur Emmanuelle en 1992 à Bruxelles à l'Institut du journalisme Robert Schuman. Il intervient lors de la rencontre internationale sur la place et rôle des entreprises de presse et des journalistes dans la formation de journalistes en Europe en avril 1993 à l'Université Robert Schuman de Strasbourg. En 2008, il participe aux cinquante ans du CUEJ et aux « Semaines européennes de la communication » à l'Université Catho à Lyon en 2000, 2002 et 2004, avec des jeunes journalistes d'Europe centrale et orientale.

Pour lui, organiser des rencontres Est-Ouest est alors fondamental car la « *politique culturelle, les échanges n'ont pas figuré dans les 80 000 pages d'acquis communautaire discutées* » lors des négociations d'adhésion des dix, puis douze États membres. Il se dit, « *peut-être ma goutte d'eau peut nous donner la capacité à comprendre où, ensemble, nous voulons aller* »[3]. Déjà en mars 1989, Paul Collowald sert d'intermédiaire avec le FEC pour que Jacques Delors intervienne au Palais des Fêtes de Strasbourg. De retour de Bâle où se sont tenues les ultimes réunions sur l'UEM, on lui demande de s'exprimer devant 700 étudiants. À une question de l'un d'entre eux relative aux relations franco-allemandes, Jacques Delors répond : « *les Allemands, il faut les aimer !* ». Le Mur de Berlin n'est pas encore tombé mais il jette déjà les ponts.

En novembre 1992, Paul Collowald reçoit la médaille d'or Robert Schuman au Palais Rohan à Strasbourg. À cette occasion, le prix Robert Schuman est décerné à Frère Roger de Taizé pour son œuvre de paix et de réconciliation, en particulier entre les jeunesses d'Europe de l'Ouest et de l'Est. Bien plus tard en 2016, il apprendra par Frère Aloïs qui succède à Frère Roger, mortellement blessé à Taizé en 2005, que certains

---

[1] Extrait in Collowald Paul, 2014, *op. cit.*, pp. 71.
[2] Entretien personnel avec Paul Collowald (printemps 2018).
[3] Entretien personnel avec Paul Collowald (automne 2017).

membres de la communauté – dont Frère Alois – se sont rendus en secret en Tchécoslovaquie dans les années 1970. La députée tchèque Maria Kaplanova lui racontera que ces rencontres, sous couvert de cercles bibliques, étaient précieuses pour créer des liens entre ceux qui étaient alors séparés par un rideau de fer. Paul Collowald est resté marqué par ce témoignage qui lui rappelle sa propre résistance spirituelle avec les amis scouts et étudiants lors des rencontres au Mont Sainte-Odile.

Et puis en toile de fond, pour Paul Collowald, il y a souvent un message de Robert Schuman… Celui qui lui tient à cœur, au sujet de la réconciliation entre l'Est et l'Ouest, date de 1956, dans le contexte de la révolution hongroise et à la veille de la répression soviétique à Budapest :

> « *Depuis de longues années nous avons douloureusement ressenti la ligne de démarcation idéologique qui coupe l'Europe en deux. Elle a été imposée par la violence. (…) Puisse-t-elle s'effacer dans la liberté. Nous considérons comme partie intégrante de l'Europe vivante tous ceux qui ont le désir de nous rejoindre dans une communauté reconstituée. Nous rendons hommage à leur courage et à leur fidélité, comme à leurs souffrances et à leurs sacrifices. Nous leur devons l'exemple d'une Europe unie et fraternelle. Chaque pas que nous faisons dans ce sens constituera pour eux une chance nouvelle. Ils auront besoin de nous dans l'immense tâche de réadaptation qu'ils auront à accomplir. La communauté européenne doit créer l'ambiance pour une compréhension mutuelle, dans le respect des particularités de chacun ; elle sera la base solide d'une coopération féconde et pacifique. Ainsi s'édifiera une Europe nouvelle, prospère et indépendante. Notre devoir est d'être prêts* »[4].

La mission d'enseignement de Paul Collowald et ses interventions dans des conférences visent à continuer à partager les motivations des commencements, même si l'Europe change en s'élargissant et en oubliant parfois son approfondissement. Le Marché unique est réalisé en 1993 et la monnaie unique est programmée pour l'être en 1999. Les argumentaires économiques et financiers dominent désormais la construction européenne. Paul Collowald veut en rappeler la logique politique. Dans une série d'articles des *Cahiers du Crédit Mutuel*, en septembre 1989, il décrit « Les premiers pas » en retraçant les quarante ans de construction européenne.

---

[4] Conclusion du discours de Robert Schuman le 3 novembre 1956 au Rotary de Luxembourg in Bitsch Marie-Thérèse, 2010, *op. cit.*, p. 198 ; repris par Paul Collowald dans son ouvrage, 2014, *op. cit.*, pp. 80.

En janvier 1990, il écrit « Acte unique : le mot et la chose », qui d'après l'agence Europe est une « *ample fresque en deux articles où sont retracées les étapes de la construction de l'Europe* ». Paul Collowald s'y nomme « *observateur engagé* » et prend pour fil directeur les notions de supranationalité et de souveraineté partagée. En mars 1990, il rédige un article « Vers l'Europe financière et bancaire » où il insiste sur la dimension politique de l'Union européenne. Il fait de même dans le journal du FEC *Élan* au sujet des élections européennes de 1989[5] ; lors d'une conférence à Bilbao où il rappelle en mars 1990 « le 9 mai 1950 : une révolution pacifique » ; dans les *DNA*, où il commente, en rappelant les fondamentaux, le résultat du traité de Maastricht signé en 1992[6].

Au cours des débats de la fin du XXe siècle sur l'avenir de l'UE, il est à Rome pour le séminaire international de la Fondation Alcide de Gasperi, avec la fille de l'ancien ministre des Affaires étrangères italien, Maria Romana[7]. S'il partage ses enthousiasmes, Paul Collowald exprime aussi ouvertement ses déceptions. Dans *La Libre Belgique*, il commente en 2001, « L'après Nice : le mot, la chose et les arrière-pensées »[8].

Un témoin fidèle

Paul Collowald ne fait pas que raconter et expliquer l'Europe : il tente de vivre fidèlement l'idéal qui a émergé au cours de sa jeunesse... même avec ceux de son âge qui ne le partageaient pas à l'époque. En 1987, il rencontre Edgar Morin lors d'une soirée-débat organisée par le Conseil de l'Europe et le Parlement européen à Strasbourg. Ce philosophe français qui l'intéresse est venu présenter son livre *Penser l'Europe*, où il décrit la nécessité de bâtir une Communauté de destin en Europe. Dînant ensuite ensemble, Paul Collowald revient sur les premiers pas de la construction européenne jusqu'à ce jour. Puis il lui demande de lui dédicacer son exemplaire. En exergue, Edgar Morin citait T.S. Eliot : « La fin est là d'où nous partons », et il écrit en dessous : « *À Monsieur Paul Collowald qui est parti du bon commencement !* ».

---

[5] *Élan* 1989 « La chronique européenne de Paul Collowald : 18 juin, élections européennes. Un nouveau partage : la souveraineté ».

[6] « Europe, la copie recommencée » par Paul Collowald, *DNA*, 10/09/1992.

[7] « Ripensiamo l'Europa : dal primo dopoguerra al rilancio dell'Unione politica », 4-5 décembre 1997.

[8] « L'après Nice : le mot, la chose et les arrière-pensées » par Paul Collowald, *La Libre Belgique*, 22 février 2001.

Le prologue du livre d'Edgar Morin s'intitule « *Souvenirs d'un Anti-Européen* » et il y explique au fil du texte son revirement.

> *Longtemps, je fus « anti-européen ». A la fin de la guerre, quand surgissaient, de l'antifascisme même, les mouvements européens fédéralistes, j'écrivis un article, paru en 1946 dans les Lettres françaises, au titre sans appel : « Il n'y a plus d'Europe ». J'avais été résistant et j'étais alors communiste. Pour moi, pour nous, l'Europe était un mot qui ment.*
>
> *J'avais combattu ce qu'Hitler avait appelé « l'Europe nouvelle ». Je voyais dans la vieille Europe le foyer de l'impérialisme et de la domination plutôt que celui de la démocratie et de la liberté. Je distinguais, non la vérité du discours sur l'humanisme, la raison et la démocratie européenne, mais son mensonge, la brutalité effroyable des conquistadores du Mexique et du Pérou, l'Afrique esclavagisée et exploitée, la puissance dévastatrice du Reich allemand. Au lendemain de la guerre, la France et l'Angleterre étaient toujours des puissances coloniales et l'Allemagne, encore en coma profond, n'avait pas pris visage démocratique.*
>
> *Je n'étais pas seulement contre l'oppresseur européen, j'étais aussi pour l'opprimé. (…) C'est cela que j'ai ressenti très jeune, l'horreur du mépris, le mal intérieur au sentiment de l'offense et de l'humiliation à l'égard d'un être humain ». (…)*
>
> *« Le sursaut européen me vint du choc pétrolier de 1973. Les robinets du pétrole avaient été fermés, quelque part dans le Moyen-Orient, et nous découvrions soudain que nous étions des malades d'hôpital privés de leur perfusion. Alors je pris conscience, et cela me bouleversa, que l'Europe était devenue une pauvre chère vieille chose. Je suis devenu un néo-Européen parce que j'ai vu l'Europe malade et la répétition générale de son agonie ».*
>
> Edgar Morin, *Penser l'Europe*, 1987, pp. 9-29

En 1991, Paul Collowald envoie un courrier au dessinateur Plantu, le félicitant du sens donné à sa caricature publiée peu de temps avant sur l'engrenage de la guerre en ex-Yougoslavie : à côté d'« *un milicien vengeant son beau-frère tuée en 1917* » se trouve un « *soldat vengeant sa petite cousine violée en 1944* » et une mère fuit les combats avec un bébé dans les bras « *pensant à venger son père en 2023…* ». Cette caricature lui parle : il lui adresse en retour un montage la reprenant avec deux autres éléments, d'une part, la photocopie de la carte de presse de Louise Weiss en 1919 lors de la signature du traité de Versailles et, d'autre part, les premières lignes de la Déclaration Schuman du 9 mai 1950, le texte politique européen qui a enclenché l'« *engrenage de la paix* ».

Plantu lui répond en le remerciant pour « *la gentillesse de sa lettre* ». En janvier 2015, Paul Collowald lui rend une nouvelle fois hommage comme « dessinateur de la Paix », en lien avec son initiative "Cartooning for peace" avec Kofi Annan, prix Nobel de la paix et ancien secrétaire général des Nations Unies : ce sera sa manière d'exprimer son émotion et ses convictions pour « *la liberté, le vivre ensemble et la paix* », lors de cette conférence à Paris à la Maison de l'Europe présidée par Catherine Lalumière, quelques jours après l'attentat contre les journalistes de *Charlie Hebdo*[9].

Paul Collowald est un témoin direct des premiers pas de l'Europe et pour beaucoup, il incarne ce moment historique. Lors de la conférence de l'Union européenne des fédéralistes du Luxembourg, son secrétaire général John de Burski dit de lui :

> « Qui pourrait mieux nous parler de cette communauté de nations, havre de paix depuis plus de cinquante ans suite au spectre horrible de la guerre et de ses millions de morts. Cette entreprise européenne hors du commun, dont il a vécu à chaud les premiers balbutiements, il ne se lasse pas de nous le faire revivre avec une telle authenticité, si habilement, qu'on a l'impression de la vivre quasiment en direct »[10].

Du fait de cette expérience directe, Paul Collowald réagit aussi souvent au traitement de l'actualité européenne. Alors, sans cesse, il réactive la mémoire… Il rédige plusieurs articles pour rappeler le rôle de Winston Churchill dans les premiers pas de l'Europe, notamment au sujet du discours qu'il prononce à Metz, le 14 juillet 1946[11]. Il tient aussi plusieurs fois à honorer la mémoire de Louise Weiss avec qui il correspondra jusqu'à sa mort. Il fait partie de la Fondation créée à sa mémoire en 1971, dont le comité scientifique décerna le prix Louise Weiss à Helmut Schmitt en 1977, Simone Veil en 1981 et Bronislaw Geremek en 1989.

En 1991, il rend hommage à Konrad Adenauer dans un article rédigé pour la *Libre Belgique* : « Maison commune européenne : recherche de paternité »[12] où il rappelle que l'expression est, à l'origine, du chancelier. En 2014, il apprend à regret que le projet d'un centre Jacques Maritain ne verra pas le jour en Alsace. C'est au cours d'une rencontre au château de Kolbsheim de la famille Grunelius à la fin des années 1950 qu'il avait pris connaissance de leur intérêt pour valoriser les archives de Jacques Maritain. En même temps, il apprend que le fonds Jacques

---

[9] Texte intégral sur le site de l'association Robert Schuman http://www.association-robert-schuman.eu/docs/actus/Paul%20Collowald%20-%202015%20-%20L-Europe,%20origines%20et%20finalites.pdf (consulté le 25 mai 2018).
[10] Conférence de l'Union européenne des fédéralistes du Luxembourg, 1er octobre 1996.
[11] « Renaissance du Vieux Metz et des Pays Lorrains », *Bulletin* n° 178-179, janvier 2016.
[12] « Maison commune européenne : recherche de paternité » par Paul Collowald, *La Libre Belgique*, 14 mars 1991.

Maritain, constitué pendant vingt ans par René Mougel, est repris par la Bibliothèque nationale universitaire de Strasbourg, avec le soutien de la Région Alsace.

En mai 2015, Paul Collowald participe à un événement inspiré du livre de Victoria Martín de la Torre[13] sur les fondateurs de l'UE. Organisée au sein du Conseil de l'UE, cette rencontre réunit une centaine de jeunes et des descendants ou proches de Schuman (son collaborateur Jean-Marie Pelt), Monnet (Jacques Rabier), De Gasperi (sa fille Maria) et Spaak (sa fille Antoinette)[14].

En 2017, lors de leur décès respectif, Paul Collowald tient à rappeler les initiatives européennes de l'ancien chancelier allemand Helmut Kohl et au soutien de Simone Veil à l'égard de l'Intergroupe ATD-Quart Monde. Simone Veil l'a aussi toujours soutenu dans le travail mémoriel autour de Robert Schuman, comme dans ce mot qu'elle lui adresse en 1983 :

> « *Comme vous le soulignez la pensée de Robert Schuman conserve toute son actualité et devrait nous inspirer pour aller de l'avant. Les Européens sont inconscients et laissent passer leur chance* »[15].

Paul Collowald écrit régulièrement aux journalistes, qu'il les connaisse personnellement par ses activités professionnelles antérieures, ou pas. En 1988, il s'adresse à Claude Julien, directeur du *Monde Diplomatique*, en 1989, à André Fontaine, directeur du *Monde*, en 1990 à Laurent Greilsamer, en 1999 à Jean-Marie Colombani du *Monde* ou Sabine Verhest de *La Libre Belgique*… jusqu'à Alain Duhamel, Jean-Marie Cavada ou Jean Quatremer aujourd'hui. À chaque fois, son but est de féliciter pour un sujet européen bien traité, d'interroger quand les conclusions ne rejoignent pas les siennes ; de critiquer quand il estime que le travail a été incomplet. Il dialogue aussi avec les députés européens, comme Alain Lamassoure sur l'histoire de l'UEM. Toujours selon son

---

[13] De la Torre Victoria Martín, *Europe, a leap into the unknown – A journey back in time to meet the founders of the European Union*, Bruxelles : Peter Lang, 2014.

[14] Liens vers la conférence du 9 mai 2015 au Conseil de l'UE et du film qui a été réalisé à la même occasion : https://tvnewsroom.consilium.europa.eu/event/9-may-2015/europe-through-the-generations-conference-extracts; https://tvnewsroom.consilium.europa.eu/video/leurope-travers-les-gnrations-le-documentaire-en-franais-1205f (consultés le 22 juin 2018).

[15] Courrier envoyé par Simone Veil à Paul Collowald alors qu'elle est députée européenne.

souhait de dire l'Europe dans la vérité. Il appelle cela des « *bouteilles à la mer* »... La plupart du temps, elles lui reviennent avec une réponse, voire le début d'un débat épistolaire.

La mémoire de Robert Schuman, en lien avec la jeunesse

Paul Collowald continue son combat mémoriel en l'honneur de Robert Schuman. Lors d'une exposition en 1987 à Bruxelles, il identifie la lettre que Konrad Adenauer adresse à Robert Schuman le 8 mai 1950, et qui permettra d'éclaircir le déroulement de ces journées historiques. Il rédige des articles dans la presse, comme dans *La Libre Belgique* des 26 août 1993 et 4 septembre 2003 ou dans le *Luxemburger Wort* du 29 septembre 1993. Il rédige aussi des papiers de recherche « Winston Churchill et Robert Schuman, itinéraires croisés » et « À la fin du Siècle – L'Europe face à ses grands défis, des réponses de Robert Schuman ? »[16]. Il fait de nombreuses conférences sur Robert Schuman, comme en octobre 2005 sur « Ce que nous avait dit Robert Schuman »[17].

Membre de l'association Robert Schuman à Scy-Chazelles, il contribue à la publication de *Robert Schuman artisan de l'Europe* en 2000. Initialement prévue pour faire l'objet d'une distribution locale auprès des lycéens, Paul Collowald veut la transformer en un projet plus ambitieux avec une préface de Pierre Pflimlin et des photos couleurs. Il obtient pour cela le soutien du Crédit mutuel à Strasbourg et de la Fondation Robert Schuman que préside le sénateur du Bas-Rhin Louis Jung. Suite à son envoi de l'article qu'il a publié dans la *Libre Belgique* intitulé « L'Europe inachevée et la jeunesse »[18], la présidente du Parlement européen Nicole Fontaine lui réaffirme son engagement :

« *L'Union européenne et ses institutions (le Parlement européen étant un interlocuteur privilégié pour les jeunes), se sont donnés des objectifs ambitieux en matière d'emploi, d'éducation, de formation professionnelle et de culture. Le*

---

[16] Institut d'études européennes, Université catholique de Louvain : Collowald Paul, *Combats pour l'Europe, Winston Churchill et Robert Schuman, Itinéraires croisés*, Institut d'études européennes, UCL Louvain, n° 1, 1996 ; *A la fin du Siècle. L'Europe face à ses grands défis. Des réponses de Robert Schuman ?*, Institut d'études européennes, UCL Louvain, n° 6, 1997.

[17] European Institute for Public Affairs and Lobbying.

[18] *Libre Belgique*, « l'Europe inachevée et la jeunesse » par Paul Collowald, 3 décembre 1999, *op. cit.*

chômage régresse, l'euro sera bientôt en circulation… Et cependant, l'Europe doit aller plus loin et plus vite : il s'agit de rapprocher les jeunes de la construction européenne ; ils doivent être associés comme acteurs de premier plan, car ils sont la génération Europe : il va falloir qu'on les informe, qu'on leur explique les effets bénéfiques, mais aussi les risques et les dangers de cette aventure que représente l'élargissement de l'Union européenne : un élargissement nécessaire, parce qu'il s'agit de réunir la famille européenne, mais aussi prométhéen, parce qu'il s'agit de ne pas diluer l'Union européenne dans une simple zone de libre-échange sans idéaux et sans objectifs communs, conception aux antipodes de celle de Robert Schuman. J'estime personnellement que l'on ne saurait faire l'économie de la nécessité du parachèvement de l'intégration européenne et de la cohésion sociale »[19].

Entre 2005 et 2016, Paul Collowald est président de l'Association Robert Schuman, et vice-président du Centre européen Robert Schuman (CERS) à Scy-Chazelles créé en 2000 grâce au Conseil général de la Moselle. Il retrouve régulièrement au conseil d'administration du CERS Jean Seitlinger, Nathalie Griesbeck, Doris Pack, Jean-Claude Juncker, Jacques Santer, Marie-Thérèse Bitsch, Charles-Ferdinand Nothomb et Patrick Weiten.

Et de nouveau, Paul Collowald se met à organiser un grand événement. Cela passe par plusieurs étapes, sans stratégie délibérée si ce n'est de saisir toutes les occasions pour faire vivre dans le temps présent la mémoire de Robert Schuman. Il est dans un premier temps invité à l'inauguration de la salle « Pöttering » à la Maison des Amis de Jean Monnet à Houjarray, près de Paris. À cette occasion, on lui demande de présenter un exposé sur la collaboration des Maisons Monnet (Houjarray), Schuman (Scy-Chazelles), De Gasperi (Trentin) et Adenauer (Bad-Honnef – Röhndorf). Outre Hans-Gert Pöttering[20], Emilio Colombo[21] est présent. À la fin de son exposé, Paul Collowald propose de réunir de jeunes Européens à Scy-Chazelles en mai 2010 pour les 60 ans de la Déclaration Schuman. Tout le monde est d'accord, mais les moyens sont loin d'être réunis… et on lui souhaite bonne chance.

---

[19] Lettre de la présidente du Parlement européen Nicole Fontaine à Paul Collowald le 20 juin 2000 (Archives personnelles de Paul Collowald).
[20] Seul député européen réélu sans interruption de 1979 à 2014 et ancien président du Parlement européen, il est aujourd'hui Président de la Fondation Konrad Adenauer.
[21] Ancien président du Conseil italien, ancien président du Parlement européen et ancien ministre des Affaires étrangères italien.

Lisant une interview du ministre délégué en charge des Affaires européennes Bruno Le Maire dans *Le Figaro*, où il traite des relations franco-allemandes, il lui écrit suivant son principe de la "bouteille à la mer". À sa surprise, le ministre répond et lui propose un rendez-vous à Paris avec l'un de ses collaborateurs. Paul Collowald s'y rend avec Richard Stock, secrétaire général de l'association, pour préciser les objectifs de cette initiative et les moyens nécessaires à sa réalisation. Une subvention serait indispensable, en complément de celle demandée auprès de la Commission européenne. Entre-temps, Pierre Lellouche remplace Bruno Le Maire, mais Paul Collowald s'assure que son dossier ne tombe pas aux oubliettes.

En février 2010, Paul Collowald rend visite à Jacques Delors pour lui proposer de participer à l'événement. En sortant de son bureau à la Fondation Notre Europe, il est invité à son tour à participer aux États-généraux de l'Europe co-organisés à Strasbourg en avril la même année avec Sylvie Goulard, députée européenne et présidente du Mouvement européen – France. Paul Collowald est à la tribune des conférenciers pour la cérémonie d'ouverture et, l'orateur pressenti pour lire la Déclaration Schuman n'étant pas arrivé à cause d'un retard dû au volcan islandais Eyjafjöll, on lui demande de le remplacer au pied levé. On lui donne le texte, il commence la lecture… mais se rend compte que les pages sont dans le désordre et le constate au micro. Frisson dans l'assemblée. Sylvie Goulard l'interpelle : « *Vous connaissez le texte par cœur de toute façon ?* ». Soulagement et rire dans la salle comble.

Mai 2010 : 350 jeunes sont réunis pour une manifestation intitulée « L'Épopée des jeunes Européens 2010 raconte la fabuleuse saga de l'idée européenne ! » à Scy-Chazelles, Houjarray, Rhöndorf et au Parlement européen à Strasbourg. Ils ont travaillé pendant plusieurs semaines sur les étapes majeures de l'histoire de la construction européenne, les valeurs, les visions, les projets des pionniers de l'Europe, des droits de l'homme et de la démocratie. À partir des éléments recueillis, ils ont préparé un spectacle vivant qui s'est intégré dans la journée de commémoration du dimanche 9 mai. À Scy-Chazelles, Paul Collowald et Jacques Delors sont finalement seuls pour la Table ronde car le président du Conseil européen Herman Van Rompuy est retenu à Bruxelles par la crise de l'euro. En présence de Patrick Weiten, alors conseiller général de Moselle et aujourd'hui président du Conseil départemental, la Table ronde est animée par Sylvain Schirmann, alors directeur de l'Institut d'études politiques de Strasbourg, et président du comité scientifique de la Maison Schuman à

Scy-Schazelles ; ainsi que par Sébastien Maillard, correspondant Europe de *La Croix*, à Bruxelles – aujourd'hui directeur de l'Institut Delors[22].

Robert Schuman avait laissé en héritage le pari qu'avec le temps, les États et leur population se seraient habitués à ce qui, en 1950, était une révolution. L'Europe est devenue aujourd'hui une réalité dont l'étendue surprendrait certainement Schuman, mais son projet initial reste largement méconnu de la population européenne.

Les nouveaux enjeux de l'information européenne depuis 2005

À partir des années 1990, accompagnant le développement des outils de la communication des institutions européennes, un nombre croissant de chercheurs en interrogent les résultats. Les conclusions sont critiques, des commencements où la dimension de la « propagande »[23] est soulignée et contre laquelle Paul Collowald s'opposera dès 1996 en rappelant son expérience des faits dénoncés par le journaliste belge Gérard de Sély dans un article du *Monde Diplomatique*[24], jusqu'au bilan de l'absence d'un espace public européen aujourd'hui malgré les efforts entrepris pour bâtir une « Europe des citoyens »[25]. La Commission européenne, jadis détentrice de l'information européenne, la partage désormais avec le Parlement européen qui, procédant directement du vote des citoyens depuis 1979, s'estime plus légitime à informer et communiquer sur ce que fait l'Europe[26].

Quand il relate son expérience, Paul Collowald rejoint les critiques faites par les chercheurs sur le tournant de la communication. Ce virage est amorcé au sein de la Commission dès les années 1990 avec le

---

[22] « L'Europe fête 60 ans d'épopée, l'épopée des Jeunes Européens 2010 raconte la fabuleuse saga de l'idée européenne » : archives personnelles de Paul Collowald.
[23] Dacheux Éric, 2004, *op. cit.*
[24] Collowald Paul, « L'information européenne face aux rumeurs et aux humeurs », *Les Cahiers du Fédéralisme*, n° 302, 1996.
[25] Dacheux Éric, 2004, *op. cit.* ; Aldrin Philippe *et al.*, *Les médiations de l'Europe politique*, Strasbourg : Presses universitaires de Strasbourg, 2014.
[26] Aldrin Philippe, « Parler au nom de l'Europe. Luttes d'institutions et conflits de légitimités pour le porte-parolat de l'Union » in Aldrin *et al.*, *op. cit.*, 2014.

rapport De Clercq[27] et le *Livre Blanc* de 2006[28] le confirme. Même si la « communication » est un terme ambigu et parfois difficile à distinguer de « l'information », pour Paul Collowald il y a bien une différence : l'Europe n'est pas là pour vendre quelque chose mais bien pour expliquer ce qu'elle fait et éclairer les citoyens sur leurs choix à venir. Les cibles de la communication sont aussi différentes. La DG X[29] avait opté pour la méthode de la décentralisation, soit par le rôle des bureaux extérieurs comme « *animateurs, interlocuteurs, pourvoyeurs d'information, relais d'information* » ; soit à l'initiative des collectivités territoriales, comme les Centres de documentation sur l'Europe, ou des Chambres de commerce et d'industrie ; ou encore la présence de la Commission européenne lors des Expositions universelles ou internationales.

Aujourd'hui, à travers, entre autres, les *Décodeurs* diffusés sur les réseaux sociaux – Facebook, Twitter, les *Dialogues citoyens* animés par les commissaires dans les États membres, ou encore les 150.000 visiteurs accueillis chaque année au Parlement européen pour une visite ou un jeu de rôle au *Parlamentarium* à Bruxelles et à Strasbourg, l'UE s'active dans le domaine de l'information à destination des citoyens. Les budgets communication sont sans commune mesure par rapport à ceux des balbutiements. Mais visiblement ce n'est pas suffisant.

Pour l'expliquer, Paul Collowald évoque son « cercle vicieux » des institutions européennes et nationales qui n'informent pas assez, les médias ne jouant pas assez leur rôle critique et les citoyens restant indifférents. Des chercheurs, tels qu'Éric Dacheux[30], soulignent que c'est le déficit politique qui constitue la raison principale des limites de la communication institutionnelle européenne : sans espace public, il est difficile pour les citoyens de s'emparer de l'objet européen. Cet espace public est limité aujourd'hui encore car il existe 27 réalités dans lesquelles l'Europe fait sens. L'information sur l'Europe passe par le viseur national : enjeux traités dans une perspective nationale par les médias dans une vingtaine de langues différentes, alors que seuls la moitié des Européens

---

[27] Rapport du groupe d'experts présidé par Willy De Clercq, *Réflexion sur la politique d'information et de communication de la Communauté européenne*, Parlement européen, 1993.
[28] Commission européenne, *Livre blanc sur une politique de communication européenne*, 2006.
[29] La DG X est renommée par la Commission Delors DG X – Information, Communication et culture et aujourd'hui DG Communication.
[30] Dacheux Éric, 2004, *op. cit.*, 2005.

parle une autre langue que sa langue maternelle… On est loin d'un espace où circule idées, opinions, informations.

Le changement est patent aussi dans la relation entre fonctionnaires et journalistes. Alors qu'ils se rencontraient à l'époque des pionniers de la Commission européenne dans une petite salle, c'est aujourd'hui un hémicycle de plusieurs centaines de places qui forme la salle de presse de la Commission. Les journalistes suivent maintenant principalement le fil d'actualité européenne par EbS – *Europe by Satellite*, le service d'information télévisée de l'UE.

En juin 2018 éclate même ce qui est décrit comme « *une guerre ouverte* » entre la Commission européenne et les journalistes accrédités à Bruxelles. Parmi d'autres, des journalistes italiens comme Lorenzo Consili ou français, Jean Quatremer de *Libération*, Jean-Sébastien Lefebvre de *Contexte* et Pascal Verdeau de *France 3*, dénoncent la « *langue de béton et du mensonge* »[31] de la Commission européenne et d'un « *rendez-vous quotidien de midi presse de la Commission depuis longtemps vide de sens* »[32].

Dans ma dernière conversation avec Paul Collowald auquel j'ai appris ces dernières péripéties entre une institution où il avait eu des responsabilités et le monde des accrédités, j'ai constaté son étonnement, sa tristesse et son inquiétude… Ce qui l'afflige le plus, c'est ce pacte implicite de la confiance qu'il avait connu et qui lui semble maintenant rompu, la confiance étant, à ses yeux, parfaitement compatible avec des différences d'opinion et l'esprit critique du journaliste.

La mémoire des Malgré-Nous

Plus récemment, Paul Collowald a élargi son travail de mémoire à deux autres thèmes : la guerre et la résistance. Il existe deux raisons à cela : suffisamment de temps a passé pour désormais accepter d'en parler, et des étudiants l'interpellent. Cela commence par l'échange de lettres avec le chercheur Julien Fuchs, qui publie *Toujours prêts !* en 2007 issu de

---

[31] Quatremer Jean, « Langue de béton à la Commission », *Libération*, 25 juin 2018.
[32] « Les citoyens (et la presse) n'intéressent que bien peu la Commission européenne », billet du blog de Jean-Sébastien Lefebvre, journaliste à *Contexte* (publié le 26 juin 2018, http://www.jslefebvre.eu/journalisme/2018/06/26/les-citoyens-et-la-presse-ninteressent-que-bien-peu-la-commission-europeenne/ consulté le 26 juin 2018). Sur twitter, Pascal Verdeau réagit le même jour : « *il faut désormais boycotter ce rendez-vous soviétique qui est devenu une mascarade. À Moscou au moins à l'époque, on sentait le souffle de l'histoire* ».

sa thèse de doctorat, et avec l'étudiante Dorothée Bouquet au début des années 2010 pour son mémoire sur la politique de la jeunesse après 1945 dans le Bas-Rhin. En postface de la thèse de doctorat de Julia Wilczynska soutenue à l'IEP de Strasbourg sous la direction de Sylvain Schirmann en 2012[33], Paul Collowald rédige le texte « Les tours, détours et "retours" de l'Histoire ».

En 2013, le Souvenir français lui demande de témoigner lors de la commémoration des « Fusillés du 15 juillet 1943 » à l'hôtel de Ville de Strasbourg. Paul Collowald est aussi impliqué dans l'association franco-allemande BILD, dont il reste abonné à la revue *Dokumente/ Documents*, sous la direction de Gérard Foussier. Fin 2013, il participe à la manifestation franco-allemande à Metz pour évoquer la mémoire de Robert Schuman et la construction d'une Europe pacifiée[34]. Il soutient de tout cœur la rénovation du Mémorial de Schirmeck qui, sous l'impulsion de Joseph Daul, président du Parti populaire européen (PPE) et du président du Parlement européen Martin Schulz, comprend désormais une nouvelle aile dédiée à la construction européenne.

Sa dernière "bouteille à la mer" adressée à un inconnu avec lequel il a pourtant senti une affinité et une envie de partager... est le dernier survivant du massacre de Tibhirine, frère Jean-Pierre Schumacher. En janvier 2018, lisant dans l'hebdomadaire *La Vie* son interview à l'occasion du feu vert du Saint-Siège à la béatification de ses compagnons assassinés en 1996, il lui adresse une lettre à son monastère... au Maroc. Il y évoque les similitudes entre eux – nés en 1923, les origines mosellanes, l'expérience de Malgré-Nous, celle de la survie après l'extrême détresse de la guerre... – et lui présente le projet qui lui tient alors à cœur : sa biographie, en lui envoyant le prospectus de présentation. Fin mai 2018, il reçoit une réponse.

---

[33] Thèse de doctorat de Julia Wilczynska, 2012, *op. cit.*
[34] Manifestation franco-allemande à Metz du 12 décembre 2013 sur « 1913-2013 : centième anniversaire de la tenue d'un "Katholikentag" allemand à Metz ».

> *Le 23 mai 2018*
>
> *Cher Paul,*
>
> *C'est vrai que le fait d'être tous les deux « Malgré Nous » et survivants nous rapproche d'emblée… (…) Nous aurions beaucoup à échanger… sur nos parcours, à la fois proches et différents. Je suis sûr que pour vous il s'épanouit à son terme en inépuisable reconnaissance même si l'objectif est toujours en grande espérance. Pour moi, aussi.*
>
> *En parcourant la présentation et la table des matières du livre joint à votre lettre, je suis très joyeusement impressionné par chacune des différentes étapes de votre parcours animé par le propos de cheminer sur les pas de Robert Schuman pour que les frontières ne soient pas des barrières entre les peuples différents les uns des autres. C'est beau.*
>
> *« Résister, s'engager, parler de l'Europe à unir, oser le saut dans l'inconnu de la Déclaration Schuman du 9 mai 1950, le réinventer face aux enjeux d'aujourd'hui ».*
>
> *Courage, Paul, et que se répande sur ce projet absolument méritoire la puissance du Seigneur à qui tout est possible… et qu'il donne beau succès à votre livre. (…)*
>
> *Bien fraternellement avec toutes mes amitiés,*
>
> *Frère Jean-Pierre Schumacher*

Son livre *J'ai vu naître l'Europe*

En 2010, les historiennes Christine Manigand et Anne Dulphy réalisent des entretiens avec Paul Collowald[35]. En juin 2013, dans le cadre de son assemblée générale, l'Association alsacienne à Bruxelles APA lui rend hommage à l'occasion de ses 90 ans. Au même moment, la journaliste Sophie Allaux-Izoard lui demande s'il a rédigé ses Mémoires : non, car il n'a pas le temps de les écrire. Peut-être est-ce le moment ? Paul Collowald s'y attelle et les publie sous forme d'entretiens avec elle. Sous le titre *J'ai vu naître l'Europe* publié en 2014 aux Éditions de la Nuée Bleue à Strasbourg, il se concentre sur sa rencontre avec Robert Schuman et sa passion pour l'Europe. Il le fait à sa manière : celle du journaliste qui livre un récit vivant fondé sur de nombreuses anecdotes et des scoops, rectifie l'information, rappelle les fondements, commente l'actualité passée et en cours et réfléchit à l'étape suivante ; à la prochaine frontière à dépasser.

La parution du livre l'amène à repartir sur les chemins des conférences, en privilégiant la rencontre avec les jeunes générations. Paul Collowald rencontre au FEC le groupe « Jeunes en politique » en septembre 2014,

---

[35] Entretien de Paul Collowald par A. Dulphy et C. Manigand in *histoire@Politique* 2011, *op. cit.*

sur le thème « L'Europe inachevée »[36], et un débat très animé s'instaure avec les représentants jeunes de tous les partis politiques. Son livre est présenté lors d'une soirée à la Commission européenne : « Autour des mémoires de Paul Collowald » en décembre 2014. En juillet 2015, il rencontre le nouveau président de la Commission Jean-Claude Juncker, qu'il connaît par le biais des activités organisées à Scy-Chazelles, pour évoquer les souvenirs traités dans le livre. En mars 2017, l'APA organise une rencontre à l'occasion du soixantième anniversaire des traités de Rome et invite Paul Collowald ainsi que Jo Leinen, député européen sarrois et président du Mouvement européen (section internationale), à venir témoigner. C'est à cette occasion que j'ai rencontré Paul Collowald pour la première fois.

Sylvie Goulard, à la fin d'une de ses lettres, écrit : « *Merci encore de témoigner sans relâche* ». Malicieusement, à la journaliste Sabine Verhest de *La Libre Belgique*, qu'il a eue comme étudiante au CUEJ, Paul Collowald écrit le 24 mars 2017 : « *Vous m'avez toujours connu en lutte contre l'amnésie et pas encore... résigné !* ». Il a la passion des Rabier et Gazzo, celle des « *"amoureux" de l'Europe* », comme l'écrivit Gazzo au lendemain de la création de l'UE en 1992[37]. Emanuele Gazzo avait salué à cette occasion l'article de Bertrand Poirot-Delpech « Europe, mon amour » dans *Le Monde*. Et quand on aime, on ne ménage pas son effort...

---

[36] *Élan*, résumé dans deux numéros (septembre et décembre 2014).
[37] Extrait du Bulletin de l'Agence Europe des 8-9 novembre 1993 : recueil *Emanuele Gazzo* (archives personnelles de Paul Collowald).

Réinventer l'Europe

Une Europe solidaire

Dès la fin des années 1980, marqué par son récent veuvage, Paul Collowald laisse de côté ses projets personnels pour se consacrer aux combats qu'il n'a cessé de poursuivre depuis l'après-guerre et qui pour lui sont au cœur de l'Europe à unir : l'Europe solidaire, l'information et l'Europe, les citoyens et l'Europe. C'est l'heure des dépassements de soi : infatigable militant européen, il va au-delà des frontières professionnelles en s'engageant à nouveau pleinement dans l'associatif ou en retournant fréquenter le milieu universitaire. Au-delà aussi des frontières entre l'Europe économique, sociale et politique, en rappelant ce que sont pour lui les fondamentaux de l'Europe à unir.

L'Europe doit pouvoir impliquer tous ses citoyens. Tout être humain en Europe doit être un citoyen de plein droit, bien logé et nourri, ayant accès à la protection sociale, à l'éducation, au travail et à un salaire décent. C'est le combat d'ATD-Quart Monde depuis 1957 auquel participe activement Paul Collowald, en particulier au cours de sa retraite.

Paul Collowald est « allié » d'ATD-Quart Monde depuis les années 1970 au sein de la section belge. À partir de 1989, il participe au premier Intergroupe du Parlement européen ATD-Quart Monde et Droits de l'homme. Il aide le premier délégué du mouvement auprès de l'UE, Jean Tonglet, pour les communiqués de presse, les prises de contact avec les députés et les membres de la Commission européenne, dans l'organisation de conférences, comme en 1998 sur « L'Europe et le refus de la pauvreté » au Foyer catholique européen. Paul Collowald raconte :

> *« J'étais tous les jeudis matin à la réunion interne de ATD-Quart Monde. Puisque la délégation est en charge de l'intergroupe et avec mes connaissances, et en tant qu'allié le plus opérationnel à Bruxelles, je suis le conseiller bénévole qui se rend avec Jean Tonglet pour les rencontres à Strasbourg en session. Suivant*

la bonne volonté des députés, et de la présidence, avoir la possibilité d'avoir une salle. Simone Veil a beaucoup facilité le fait d'avoir des salles à chaque session »[1].

En 1993, il publie une « opinion » dans *La Croix* « Refuser la misère – Une citoyenneté pleine et entière »[2] : c'est à la fois un coup de gueule face aux choses du monde qui ne changent pas, « *en ce temps de morosité, de doutes et de peurs* » ; et un message d'espoir alors que vient de s'achever l'Université populaire annuelle d'ATD-Quart Monde, « *permettant d'échanger véritablement un "savoir" venant d'une expérience du terrain des plus pauvres* ». Chercheurs, chefs d'entreprise, volontaires d'ONG ou personnalités politiques de renom – ainsi en est-il de l'ancien commissaire Albert Coppé – interviennent aux côtés de personnes seules ou de familles démunies décidées à retrouver leur dignité. Par le ton passionné de son article, Paul Collowald semble avoir retrouvé les chers moments du FEC, le temps de sa vie de jeune actif à Strasbourg lorsque les exposés politiques ou économiques portaient toujours sur la question de l'Homme et nourrissaient sa propre réflexion.

Avec l'Intergroupe, il suit les sujets législatifs comme le programme « Pauvreté » suspendu en 1994, la Charte sociale (1992), la Charte des droits fondamentaux (2000) ou encore la Stratégie européenne de croissance (Lisbonne, 2000).

Dans un article de synthèse publié en supplément de la revue du Mouvement européen-France *La Lettre des Européens* en mars 1994, et intitulé « l'Europe sociale : la porte étroite », Paul Collowald rappelle ce qui, selon lui, constitue les deux principaux obstacles à la réalisation des finalités sociales du progrès économique tels que définies dans les traités de Paris et Rome : les systèmes sociaux nationaux et la disparité économique entre États membres.

Pour aller au-delà des outils existants, maigres car limités bien que significatifs, à savoir le Fonds social européen pour l'aide à la reconversion économique et sociale, les aides régionales avec le FEDER, les droits sociaux associés à la libre circulation des travailleurs, et la législation pour l'égalité homme-femme, il souligne les avancées apportées avec l'arrivée de Jacques Delors à la tête de la Commission européenne, avec l'instauration du dialogue social européen, la possibilité d'adopter

---

[1] Entretien personnel avec Paul Collowald (automne 2017).
[2] « Refuser la misère – Une citoyenneté pleine et entière » par Paul Collowald, *La Croix*, 17 juillet 1993.

des directives sur l'amélioration des conditions de travail à la majorité qualifiée, et l'adoption en 1989 de la Charte européenne des droits sociaux fondamentaux des travailleurs par tous les États membres, sauf le Royaume-Uni.

Pour contourner le veto britannique, avec la signature du Traité de Maastricht est adopté un Protocole sur la politique sociale par onze États membres. Parmi les limites, Paul Collowald souligne l'importance du soutien à l'emploi des jeunes, et la nécessité d'établir un lien entre progrès économique et progrès social » : « *malgré les efforts accomplis, l'Europe sociale reste un terrain d'expérimentation* ». On retrouve ses talents de pédagogue pour expliquer les fondamentaux afin de pointer les objectifs des actions à venir.

Avec le député européen espagnol José Maria Gil-Robles, président de l'Intergroupe ATD-Droits de l'homme, Paul Collowald organise un concours auprès des futurs journalistes sur le thème de l'exclusion sociale. Il poursuit sa collaboration avec le nouveau délégué ATD, Olivier Gerhard, puis aujourd'hui Bert Luyts. En avril 2000, l'ancien président allemand Roman Herzog se voit confier la mission d'organiser une Convention chargée d'élaborer une Charte des droits fondamentaux où sont invitées les ONG qui s'occupent des droits de l'homme, dont ATD. Paul Collowald intervient au nom de ses amis pour présenter les cinq propositions du mouvement : l'accueil positif de l'aspect contraignant que la Charte aurait par son inclusion dans les traités européens ; l'appui sur la Convention européenne des droits de l'homme (CEDH) et la Charte sociale européenne révisée à Strasbourg (1996), qui inclut le droit « *à la protection contre la pauvreté et l'exclusion sociale* » et le droit au logement ; le droit à un revenu minimum garanti, dont Paul Collowald rappelle qu'il s'agit d'une proposition ancienne d'ATD-Quart Monde afin d'assurer la dignité de chaque personne ; le droit à la consultation et à la participation des ONG européennes auprès des institutions européennes ; l'adhésion de l'Union européenne à la CEDH et à la Charte sociale européenne révisée pour assurer la cohérence entre les différentes politiques menées.

Au sein de la Délégation ATD auprès de l'UE, Paul Collowald est associé à la rédaction d'un rapport sur la stratégie de Lisbonne à l'intention de la Commission. Ainsi, comme le raconte le délégué de l'époque Olivier Gerhard, en prévision du Sommet de la Présidence portugaise à Lisbonne en 2000,

> « *Dès l'été 1998, ATD Quart Monde adressait une note au gouvernement portugais, par le biais de la Représentation permanente du Portugal auprès de l'Union. Le Sommet suggéré, devait, à son avis, adopter une stratégie contre la pauvreté, selon la méthode utilisée pour l'emploi, en la fondant sur trois lignes directrices : assurer à tous l'accès aux droits fondamentaux, mener une politique globale et cohérente, s'appuyer sur le partenariat avec les populations en situation de pauvreté et d'exclusion sociale. Les contacts se poursuivirent au cours de l'année suivante, tant à Lisbonne qu'à Bruxelles. Des représentants du Portugal ont participé en 1999 à la session européenne des universités populaires Quart Monde "tous nous sommes acteurs des droits de l'homme". Celle-ci a permis à des délégués de familles en grande pauvreté d'une douzaine de pays de dialoguer avec des responsables européens sur la façon de mettre en œuvre les droits fondamentaux avec les plus pauvres. (…) En mars 2000, lors du Sommet de Lisbonne, les chefs d'État et de gouvernement ont mis à l'ordre du jour l'éradication de la pauvreté en Europe et adopté une stratégie de lutte contre la pauvreté et l'exclusion sociale* [avec la méthode de la coordination ouverte]. *(…) Le Sommet de Lisbonne a osé, enfin, parler de la pauvreté et en reconnaître le caractère intolérable* »[3].

La Stratégie de Lisbonne a été signée par les quinze États membres en mars 2000 pour soutenir une croissance durable, innovante et inclusive de manière coordonnée entre États, sous la forme d'un contrôle par les pairs. Des indicateurs sont définis que les États s'engagent à prendre en compte dans la définition de leurs politiques économiques. Au cours de la présidence française qui suit la portugaise, poursuit Olivier Gerhard dans sa contribution, les « Objectifs de lutte contre la pauvreté et l'exclusion sociale » sont adoptés en Conseil des ministres et ils reprennent l'approche globale d'ATD Quart Monde : il s'agit d'œuvrer auprès de toutes les populations qui n'ont pas accès aux droits fondamentaux tels que « *l'emploi, ressources nécessaires pour vivre conformément à la dignité, logement décent et salubre, éducation, justice, culture et loisirs* », et « *sont tenues à l'écart de la société de la connaissance et de l'information, privées de participation et d'expression* ». Enfin, « *ces objectifs mettent aussi l'accent sur les populations les plus vulnérables, celles qui, par exemple, sont privées d'eau, expulsées de leur logement ou sans abri* ».

Une fois cette Stratégie de Lisbonne adoptée, ainsi que les Objectifs de lutte contre la pauvreté, les ONG se sont mises au travail pour veiller à ce que les plans d'action annoncés par les États membres et vérifiés par les évaluations annuelles auxquelles se prêtent chaque État ne constituent pas, comme conclut Olivier Gerhard, « *des exercices de style plus ou*

---

[3] Revue *Quart Monde*, n° 181 (2002) – numéro spécial : « l'Europe au pied du mur ».

moins habiles mais [bien] l'amorce de vraies politiques de lutte globale pour l'avènement d'une société où la dignité de chacun soit vraiment respectée dans les faits, et pas seulement dans les textes, aussi beaux soient-ils. Un essai a été marqué, mais le plus difficile reste à faire : il faut le transformer ».

Ce fut un travail sérieux pour de maigres résultats, se souvient Paul Collowald, constatant une fois de plus la déficience des États membres lorsqu'il s'agit de la mise en œuvre de ce qu'ils ont eux-mêmes décidé. En décembre 2017, l'ancienne députée européenne et ancienne ministre des Armées Sylvie Goulard, en charge de l'Intergroupe Lutte contre la Pauvreté et Défense des droits de l'homme de 2010 à 2017, publie une tribune sur le site de l'Institut Jacques Delors, dans laquelle elle rappelle l'importance de la lutte contre la pauvreté comme facteur de compétitivité autant que comme défi humain et social. C'est un rappel à l'ordre des États face à leurs engagements pris à Lisbonne en 2000, et renouvelés depuis[4].

Dans le cadre de la Journée du refus de la misère en octobre 2016, Paul Collowald rencontre un certain Emmanuel Macron, dont la candidature à la présidentielle française n'a pas encore été annoncée. Il a été invité à intervenir au sein de l'Intergroupe avec la commissaire européenne en charge des Affaires sociales, la Belge Marianne Thyssen. Paul Collowald ne connaît presque rien de lui si ce n'est que son profil est atypique – il a retenu qu'il a travaillé un an avec Paul Ricœur. Ce dernier ayant été son professeur à Strasbourg, Paul Collowald a l'idée de fournir à Emmanuel Macron un texte de Paul Ricœur sur l'exclusion sociale et sa place dans la réflexion philosophique contemporaine sur la justice, publié dans la revue *Quart Monde*[5].

Avec un petit mot confié à Sylvie Goulard, ce message avait visiblement touché Emmanuel Macron. À la pause, Sylvie Goulard fit les présentations et à la sortie de l'hémicycle, Emmanuel Macron croise Paul Collowald, et le remercie chaleureusement de son initiative. Les deux hommes se serrent la main… Une poignée de main à « *vous broyer les phalanges* », sourit Paul Collowald. Il s'est ensuite demandé si cette intensité dans le geste était liée au fait qu'il y avait eu cette évocation de Paul Ricœur, ou si c'était chez Emmanuel Macron la manière habituelle

---

[4] Goulard Sylvie, « Pauvreté, un combat européen à mener avec les plus démunis », 18 décembre 2017, *Notre Europe*. (consulté le 18 janvier 2018 http://institutdelors.eu/wp-content/uploads/2018/01/pauvretuncombateuropen-goulard-tribune-dc17.pdf)

[5] « L'exclusion est une violence » par Paul Ricœur, revue *Quart Monde*, n° 147 (1993).

de fonctionner. Un an plus tard, à la télévision, il s'est amusé de voir le président des États-Unis visiblement surpris de se voir broyer la main par ce jeune président de la République française. D'où la durée insolite de cette poignée de main qui a fait le tour du monde.

Une information européenne accessible

Un autre fil rouge du combat de Paul Collowald pour voir émerger une Europe unie est celui de l'information européenne simple et accessible à tous les citoyens. Le constat est partagé : l'Europe a multiplié les outils de communication mais sans être pour autant parvenus à réduire la distance avec la très grande majorité des citoyens[6]. C'est bien pour relever ce défi qu'un rapport est remis en juin 2005 au Premier ministre de Villepin sur le thème de « La fracture européenne : après le référendum du 29 mai, 40 propositions concrètes pour mieux informer les Français sur l'Europe ». Ce rapport est initialement demandé par le Premier ministre Jean-Pierre Raffarin, suite à la mission parlementaire auprès du ministère des Affaires étrangères menée par le député Michel Herbillon et aux résultats du référendum de mai 2005.

L'objectif est de recenser les initiatives menées par les pouvoirs publics ou de la société civile pour assurer l'information sur l'Europe ; et de définir une stratégie de long terme afin de remédier aux manques. Parmi ceux-ci, le député pointe l'ignorance d'une partie de la classe politique et de certains journalistes à propos du fonctionnement décisionnel européen. La campagne du référendum, qui a été dominée par la polémique sur la directive Bolkenstein qui aurait été « prête à entrer en vigueur » alors qu'il ne s'agissait que d'une proposition de la Commission, en est un bel et triste exemple. Les sondages réalisés après le vote ont montré que la question sociale a été décisive pour une majorité de votants ; alors que le projet de Constitution pour l'Europe portait sur d'autres aspects. La campagne électorale pour le référendum de sortie de l'UE au Royaume-Uni en 2016 a reposé elle-aussi sur des mensonges, le plus marquant portant sur la promesse du retour de 350 millions de livres sterling par semaine pour financer le *National Health Service* – démenti le lendemain du résultat par le leader de l'UK Independence Party (UKIP), Nigel Farage.

Parmi les propositions du député Herbillon figure le travail sur les symboles de l'Europe et sur la formation des élèves et de leurs enseignants

---

[6] Dacheux Éric, 2004, *op. cit.*

à l'Europe, ainsi que celle des – futurs – journalistes et fonctionnaires, ce qui suscite beaucoup d'intérêt auprès de Jacques Rabier et de Paul Collowald. Au cours de l'été 2005, ces derniers bûchent sur le rapport et veulent rectifier certains passages du bilan de la politique d'information des institutions européennes depuis les années 1950 en s'appuyant sur leur expérience respective – ces rectifications seront incluses dans la version publiée à la *Documentation française*.

Jacques Rabier adresse au député une lettre très détaillée où figurent deux parties « 1/ Questions » sur la suite concrète que le Gouvernement et les institutions européennes souhaitent lui donner, et « 2/ Commentaires et critiques de détail », fourmillant de précisions argumentées pour corriger certaines parties du rapport. La lettre vise à l'encourager à poursuivre son action en suggérant des pistes pour réaliser les propositions décrites le plus rapidement possible. De quelle ténacité témoignent les deux retraités pour persévérer et réinventer l'Europe : l'un a 86 ans, l'autre 82 et, alors que la France est en vacances, ils sont une nouvelle fois à l'ouvrage depuis leur domicile bruxellois…

En décembre 2017, la députée La République en Marche (LREM) Valérie Gomez-Bassac, sous la présidence du député Herbillon, rend son rapport sur l'intérêt de nouveaux rendez-vous avec les citoyens dans l'ensemble des États membres[7]. Face aux crises multiples que traverse l'Europe, suite au Brexit et dans la perspective des élections européennes de 2019 et, au-delà, pour bâtir le futur de l'Europe, la députée propose plus particulièrement la tenue de conventions démocratiques sur l'ensemble du continent. Initiées en Irlande avec une vingtaine d'événements dans les universités et les associations autour du slogan « Your Europe. Your choice. Get involved » et, depuis le printemps 2018, les consultations citoyennes en France[8], les *Bürgerdialoge* en Allemagne[9], et ainsi dans l'ensemble des États membres[10], des manifestations sont organisées en

---

[7] Gomez-Bassac Valérie, *Rapport d'information sur les conventions démocratiques de refondation de l'Europe*, Paris : Assemblée Nationale, décembre 2017.

[8] Site de présentation des consultations citoyennes en France (consulté le 30 avril 2018) : https://www.touteleurope.eu/consultations-citoyennes.html.

[9] Site de présentation des dialogues citoyens en Allemagne (consulté le 30 avril 2018) : https://www.bundesregierung.de/Webs/Breg/DE/Themen/Europadialog/_node.html.

[10] https://www.touteleurope.eu/actualite/consultations-citoyennes-en-europe-que-font-les-autres-pays-europeens.html (consulté le 30 avril 2018).

vue de recueillir les attentes prioritaires des citoyens européens et de les présenter lors du Conseil européen de décembre 2018.

Mais aux vues des résultats limités des dialogues citoyens organisés depuis 2013 par la Commission européenne, jugés trop « confidentiels », la rapporteure insiste sur le fait de toucher un large public et d'aller au-delà de quelques mois de débats pour envisager au contraire des conventions démocratiques sur le moyen terme. En ce qui concerne l'information européenne, elle déplore l'absence d'Europe dans les médias traditionnels et souligne leur rôle, ainsi que les réseaux sociaux, dans la diffusion des conventions, voire pour organiser la prise de parole du plus grand nombre…

La question de la distance entre l'Europe et les citoyens est une problématique au cœur de l'information européenne pour Paul Collowald. Au cours de sa retraite militante, il mène des actions tous azimuts : articles de presse ou chapitres d'ouvrages, préfaces, conférences, invitations dans maintes associations et en particulier quand il s'agit de la jeunesse… Jusqu'à aujourd'hui, si sa santé le permet, il répond positivement aux invitations à participer à des événements à Bruxelles, Strasbourg, Luxembourg, Paris ou ailleurs. Par ses articles, que cela soit pour raconter les premiers pas de l'intégration européenne, rectifier les approximations faites par les journalistes[11] ou les écrivains ou réagir à l'actualité, il cherche toujours à expliquer, sans jargon.

Donner du sens aussi : Paul Collowald investit le domaine des concepts-clés et des symboles de l'Europe. Il préface « L'Europe en quête de ses symboles » publié par Carole Larger en 1995 et en 2011, sous la direction de Christophe Degryse, le *Dictionnaire de l'Union européenne* où il souligne l'importance « *des mots et des concepts* »[12]. En 1999, il raconte les origines de l'hymne et du drapeau européen dans l'article « D'azur et de joie, contribution à l'histoire du drapeau et de l'hymne européen »[13]. Il y rappelle que c'est en mai 1986 que pour la première fois, le drapeau européen est hissé conjointement par les présidents Delors et Pflimlin devant le Berlaymont, puis retentit l'hymne européen l'Ode à la joie.

---

[11] Par exemple, « L'information européenne face aux rumeurs et aux humeurs » par Paul Collowald in *Les Cahiers du fédéralisme*, n° 302, 1996, en réponse à un article du *Monde Diplomatique* de juin 1996.

[12] Degryse Christophe, *Dictionnaire de l'Union européenne*, 4ᵉ édition, Bruxelles : Éditions Larcier, 2011.

[13] « D'azur et de joie, contribution à l'histoire du drapeau et de l'hymne européen » par Paul Collowald, *Revue d'Alsace* n° 125, automne 1999.

À cette occasion, le président Pflimlin déclarera « *Pour les nations, le drapeau a été un symbole de lutte. Puisse le drapeau européen être le symbole du combat pacifique pour l'Union européenne* »[14].

Fin 2017, il réagit à la polémique suscitée par Jean-Luc Mélenchon sur la présence du drapeau européen à l'Assemblée nationale en fournissant les éléments de preuve de la véritable origine à ses amis journalistes. Lors d'un entretien publié sur le site de « Sauvons l'Europe ! », il raconte :

> « *J'ai vu naître le drapeau européen à Strasbourg, au sein du Conseil de l'Europe au début des années cinquante. Je faisais partie des accrédités auprès du Conseil de l'Europe que le directeur de l'information Paul Lévy invitait dans son bureau à un briefing hebdomadaire, hors session. Nous n'étions pas très nombreux dans ce bureau, et je suis probablement le dernier survivant... donc témoin ! Paul Lévy avait la charge de proposer un drapeau au Conseil des Ministres du Conseil de l'Europe. C'est une gestation qui a duré quatre ans ! Le drapeau en devenir occupait l'une des tables de son bureau et nous suivions semaine après semaine le difficile accouchement. Un travail complexe, collectif et itératif...Lévy faisait des synthèses successives des projets* [de 15 à 12 étoiles en passant par une proposition à 8, la réduction du nombre des étoiles étant liée à des choix politiques et en aucun cas à des références religieuses comme la couronne de Marie]. *Dans la dernière ligne droite, Il confia à Arsen Heitz la réalisation des dernières versions des planches. J'avais rencontré Arsen Heitz plusieurs fois dans les couloirs du service de presse du Conseil de l'Europe. Il occupait un emploi d'agent administratif, après avoir suivi les cours du soir de l'École des Arts de Strasbourg. Si Paul Lévy faisait donc "naturellement" appel à ses compétences, il ne peut être vu comme "l'auteur du drapeau européen" au sens qu'il en aurait assuré conception et création, travail dont nous venons de voir les péripéties. Sa participation relève en effet d'un simple concours technique dans l'ultime phase de présentation* »[15].

De manière plus anecdotique mais révélatrice de son tempérament soucieux des moindres détails... Constatant l'absence de la mention explicite « Déclaration Schuman » à la date du 9 mai dans l'agenda du personnel du Parlement européen, il le signale à son ancien collègue en charge des publications à Luxembourg qui l'assure qu'il en tiendra compte. L'année suivante, Paul Collowald constate que ce n'est pas le cas et le rappelle. Ceci sera inscrit un an plus tard et jusqu'à aujourd'hui. C'est cela, Paul Collowald : un mélange d'initiatives, de malice, de fidélité, de

---

[14] Site internet Parlement européen, onglet « les Présidents du Parlement » (consulté le 3 mars 2018).
[15] http://sauvonsleurope.eu/ (consulté le 27 octobre 2017).

rigueur, voire d'obstination pour ne pas oublier quand et comment les choses se sont faites, persuadé de l'importance du « détail »…

Paul Collowald a un point de vue critique du peu de cas donné à l'Europe dans les médias, qu'il s'agisse de la TV, la radio, les réseaux sociaux ou la presse écrite. Ce n'est pas qu'il n'apprécie pas le travail de ses confrères, bien au contraire, mais il reste un commentateur attentif. Aujourd'hui encore, il épluche chaque jour les nouvelles qui lui parviennent par différents canaux, y compris le bulletin de l'agence Europe, et signale comme il le peut les anachronismes, les omissions, les erreurs d'interprétation, voire des *fake news*. Dernier exemple en date dans le cas d'une omission : la Garantie jeunes. Il s'agit d'un dispositif d'insertion professionnelle généralisé en France en 2017 et dont la Cour des Comptes a salué l'efficacité. En mai 2018, le *Figaro* y dédie une page entière et mentionne en fin d'article que « *des fonds européens* » interviennent[16], sans expliquer que le dispositif provient d'une initiative de la Commission approuvé par les États membres en 2013. Qu'est-ce que cela change ? C'est une occasion manquée de dire ce que fait l'Europe. En pratique, cela permet à la Commission de débloquer des cofinancements conséquents[17], de l'inclure dans une approche inclusive et non uniquement financière du semestre européen[18] ou encore de faire bénéficier les organismes locaux ou nationaux d'échanges de bonnes pratiques entre eux.

Impliquer les citoyens : le rôle de la société civile

Depuis la crise financière de 2008, les opinions publiques européennes ont exprimé une défiance croissante vis-à-vis de la construction européenne. Les résultats de l'Eurobaromètre du printemps 2018 montrent une hausse de la confiance dans l'UE, qui se situe à une moyenne

---

[16] *Le Figaro*, 13 mai 2018, « Des décrocheurs reprennent confiance en eux grâce à la Garantie Jeunes » par Manon Malhère.
[17] La part du cofinancement européen (un quart du budget de 675 millions d'euros en France) est donnée dans un autre article du *Figaro* de Anne de Guigné en date du 6 janvier 2017, alors que le dispositif est généralisé à l'ensemble du territoire français… mais pas non plus de mention de la directive européenne.
[18] Le semestre européen est le mécanisme de coordination des politiques budgétaires entre les institutions européennes et chacun des États membres dans le cadre de l'UEM, afin de tenir compte des règles de déficit et dette publique fixées par les traités européens.

de 42 % des sondés – la plus élevée depuis 2010, mais représentant toujours une minorité de citoyens[19]. Aux élections européennes de 2014, auxquelles ont participé moins de 40 % des inscrits, un tiers des députés élus se sont déclarés ouvertement contre – ou en faveur d'une remise à plat de – l'intégration européenne. Ils prônent comme alternative le retour aux États au nom d'une rhétorique selon laquelle « Bruxelles » ne résout ni la crise économique, sociale, migratoire et politique… Par ces votes, les électeurs ont ainsi exprimé que ce qu'ils observent de l'UE ne les convainc pas et, d'une certaine manière, que leurs attentes légitimes pour que l'UE leur rende des comptes ne sont pas satisfaites.

Paul Collowald croit au rôle de la société civile dans la construction européenne. C'est parce qu'il se sent en premier lieu un citoyen de l'Europe qu'il intervient, interpelle, dénonce. Et pour lui, l'information européenne n'a de sens que si elle est débattue. Il a une approche, qui est peut-être aujourd'hui devenue minoritaire, de la quête de l'information comme un acte citoyen. Pourtant, il constate bien comme d'autres observateurs que les décideurs européens ne peuvent plus se passer du regard porté par les citoyens sur leurs actions. Face à la question du « *désamour grandissant entre l'UE et les citoyens* »[20], il est urgent d'agir et pour Paul Collowald, cela passe par la mobilisation dans la société civile, la pédagogie et la participation à des débats.

Il est co-fondateur du Forum permanent de la société civile, créé en 1994 avec Virgilio Dastoli, ancien assistant parlementaire d'Altiero Spinelli et aujourd'hui président du Mouvement européen – Italie. L'objectif de ce Forum a été de mieux faire connaître le fonctionnement et les activités de l'UE. Il représentait jusqu'à 50 ONG[21]. En mai 1998, il participe au Congrès sur l'Europe, cinquante ans après le premier Congrès de La Haye du Mouvement européen. Aujourd'hui, Paul contribue aux activités de « Sauvons l'Europe ! », en lien avec Henri Lastenouse. Il est un témoin qui veut interpeller, en particulier les jeunes générations. Il insiste sur le devoir de responsabilité. En 2005, il écrit :

> « *Lorsque l'on dénonce le déficit démocratique et le déficit d'information, les responsabilités ne sont-elles pas partagées ? Il faut aider les citoyens à défendre*

---

[19] Résultats résumés sur ce lien : file:///C:/Users/smenu/Downloads/IP-18-4148_FR.pdf (consulté le 22 juin 2018).
[20] Cautrès Bruno, *Les Européens aiment-ils (toujours) l'Europe ?*, Paris : La Documentation française, 2014.
[21] Archives personnelles de Paul Collowald.

> *leurs droits, il faut aussi leur rappeler leurs devoirs, y compris celui de s'informer. Un minimum d'effort doit être consacré à ce beau titre de citoyen. Il faut y consacrer un minimum de temps avant de clamer que c'est trop compliqué* »[22].

Ceci se situe dans un contexte particulier. Personnellement, Paul Collowald est élevé au grade d'Officier dans l'ordre de la Légion d'honneur. Présidée le 27 mai 2005 par le ministre François Loos, la cérémonie a lieu au FEC à Strasbourg, dans le lieu symbolique qu'est pour lui la salle Léon XIII. Paul Collowald n'interprète pas tant cette reconnaissance comme une chose accomplie que comme un devoir de reprendre son bâton de pèlerin... pour la cause européenne. Il exhorte la délégation d'étudiants présente de bien réfléchir à l'avenir de l'Europe, à 48 heures du référendum sur le projet constitutionnel. Comme en août 1949 : même lieu, mêmes enjeux, même combat... et désormais une adhésion méfiante au projet européen de la part des jeunes Français.

En septembre 2005, dans la *Revue de l'ADIC*, il affirme : « oui à l'Europe en marche, non à l'Europe en panne ». Au lendemain du « non » français au projet de Constitution pour l'Europe, Paul Collowald partage sa déception et sa tristesse, mais se dit non résigné :

> « *Nous savons d'où nous venons, la Constitution devait nous aider à savoir où nous voulons aller, face à la mondialisation, face à la puissance américaine, sans oublier la Chine, l'Inde et le Japon. (...) Je suis un retraité actif, j'ai repris ma plume, donne des conférences sur l'actualité européenne. (...) Pour avoir cheminé longtemps sur les voies de la création européenne, je souligne inlassablement l'importance du chemin déjà parcouru et j'invite les jeunes générations à le poursuivre encore avec patience, persévérance et confiance, nonobstant les imperfections de ce projet de constitution. Avec l'indifférence et l'ignorance, l'impatience nuit aussi à la démocratie* ».

Lors de la campagne présidentielle française de 2007, Paul Collowald retrouve le candidat François Bayrou venu présenter sa vision de l'Europe lors d'une conférence à Bruxelles. Il le connaît depuis l'époque où il était au cabinet de Pierre Pflimlin, François Bayrou représentant le Président à Paris. Alors qu'après les échecs des référendums français et néerlandais, le traité de Lisbonne est en cours de négociation, Bayrou interroge sur le « qui », « quoi », « comment », avec le public.

Paul Collowald intervient tout au long de sa retraite, là où on l'invite. Il est membre-conférencier de la *Team Europe-France* de la Représentation

---

[22] *Revue de l'ADIC* (Association chrétienne belge des dirigeants et cadres), 2005.

de la Commission à Paris. Il participe au 11ᵉ Dialogue européen sur l'Europe et les médias à la Fondation Jean Monnet pour l'Europe le 20 mars 2014 à Lausanne, en partenariat avec le magazine de Suisse romande *l'Hebdo*. Il y remplace au pied levé Sylvie Goulard, contrainte de se désister pour finaliser le projet d'Union bancaire dont elle a alors la responsabilité au Parlement européen.

Il lance encore et toujours les fameuses "bouteilles à la mer" lorsqu'il interpelle l'historien Jacques Le Goff au sujet de son livre sur l'Europe[23] pour savoir pourquoi il n'y a pas fait mention du 9 mai 1950 ; Jacques Julliard sur sa méfiance par rapport à l'Allemagne lors de sa réunification. Les deux ont la gentillesse de répondre à un inconnu pour se justifier. Paul Collowald n'attaque pas, ne méprise jamais, mais tient, toujours de manière posée, à ce que les vérités de l'histoire soient dites. Et à toujours partager sa foi dans le projet européen qu'il cherche à réinventer par ses multiples interventions.

Paul Collowald souhaite surtout et toujours réveiller les jeunes… son combat incessant, celui qu'il ne lâchera pas tant qu'il « *sera debout* », comme il dit. En avril 2016, il intervient à l'Université Sorbonne Nouvelle sur le thème de l'euroscepticisme et la méconnaissance de l'UE. Une nouvelle fois… Alors qu'internet est devenu la source principale d'information sur l'Europe, parfois sans contrôle et le plus souvent sans être associé à des débats politiques de fond… alors que la Place de la République est animée des débats de « Nuit Debout », il partage son témoignage et interpelle les étudiants :

> « *Pour faire entrer dans la réalité une décision politique aussi importante* [Déclaration du 9 mai 1950], *quasi révolutionnaire, dans une démocratie, il faut expliquer et faire comprendre à l'opinion publique les enjeux et les défis que cela comporte. C'est toute la problématique de l'information et de la communication européenne à laquelle j'ai été mêlé pendant quelques années. (…) Pour ma part, je dirais ceci : OUI, les citoyens ont droit à l'information, mais ils ont également un devoir, celui de s'informer. Je me souviens d'une remarque d'Alfred Sauvy, économiste, démographe qui disait : "un homme pas informé est un sujet (dans le sens féodal du terme), un homme informé est un citoyen"* ».

---

[23] Le Goff Jacques, *l'Europe racontée aux jeunes*, Paris : Seuil, 1996.

Et de continuer avec cette anecdote :

« [Dans les années 1960] *la télévision française s'ouvrait timidement à certaines initiatives vers la "société civile"*. *Dans cet état d'esprit, Pierre Desgraupes avait confié à Louis Leprince-Ringuet, une chronique régulière où il avait la liberté d'aborder tous les sujets. Physicien de grande notoriété, professeur à Polytechnique, membre de l'Académie française, joueur de tennis jusqu'à 90 ans, sa chronique citoyenne était très vivante et très appréciée. Un jour, le patron de la télévision raccompagne son invité à l'ascenseur. Ils bavardent, et Louis Leprince-Ringuet avance très gentiment cette critique : "vous savez, à la télévision, vous ne faites pas grand'chose sur l'Europe !". Un ange passe. "Cher professeur, répond Pierre Desgraupes, l'Europe, c'est emmerdant"!* ».

Paul Collowald conclut alors son analyse :

« *C'était assez brutal, et, en partie, justifié, d'un certain point de vue. Venant d'un professionnel, pour lequel j'avais beaucoup d'estime, cette réplique m'avait conduit à l'image du "cercle vicieux" dans lequel peuvent s'enfermer les trois partenaires de l'information européenne : les institutions (nationales et européennes) ; les médias ; les citoyens. Si l'Europe est "emmerdante", n'y-a-t-il pas là des responsabilités partagées ?* »[24].

Conclusion

Alors qu'elle s'annonçait comme une sorte de retraite anticipée, la période de la vie de Paul Collowald, qui débute avec l'épisode de 1981, est tout sauf tranquille. À travers son engagement, il veut faire avancer l'Europe. Alors qu'il a été mis un temps sur la touche comme fonctionnaire, il réactive les ressorts du militant européen : articles de presse, conférences, événements en mémoire de Robert Schuman et des autres pionniers de l'Europe unie… Il va là où on l'invite, il suscite des initiatives et en réalise de nombreuses. Il a désormais une expérience globale de l'information et de l'Europe, qu'il parfait au Parlement européen en occupant des fonctions élevées, puis pendant trente années de retraite active à Bruxelles.

Pour Paul Collowald, s'il y a du sens à travailler pour l'information sur l'Europe, cela doit se faire dans une perspective globale, impliquant

---

[24] Texte intégral disponible sur le site de l'association Robert Schuman : http://www.association-robert-schuman.eu/docs/actus/Paul%20Collowald%20-%202016%20-%20Euroscepticisme%20et%20meconnaissance%20de%20l-UE.pdf (consulté le 28 décembre 2017).

les citoyens, les médias et les institutions nationales et européennes, et où la place de chaque citoyen est reconnue. Le vote en faveur du Brexit en 2016 et les débats de la présidentielle française en 2017 qui ont très peu porté sur l'Europe à l'exception des prises de position du candidat Macron, ont montré combien l'information sur l'Europe est absente de notre quotidien. Ceci témoigne d'un certain renoncement des institutions nationales et européennes à faire valoir les nombreux apports de 70 ans d'intégration européenne ; celui des médias à offrir une vigilance critique de l'actualité européenne ; celui des citoyens à s'impliquer dans les questions européennes. L'Europe trop lointaine, trop complexe, trop ennuyante ? C'est la responsabilité de tous de la rapprocher de nos vies, des débats qui nous animent et de nos aspirations. C'est ainsi que peut vivre, persévérer, être réinventé, le projet européen lancé par Robert Schuman en 1950. C'est le message de Paul Collowald.

Conclusion

Oser l'Europe

Aujourd'hui comme hier, le défi de l'information sur l'Europe est au cœur du projet d'une Europe à unir. Aux commencements, il fallait essuyer les plâtres, au sens propre comme au sens figuré : installer la salle de presse en abattant une cloison afin de rendre compte régulièrement des décisions aux journalistes nationaux présents à Bruxelles, créer des liens avec les milieux spécialisés dans les États membres et donner jour après jour une réalité à l'action des nouvelles institutions européennes par le biais d'illustrations concrètes auprès des citoyens. Les décisions issues d'une souveraineté partagée sont une innovation du droit de l'UE que les États et les partis politiques nationaux sont encore les derniers à vouloir publiciser auprès des citoyens… Dans ce contexte, l'action de Paul Collowald est à saluer pour avoir, parmi les premiers et tout au long de sa vie, contribué à dire que le projet de l'Europe à unir existe, avec des limites dans sa réalisation et des espoirs quant à sa réinvention.

Son action rejoint celle d'une génération qui a pris ses responsabilités pour changer l'Europe. En premier lieu, pour stabiliser la paix : sa passion européenne a comme terreau son expérience de l'horreur de la guerre et de l'absurdité de jeter les peuples les uns contre les autres de part et d'autre des frontières. Avec d'autres, il s'est battu pour dépasser ces frontières hermétiques qui existaient entre les États européens pour laisser circuler les personnes et le commerce, et créer de nouvelles solidarités, à commencer entre la France et l'Allemagne. Ils ont osé l'Europe même s'ils ne savaient pas ce à quoi cela les menait au juste : c'était en grande partie « un saut dans l'inconnu », comme l'avoua Robert Schuman lui-même à un journaliste à la sortie du Quai d'Orsay, après avoir donné lecture de sa Déclaration le 9 mai 1950.

Pourtant, l'engagement, essentiel, de Paul Collowald pour l'Europe à unir va au-delà d'un soutien par idéalisme pacifique. Cela s'est traduit par des choix professionnels concrets pour y participer : dans un premier temps le journalisme et le militantisme associatif à Strasbourg, ensuite le choix de la carrière de fonctionnaire au sein des institutions européennes à Luxembourg et Bruxelles. D'autres de sa génération choisirent l'engagement politique ou syndical pour y contribuer. Une minorité le fit au nom des valeurs du catholicisme social, comme lui. Avec audace, patience et persévérance, tous ont œuvré à l'unification de l'Europe.

L'engagement européen de Paul Collowald est donc représentatif d'une époque et d'une partie de sa génération de l'après 1945 en Alsace et Moselle, en France et en Europe. Il répondait à des enjeux qui font écho à notre époque : pacifier les rapports entre États, dépasser les harangues nationalistes, reconstruire l'économie et accueillir les populations déplacées, lutter contre les inégalités sociales, organiser les mobilités, gérer l'instabilité politique, assurer un rang mondial à l'Europe… Le terme de « crises », au pluriel car tout autant économique, sociale que civilisationnelle, était employé dans l'après 1945 comme il remplit les titres de nos diverses sources d'information. Les réalités sont différentes, mais l'urgence est la même : définir des solutions innovantes pour contribuer à bâtir un monde nouveau, fidèle aux principes de progrès social et de libertés tels qu'ils se sont développés au cours de l'histoire et à l'échelle du continent européen.

Le projet d'unir l'Europe reste central, comme au lendemain de la guerre : achever l'Europe sans frontières et, dans les champs de compétence de l'UE, offrir des solutions à l'échelle de 27 et non d'un seul État. C'est en agissant souverainement au niveau européen que peut se combler le vide laissé par l'effacement des frontières nationales et qui se traduit par des pertes de repères, des peurs et une difficulté à se projeter (c'est-à-dire aussi à se former, trouver un emploi, avoir le projet de s'installer dans un autre État etc) pour la majorité des Européens. Il reste à savoir si notre génération saura, elle aussi, oser l'Europe.

La génération des pionniers a pris ses responsabilités pour construire l'Europe dans laquelle nous vivons et elle interroge les nôtres face aux défis actuels ; à commencer par la prochaine échéance électorale européenne dont les résultats semblent très incertains en 2019. Jamais le clivage entre partis européistes et partis souverainistes n'est apparu aussi évident, opposant deux modèles de société, d'économie, de droits et d'obligations au niveau international. D'un côté, cela simplifie le débat électoral ; de l'autre, cela rend les débats nuancés, autour de différentes voies pour progresser dans l'Europe à unir, beaucoup plus difficiles.

Conclusion

Plus que jamais, nous allons avoir besoin de comprendre quelles sont les options qui existent et leurs implications. L'information sur l'Europe véhiculée par les institutions européennes et nationales, critiquée par les médias et lue avec vigilance par les citoyens – la responsabilité partagée selon Paul Collowald – est donc centrale pour la campagne électorale à venir et, au-delà, pour faire les choix futurs. Elle permettra de combler les lacunes et renforcer ce qui a été déjà réalisé dans la coopération pacifique entre États et peuples de l'UE. Cette fois-ci, le risque ne semble pas être du côté de l'absence d'Europe dans les débats, mais d'une information partielle, voire fausse, sur l'Europe.

Postface

Entretien de Sabine Menu avec Paul Collowald

Au terme de ces nombreux et passionnants échanges avec vous, je dois vous avouer que l'optimisme vis-à-vis de l'Europe que vous avez inlassablement exprimé en privé comme en public m'a beaucoup frappée. Cela tranche avec le discours ambiant, aussi avec celui tenu par d'autres représentants de votre génération, comme Edgar Morin qui estimait entre les deux tours de la dernière présidentielle que « *le mythe européen est faible en France* »[1] ou Valéry Giscard d'Estaing qui a déclaré récemment que « *le bloc est dans un état de profonde confusion car il est faible, bureaucratique, que les méthodes traditionnelles ne fonctionnent plus et ne produisent plus des résultats satisfaisants et innovants* »[2]… Vous-même, ne vous est-il jamais arrivé de douter ?

Le doute ? Bien sûr, car depuis 70 ans, je retrouve, presqu'à chaque mois de mai, cette période riche en anniversaires avec des réalisations incomplètes, des promesses non tenues, des espoirs déçus. En ce mois de mai 2018, c'est comme une accumulation de grands périls, côtoyant de belles espérances.

Dès le premier Congrès du Mouvement européen à La Haye, en mai 1948, c'était la prise de conscience que seule la réalisation de leur unité permettrait aux nations de préserver leur souveraineté et leur liberté.

Face à la situation du monde, en ce printemps 2018, seule une souveraineté partagée, c'est-à-dire une « souveraineté européenne », leur permettra de faire face aux défis et aux enjeux d'aujourd'hui. Or, nous constatons d'inquiétantes divisions, à la fois dans le domaine des valeurs et dans celui des problèmes prioritaires à résoudre.

Le doute ? Bien sûr, en particulier quand on voit la montée du populisme et que l'Union européenne tangue dangereusement, ne sachant plus très bien si elle veut rester à 27 ? à 19 ? à 10 ? Bref, de quelle Europe s'agit-il ? C'était

---

[1] *Le Monde*, 29 avril 2017.
[2] *Politico*, 12 avril 2018 (en anglais, traduction personnelle de l'auteure).

déjà, dans un autre contexte, la question que s'était posée ma génération : Quelle Europe ? pourquoi ? comment ? avec qui ?

Notre grande chance a été la réponse qui nous fut proposée, le 9 mai 1950, avec la « Déclaration Schuman » que vient de nous rappeler la « Journée de l'Europe ». J'en apprécie les initiatives mais l'on oublie le plus souvent de relire le texte, de 36 lignes, dont le premier et le dernier mot est : la PAIX, donc, construire avec des nations autrefois ennemies, une communauté de destin. En ce mois de mai 2018, je comprends que le doute ronge des certitudes anciennes, à quoi s'ajoute la démagogie : c'est la faute à Bruxelles !

Mais alors, vos efforts, pendant des années, pour expliquer sans relâche aux citoyens que cette Europe – souvent perçue comme lointaine et inefficace – a encore un avenir et que ce n'est pas seulement un héritage…

« L'avenir de l'Europe », voilà bien ce qui, à la veille de mes 95 ans, me passionne encore. Vous m'avez vu très attentif à l'actualité de ces dernières semaines, en particulier, aux discours du Président Emmanuel Macron au Parlement européen et à Aix-la-Chapelle, après ses discours d'Athènes et à la Sorbonne. Voilà, enfin, des projets ambitieux. Dans nos démocraties, il doit alors être porté par une opinion publique, naturellement diversifiée, souvent inquiète, à laquelle, aux élections de mai 2019, doit être proposée cet « avenir européen ». On en connaît désormais les étapes : Conseil européen en décembre 2018, puis Sommet décisif à Sibiu en Roumanie, au printemps 2019. Un calendrier n'est pas un programme et il peut se passer beaucoup de choses d'ici à mai 2019, notre rendez-vous citoyen aux urnes.

Que pense le témoin que vous êtes de la suite ?

Un simple témoin doit rester modeste, il ne remplace pas les think tank et les experts au sein des ministères et des institutions européennes…

Ayant vécu les débuts de cette « grande aventure », ce qui s'est passé le 9 mai 1950 m'a montré que, face à d'importantes décisions, il nous faut des hommes politiques qui OSENT, qui savent allier vision et pragmatisme, imagination et courage. J'y ajouterais volontiers les impératifs de la solidarité et de la confiance, c'est-à-dire de l'éthique… que je perçois, hélas, en régression, dans l'attitude de certains pays à l'égard des migrants.

Je vous livre aussi l'une de mes convictions : le rôle fondamental du couple franco-allemand. Certes, il n'est pas suffisant, mais reste indispensable. J'ai gardé en mémoire, et c'était en août 1983, cette confidence de Bernard Clappier dont on connaît ses responsabilités auprès de Schuman et Monnet, et plus tard, auprès de Giscard d'Estaing et Schmidt, pour le lancement du SME :

« Croyez-moi, lorsqu'il y a un dossier important, techniquement complexe, mais bien "ficelé", et qu'à Bonn et à Paris, il y a une forte volonté politique au service d'objectifs européens identifiables, alors, croyez-moi, l'Europe avance et, au fond, nos partenaires ne nous en tiennent pas rigueur ».

Les prochains mois nous montreront si l'analyse de Bernard Clappier peut encore fonctionner et, ainsi, nous conduire à une authentique relance européenne dont nous pourrions être fiers en y participant. Aux urnes citoyens et citoyennes ! Au printemps 2019, après des mois de consultations, nos chefs d'État et de Gouvernement devront enfin proposer et oser car, consulter et expliquer c'est bien, mais décider, c'est mieux.

Liste des ouvrages et documents cités

Ouvrages et articles

ADENAUER Konrad, *Erinnerungen*, 1945-1953, Stuttgart : Deutsche Verlags-Anstalt, 1965

ALDRIN Philippe, HUBÉ Nicolas, OLLIVIER-YANIV Caroline et UTARD Jean-Michel, *Les médiations de l'Europe politique*, Presses universitaires de Strasbourg, 2014

ALDRIN Philippe, « L'invention de l'opinion publique européenne. Genèse intellectuelle et politique de l'Eurobaromètre (1950-1973) », *Politix* 1, n° 89, 2010

ALDRIN Philippe, « L'Union européenne face à l'opinion. Construction et usages politiques de l'opinion comme problème communautaire », *Savoirs/Agir*, 1/7, 2009

AMOUROUX Henri, *Monsieur Barre*, Paris : Robert Laffont, 1986

AUER BACHER Pierre, *Souvenirs d'une période trouble*, Éditions le Manuscrit, 2008

BAAS Émile, « La crise autonomiste » in *Le Semeur*, Numéro Spécial à l'occasion du Tricentenaire, 1948

BACHARAN-GRESSEL Nicole, « Les organisations et les associations pro-européennes » in BERSTEIN Serge, MAYEUR J.-M., MILZA Pierre, *Le MRP et la construction européenne*, Bruxelles, 1993

BAECHLER Christian, « La réception de l'encyclique "Rerum novarum" par les catholiques alsaciens » in MENGUS Raymond (dir.), *Cent ans de catholicisme social en Alsace : de l'encyclique Rerum novarum (1891) à la fin du XXe siècle*, Presses universitaires de Strasbourg, 1991

BAISNEE Olivier, « Les journalistes, seul public de l'Union Européenne ? », *Critique Internationale*, vol. 9, 2000

BANTIGNY Ludivine, « Genèses de l'Europe, jeunesses d'Europe. Entre enchantement et détachement » in *Histoire@Politique*, 10, 2010

BÉLOT Céline, « Les jeunes face à l'intégration européenne », *Agora débats/ jeunesse*, 20, 2000

BITSCH Marie-Thérèse, *Robert Schuman, Apôtre de l'Europe 1953-1963*, Cahiers Robert Schuman n° 1, Peter Lang, 2010

BITSCH Marie-Thérèse, « "L'Europe des citoyens" dans la pensée de Robert Schuman » in MARCOWITZ Reiner et WILKENS Andreas (eds.), *Une « Europe des citoyens », société civile et identité européenne de 1945 à nos jours*, Bern : Peter Lang, 2014

BOCKEL Pierre, *L'enfant du rire*, Paris : Grasset, 1973

BRUNAGEL François (dir.), *Pierre Pflimlin, Alsacien & Européen*, éditions Coprur 2007

BUSSIÈRE Éric, DUJARDIN Vincent, DUMOULIN Michel, LUDLOW Piers, BROUWER Jan Willem et TILLY Pierre, *La Commission Européenne, histoire et mémoires d'une institution 1973-1986*, Luxembourg : Office des publications de l'Union européenne, 2014

COLLOWALD Paul, *J'ai vu naître l'Europe, De Strasbourg à Bruxelles, le parcours d'un pionnier de la construction européenne*, Strasbourg : Éditions Nuée Bleue, 2014

COLLOWALD Paul, « Sur les chemins d'une Europe inachevée… », *L'Europe en formation*, 2012/4 (n° 366)

COLLOWALD Paul, « Interventions d'acteurs et de témoins » in *Les Pères de l'Europe, 50 ans après, perspectives sur l'engagement européen*, textes réunis par P.-F. SMETS avec M. RYCKEWAERT, Actes du Colloque international des 19 et 20 mai 2000, Bruxelles, Palais d'Egmont

COLLOWALD Paul, « D'azur et de joie, contribution à l'histoire du drapeau et de l'hymne européen », *Revue d'Alsace*, n° 125, automne 1999

COLLOWALD Paul, *À la fin du Siècle. L'Europe face à ses grands défis. Des réponses de Robert Schuman ?*, Institut d'études européennes, UCL Louvain, n° 6, 1997

COLLOWALD Paul, *Combats pour l'Europe, Winston Churchill et Robert Schuman, Itinéraires croisés*, Institut d'études européennes, UCL Louvain, n° 1, 1996

COLLOWALD Paul, « L'information européenne face aux rumeurs et aux humeurs », *Les Cahiers du fédéralisme*, n° 302, 1996

COLLOWALD Paul, « La "Trajectoire" Strasbourg-Luxembourg-Bruxelles » in DASSETTO Felice et DUMOULIN Michel, *Naissance et développement de l'information européenne*, Actes des journées d'étude de Louvain-la-Neuve des 22 mai et 14 novembre 1990, Berne : Peter Lang, 1993

COLLOWALD Paul, « Robert Schuman » in *Europe unie 1949-1950*, Strasbourg : Éditions Alsatia, 1949

COLLOWALD Paul, « La tâche des hommes de demain », *Saisons d'Alsace*, n° 1, 1949

COLLOWALD Paul et FONTAINE François, *La naissance de l'Europe contemporaine. Interview du Comte Snoy et d'Oppuers*, Bruxelles : Commission des Communautés européennes, décembre 1983

CONRAD Yves, « De l'agence de presse au courtier en information. Le rôle des agences de presse dans la diffusion de l'information européenne » in DASSETTO Felice et DUMOULIN Michel, *Naissance et développement de l'information européenne*, Actes des journées d'étude de Louvain-la-Neuve des 22 mai et 14 novembre 1990, Berne : Peter Lang, 1993

DACHEUX Éric, *L'impossible défi, la politique de communication de l'Union européenne*, CNRS Éditions, 2004

DASSETTO Felice et DUMOULIN Michel (dir.), *Naissance et développement de l'information européenne*, Actes des journées d'étude de Louvain-la-Neuve des 22 mai et 14 novembre 1990, Peter Lang, 1993

DEGRYSE Christophe, *Dictionnaire de l'Union européenne* 4ᵉ édition, Bruxelles : Éditions Larcier, 2011.

DELBREIL Jean-Claude, « Les démocrates d'inspiration chrétienne et les problèmes européens dans l'entre-deux-guerres » in BERSTEIN Serge, MAYEUR J.-M., MILZA Pierre, *Le MRP et la construction européenne*, Bruxelles, 1993

DESCHAMPS Étienne, « L'Esprit nouveau (1931-1936). Des nouvelles relèves catholiques dans la Belgique francophone de l'entre-deux-guerres » in DARD Olivier et DESCHAMPS Etienne (dir.), *Les relèves en Europe d'un après-guerre à l'autre. Racines, réseaux, projets et postérités*, Euroclio, Peter Lang, 2005

DE LA TORRE Victoria Martín, *Europe, a leap into the unknown – A journey back in time to meet the founders of the European Union*, Bruxelles : Peter Lang, 2014

DREYFUSS François-Georges, *Histoire de l'Alsace*, Paris : Éditions Hachette, 1979

DULPHY Anne et MANIGAND Christine, "Entretien avec Jacques-René Rabier » in *Histoire@Politique*, n° 7, 2009

DULPHY Anne et MANIGAND Christine, « Entretien avec Paul Collowald » in *Histoire@Politique*, n° 13 1/2011

DULPHY Anne et MANIGAND Christine (eds.), *Les opinions publiques face à l'Europe communautaire, entre cultures nationales et horizon européen*, Bruxelles : Presses interuniversitaires européennes, 2004

DUMOULIN Michel (dir.), *La Commission Européenne 1958-1972, Histoire et mémoires d'une institution*, Luxembourg : Office des publications officielles des Communautés européennes, 2007

DUMOULIN Michel, « Quelle politique de l'information ? » in DUMOULIN Michel (dir.), *La Commission européenne 1958-1973. Histoire et mémoires d'une institution*, Luxembourg : Office des publications officielles des Communautés européennes, 2007

DUMOULIN Michel, « Le collège » in BUSSIÈRE Éric, DUJARDIN Vincent, DUMOULIN Michel, LUDLOW Piers, BROUWER Jan Willem et TILLY Pierre, *La Commission Européenne, histoire et mémoires d'une institution 1973-1986*, Luxembourg : Office des publications de l'Union européenne, 2014

DUROSELLE Jean-Baptiste avec GERBET Pierre, « L'unification de l'Europe » in *L'encyclopédie française, tome 11, La Vie Internationale*, Paris

FABRE Rémi, « les mouvements de jeunesse de l'entre-deux-guerres » in *Mouvement Social*, 07/1994

FONDATION JEAN MONNET POUR L'EUROPE, *Louise Weiss l'Européenne*, Lausanne, Fondation Jean Monnet pour l'Europe (Cahiers Rouges), 1994

FUCHS Julien, *Toujours prêts ! Scoutismes et mouvements de jeunesse en Alsace 1918-1970*, La Nuée Bleue, 2007

FUCHS Julien, « Concurrences et ententes au sein des mouvements de jeunesse. Le cas alsacien (1918-1960) », in *Vingtième Siècle*, n° 119, 2013/3

GERBET Pierre, *La construction de l'Europe*, Paris : Colin, 2007

GROSSER Alfred, « La Quatrième République et sa politique extérieure », *Politique Etrangère*, 27-3, 1962

HARRISSON Jackie and PUKALLUS Stefanie, « The European Community's public communication policy 1951-1967 » in *Contemporary European History*, 24, 2, 2015

HEISTER Mathias W.M., *Der Studentensturm auf die Grenzen 1950, für ein föderales Europa – Fakten, Probleme, Hintergründe, Konsequenzen*, Bonn : Verlag Iduso, 2015

HIEGEL Henri, « L'enrôlement des Mosellans dans le RAD et la Wehrmacht de 1940 à 1945 », Académie nationale de Metz, 1982

HIRSCH Étienne, *Ainsi va la vie*, Lausanne, Fondation Jean Monnet pour l'Europe (Cahiers Rouges), 1988

HOWILLER Alain, *L'Europe au cœur, Engagements d'un journaliste alsacien*, Strasbourg : La Nuée Bleue, 2014

KAYSER Jacques et GROSSER Alfred, « La presse parisienne et provinciale » in *Les élections du 2 janvier 1956* sous la direction de Maurice DUVERGER, François GOGUEL et Jean TOUCHARD, Paris : Éditions Armand Colin/AFSP, 1957

LALOUX Pierre-Olivier, « Au service des citoyens européens : information, Europe des citoyens, culture, éducation et formation » in BUSSIÈRE Éric, DUJARDIN Vincent, DUMOULIN Michel, LUDLOW Piers, BROUWER Jan Willem et TILLY Pierre, *La Commission européenne, histoire et mémoires d'une institution 1973-1986*, Luxembourg : Office des publications de l'Union européenne, 2014

LETAMENDIA Pierre, « La place des problèmes européens dans la vie interne du parti sous la IVe République » in BERSTEIN Serge, MAYEUR J.-M., MILZA Pierre, *Le MRP et la construction européenne*, Bruxelles, 1993

L'HUILLIER Fernand, *Histoire de l'Alsace*, Paris : Que sais-je ?, 1947

LUDLOW N. Piers, « Frustrated Ambitions : The European Commission and the Formation of a European Identity 1958–1967 » in Marie-Thérèse BITSCH *et al.* (eds.), *Institutions européennes et identités européennes*, Brussels : Bruylant, 1998

MÉDARD (Frère), *L'Alsace fidèle à elle-même ? Mémoires de Frère Médard*, Strasbourg : La Nuée Bleue, 1988

MENGUS Nicolas, *Malgré-Nous ! : les Alsaciens et les Mosellans dans l'enfer de l'incorporation de force*, Wissembourg : Presses du Belvédère / La Tour Blanche, 2010

MISCHLICH Robert, *Une mission secrète à Bonn*, Lausanne : Fondation Jean Monnet pour l'Europe (Cahiers Rouges), 1986

NEVEU Erik, « L'Europe comme "communauté inimaginable" ? L'échec du magazine français l'Européen (mars-juillet 1998) » in MARCHETTI Dominique (dir.), *En quête d'Europe, médias européens et médiatisation de l'Europe*, Presses universitaires de Rennes, 2004

OLIVI Bino, *l'Europe difficile, Histoire politique de l'intégration européenne*, Paris : Gallimard, 2001

PFLIMLIN Pierre, *Mémoires d'un Européen, de la IVe à la Ve République*, Paris : Fayard, 1991

POIDEVIN Raymond, *Robert Schuman*, Paris : Beauchesne éditeur, 1988

POOS Jacques-François et RIEBEN Henri, *Jean Monnet et le Luxembourg dans la construction de l'Europe*, Lausanne : Fondation Jean Monnet pour l'Europe (Cahiers Rouges), 1989

POSTAL Raymond, *Présence de Lyautey*, Éditions Alsatia, 1946

RABIER Jacques-René, « La naissance d'une politique d'information sur la Communauté européenne (1952-1967) » in DASSETTO Felice, DUMOULIN Michel (dir.), *Naissance et développement de l'information européenne*, Actes des journées d'étude de Louvain-la-Neuve des 22 mai et 14 novembre 1990, Peter Lang 1993

RABIER Jacques-René, « L'opinion publique et l'intégration de l'Europe dans les années 50 » in « La relance européenne et les Traités de Rome », actes du colloque publiés par le groupe de liaison des historiens auprès des Communautés européennes, mars 1987

ROTH François, *Robert Schuman, du Lorrain des frontières au père de l'Europe*, Paris : Fayard, 2008

SCHUMAN Robert, *Pour l'Europe*, Paris : Les Éditions Nagel, 1963

SEITLINGER Jean, *Un Lorrain au cœur de l'Europe*, Éditions Serpenoise, 2006

SPAAK Paul-Henri, *Combats inachevés, tome 2 : De l'espoir aux déceptions*, Paris : Fayard, 1969

TAILLEUR Jean-Pierre, *Bévues de presse : l'information aux yeux bandées*, Paris : Éditions Le Félin, 2002

THEYS Michel, *Jacques-René Rabier, Fonctionnaire-militant au service d'une… certaine idée de l'Europe*, Bruxelles: Peter Lang, 2017

VARSORI Antonio, « Aux origines d'une Europe sociale » in DUMOULIN Michel (dir.), *La Commission Européenne 1958-1972, Histoire et mémoires d'une institution*, Luxembourg : Office des publications officielles des Communautés européennes, 2007

WINOCK Michel, « *Esprit* ». *Des intellectuels dans la cité, 1930-1950*, Paris : Seuil, 1996

WILCZYNSKA Julie, *Le retour de l'Alsace à la France*, thèse de doctorat sous la direction de Sylvain Schirmann, Institut d'études politiques de Strasbourg (2012)

Thèses, mémoires, rapports, presse

Construction européenne

La Table Ronde de l'Europe, Rome 13-16 octobre 1953, Secrétariat général du Conseil de l'Europe

Demain l'informateur, du transcripteur de dépêches à l'agent de novation, Colloque tenu à Louvain-la-Neuve les 27,28 et 29 avril 1981 en collaboration avec la DG Information des Communautés Européennes, Cahiers JEB (Direction Jeunesse et Loisirs France) 1981

La fracture européenne : après le référendum du 29 mai, 40 propositions concrètes pour mieux informer les Français sur l'Europe, Rapport au Premier ministre De Villepin du député Herbillon, juin 2005

Information européenne

PUPAT Yoann, *La médiation médiatique de l'Agence Europe au sein du dispositif communautaire, analyse du fonctionnement d'une agence de presse spécialisée dans l'information européenne*, mémoire de l'IEP de Lyon sous la direction de Michèle Bacot-Décriaud, 2008

Strasbourg : FEC, Nouvel Alsacien, CUEJ

BOUQUET Dorothée, *La politique de la jeunesse et les mouvements de jeunesse dans le Bas-Rhin de l'après-guerre*, mémoire de maîtrise sous la direction de François Igersheim, Université de Strasbourg, 2004

Les 25 ans du FEC (1925-1950) édité par les anciens du FEC

25ᵉ anniversaire des ICS (1945-1970) édité par le FEC

FRANGNE Céline, *Former des journalistes à l'Europe : spécialité professionnelle ou culture de l'honnête citoyen ? L'exemple du CUEJ de Strasbourg*, mémoire de l'IEP de Strasbourg sous la direction de Marine de Lassalle, 2015

LOGELIN Yann, *Cultures et débats des Intellectuels alsaciens catholiques à travers la « Petite Revue »*, Le Nouvel Alsacien *(1947-1964)*, mémoire de maîtrise, septembre 1999, Université Marc Bloch à Strasbourg

Résistance, Malgré-Nous

Département de la Moselle, *Malgré-Eux dans l'armée allemande, L'incorporation de force des Mosellans 1942-1945*, Éditions Libel, 2012

DIEBOLD Geoffrey, « Les engagés volontaires alsaciens dans la Wehrmacht et la Waffen SS (1940-1945) », mémoire de recherche sous la direction de Ségolène Plyer, Faculté des sciences historiques, Université de Strasbourg, 2017, pp. 156

HEIDMANN (épouse GIORDANI) Marianne, récit sans titre publié en 2012

LE NORMAND Éric, *La Résistance des Alsaciens*, DVD réalisé avec le soutien de l'AERIA (Association pour les études sur la Résistance intérieure des Alsaciens), 2017

SCHIEBER Miquette, *Pendant la guerre*, Mémoires de Miquette Schieber recueillies et retranscrites par Lize Braat entre mai et octobre 2012

Numéro spécial de la revue *ami hebdo* « Comprendre l'incorporation de force », automne 2012

News d'Ill, décembre 1992 (Journal du CUEJ)

Autres ressources sur Paul Collowald

COLLOWALD Paul, « Interventions d'acteurs et de témoins », *Les Pères de l'Europe, 50 ans après, perspectives sur l'engagement européen*, textes réunis par P.-F. Smets avec M. Ryckewaert, Actes du Colloque international des 19 et 20 mai 2000, Bruxelles, Palais d'Egmont

Entretien avec Paul Collowald par Yves Conrad et Myriam Rancon à Bruxelles le 2 décembre 2003 (recherche dans le cadre de la publication La Commission européenne, Histoire et mémoires d'une institution, 2007)

Entretien avec Paul Collowald par Étienne Deschamps les 27 et 28 juin 2002 (https://www.cvce.eu/collections/unit-content/-/unit/en/da53c3f9-6a19-4c52-8802-26206906f253/b055fccf-de2a-4885-9753-f9226d2331c1 consulté le 22 juin 2017)

Intervention de Paul Collowald lors du IXe colloque international du CUEJ, 25 mars 1965

Intervention de Paul Collowald lors du cinquantième anniversaire du CUEJ, 2008

Intervention de Paul Collowald lors du colloque sur « La campagne européenne de la jeunesse », Bruxelles, 8-9 novembre 1993

MAILLARD Sébastien, « Dans le souvenir du 9 mai », *La Croix*, 16 avril 2010

Archives consultées et bibliothèques

Bibliothèque Universitaire Nationale de Strasbourg, microfilms « *Le Nouvel Alsacien* » *(périodes consultées : 1946-1952)*

Bibliothèque de la Commission européenne à Bruxelles

Archives personnelles de Paul Collowald

Index

A

Acheson, Gooderham (Dean) 91, 92, 96
Adam, Alphonse 42, 48, 49, 50
Adam, Micheline 42
Adam, Pélagie 42
Adenauer, Konrad 10, 91, 96, 97, 122, 173, 206, 218, 237, 239, 240
Albert, Michel 199, 220
Anouil, Gilles 153
Aron, Raymond 135

B

Baas, Émile 69, 72, 123
Babin, Jean 120, 133
Baillard, Robert 108
Barre, Raymond 14, 181, 182, 186, 187, 197
Baudoin, Denis 228
Bayrou, François 260
Beetham, Roger 191
Béjart, Maurice 165
Bernard, Jean 105
Bernard, Père 69
Beuve-Méry, Hubert 96, 120, 148
Bevin, Ernest 84, 85, 91
Bidault, Georges 97, 110
Biset, Lucien 185
Blankenhorn, Herbert 218
Bleustein-Blanchet, Marcel 169

Bockel, Abbé 76, 77, 123
Bonnefous, Édouard 96
Borne, Étienne 107, 108
Brandt, Willy 184
Braun, Théo 105, 123, 219
Brisville, Jean-Claude 79
Bromberger, Serge 109
Brugmans, Henri 84, 101, 119, 155
Brunagel, François 198, 222
Buisson, Jean 219
Bürckel, Josef 32, 51
Burski, John 237

C

Camille, Jacques 86
Camus, Albert 19, 78, 79
Caron, Giuseppe 163
Cavada, Jean-Marie 238
Chaillet, Père 69
Channel, Alain 232
Cheysson, Claude 204
Chirac, Jacques 103, 229
Churchill, Winston 83, 84, 87, 237, 239
Clair, René 79
Clappier, Bernard 96, 270, 271
Claudel, Paul 79
Cohen, Simons 185
Cohn-Bendit, Daniel 200
Colombani, Jean-Marie 238

Colombo, Emilio 240
Coppé, Albert 197, 250
Cornut-Gentille, Bernard 109
Cotta, Michèle 225
Couve de Murville, Maurice 174, 185
Cros, Pierre 151, 213
Cruiziat, André 60, 61
Curien, Hubert 225

D

Danois, Jacques 166
Dastoli, Virgilio 259
Daul, Joseph 246
Dauriac, Christian 225
De Gasperi, Alcide 110, 235, 238
De Gasperi, Maria Romana 235
De Gaulle, Charles 156, 169, 170, 171, 172, 173, 175, 181
De Villepin, Dominique 254
Debré, Michel 106
Delors, Jacques 250, 253
Desgraupes, Pierre 262
Deshormes, Fausta 214
Deutsch, Grand Rabin 105
Di Lorenzo, Giovanni 10
Ditsch, Georges 65
Domenach, Jean-Marie 108
Drouin, Pierre 121, 170, 189
Duchêne, François 148
Duhamel, Alain 185, 238
Duroselle, Jean-Baptiste 118
Duveau, G., 105

E

Egen, Jean 68
Emmanuel, Pierre 105, 201
Emmanuelle (sœur) 233
Eschbach, Henri 87

F

Falbisaner, Paulette 43, 47, 48
Farage, Nigel 254
Fischer, Antoine 71
Flory, Jean 171
Folliet, Joseph 105
Fontaine, André 106, 238
Fontaine, François 106, 110, 114, 122, 135, 148, 157, 186, 189, 206
Fourastié, Jean 157
Foussier, Gérard 246
Freisler, Roland 49
Frey, Charles 86
Froschmaier, Franz 199, 211, 226

G

Gazzo, Emanuele (*Agence Europe*) 115, 116, 117, 173, 195, 200, 212, 220
Geremek, Bronislaw 237
Gerhard, Olivier 251, 252
Gerrer, Edmond 24, 75
Gheorghiu, Virgil 105
Gil-Robles, José Maria 251
Giraudoux, Jean 79
Giscard d'Estaing, Valéry 182, 190, 269, 270
Götz, Hans-Herbert 181
Goulard, Sylvie 241, 247, 253, 261
Gouzy, Jean-Pierre 215
Greilsamer, Laurent 238
Griesbeck, Nathalie 240
Grosser, Alfred 11, 80, 109, 119, 199
Guillon, Jean 91
Guldner, Erwin 105, 106

Index

H

Haferkamp, Wilhelm 186, 187
Hallstein, Walter 147, 157, 162, 163, 168, 169, 170, 174
Handley, David 180
Hayden, Phillips 191
Heidmann, Marianne (épouse Giordani) 36, 43, 44, 47, 48
Held, Abbé 44
Herbillon, Michel 254, 255
Herriot, Édouard 85
Herzog, Maurice 152
Herzog, Roman 251
Hincker, Émile 42
Hincker, Mireille 42
Hirlemann, Abbé 41, 42, 44, 62, 86
Hirsch, Étienne 156
Hitler, Adolf 22, 29, 31, 32, 36, 38, 67, 89
Howiller, Alain 154, 155
Hughes, Aneurin 191

I

Imbs, Paul 72, 78, 123
Irjud, Alphonse 24, 72, 95

J

Jacini, Stefano 105
Jenkins, Roy 185, 191, 215
Julien, Claude 238
Julliard, Jacques 261
Juncker, Jean-Claude 144, 240
Jung, Louis 239

K

Kaplanova, Maria 234
Kayser, Jacques 119, 121
Kempf, Martine 225
Knittel, Jean 85, 92

Kogon, M.E. (*Frankfurter Hefte*) 9, 105
Kohl, Helmut 223, 238
Kohlhase, Norbert 212
Kreyssig, Gerhard 159

L

L'Écotais, Yann (de) 175
Lahitte, Jean 114
Lalumière, Catherine 237
Lamassoure, Alain 238
Lamers, Karl 232
Lastenouse, Henri 259
Lastenouse, Jacqueline 141, 160
Lazareff, Pierre 153
Le Goff, Jacques 261
Le Maire, Bruno 241
Léauté, Jacques 120
Lecanuet, Jean 106
Lefebvre, Fernand 42
Lefebvre, Jean-Sébastien (Contexte) 244
Lellouche, Pierre 241
Lemaignen, Robert 121, 167
Lemaître, Philippe 182, 232
Leprince-Ringuet, Louis 262
Lévy, Paul 105, 113, 117, 200, 215
Loos, François 260
Lorson, Père 87
Lutz, Paul 217
Lux, Roby 41
Luyts, Bert 251

M

Macron, Emmanuel 156, 253, 263, 270
Malfatti, Franco 185
Malraux, André 39, 76, 77
Mandouze, André 69
Mansholt, Sicco 163, 185, 186, 187

Marcel, Gabriel 78
Maréchal Lyautey 27, 81
Maritain, Jacques 27, 237
Marjolin, Robert 14, 91, 121, 157, 163, 166, 171, 190
Masmoudi, Mohamed 106
Massip, Roger 91
Mauriac, François 79
Maurois, André 87
Mayère, Pierre 109
McBride, Sean 215
Meck, Henri 104
Médard, Frère 11, 69, 72, 88, 89, 90, 107, 123, 154, 197
Mélenchon, Jean-Luc 257
Mendès-France, Pierre 170
Menu, Roger 16, 103, 118
Merleau-Ponty, Maurice 73
Metz, Abbé 40, 42, 77
Meyers, Clara 163
Meynaud, Jean 118
Mischlich, Robert 96, 218
Mitterrand, François 223, 227
Mohn, Jean 76
Mohn, Joseph 76
Monnet, Jean 9, 71, 96, 98, 110, 114, 117, 148, 150, 156, 157, 158, 160, 161, 163, 206, 218, 238
Moons, Jef 148
Moreau, Jean 80, 159
Morin, Edgar 235, 269
Mougel, René 238
Mounier, Emmanuel 9, 73, 74, 75, 78, 80, 105, 108
Mouskhély, Michel 75, 99, 155

N

Natali, Lorenzo 211, 214
Neppel, Abbé 42, 50
Noël, Émile 78, 80, 159, 164, 190, 191, 215

Nothomb, Charles-Ferdinand 240

O

Ockrent, Christine 219
Olivi, Beniamino 163, 170, 174, 177, 181, 185, 191
Ormesson, Jean (d') 152
Ortoli, François-Xavier 182, 187, 188

P

Pack, Doris 240
Pelt, Jean-Marie 238
Perlot, Enzo 211, 212
Perroux, François 72
Péry, Nicole 224
Pfister, François 42, 57
Pflimlin, Pierre 9, 10, 71, 72, 76, 77, 105, 109, 123, 173, 219, 221, 222, 223, 224, 225, 226, 227, 228, 229, 232, 239, 256, 260, 274
Pflimlin, Rémy 219
Pfohl, Jeannette 42, 45, 53
Pfohl, Raymond 42, 45, 53
Philipe, Gérard 79
Pierre, Abbé 10, 71, 85
Piettre, André 105
Pinon, René 87
Pire, Père 200
Plantu, Jean 236
Pleven, René 218
Poher, Alain 73, 149, 219
Poignant, Bernard 157
Poirot-Delpech, Bertrand 248
Pompidou, Georges 182, 229
Poprawski, Lisbeth 42, 49, 62
Pöttering, Hans-Gert 218, 240
Psichari, Ernest 27
Pury, Roland 72

Index

Q

Quatremer, Jean 232
Quatremer, Jean (*Libération*) 232, 244
Quencez, Gabriel 152

R

Rabier, Jacques-René 10, 15, 117, 118, 139, 141, 147, 148, 149, 150, 157, 160, 162, 163, 167, 169, 174, 176, 180, 194, 200, 211, 212, 215, 238, 255
Raffarin, Jean-Pierre 254
Rapp, Francis 42, 43, 45
Remetter, Jean-Jacques 108
Rencki, Georges 100, 101
Rey, Jean 181, 182, 185, 223
Rey, Joseph 171
Reynaud, Paul 102
Reynaud, Roger 157
Riccardi, Ferdinando 117
Ricœur, Paul 73, 74, 78, 105, 123, 253
Rieben, Henri 218
Riot, Daniel 219
Riquet, Père 87
Rivau, Jean (du) 67, 80
Rocard, Michel 199
Roger, Frère 16, 233
Ronsac, Charles 91
Rougemont, Denis (de) 155
Rousseaux, André 105
Roux, Ambroise 98, 185
Rudloff, Marcel 54, 108
Rudloff, Marianne 54
Ruggiero, Renato 191, 211

S

Sangnier, Marc 28
Santarelli, Manuel 160, 211
Santer, Jacques 227, 240
Sartre, Jean-Paul 73
Sauvy, Alfred 261
Scarascia Mugnozza, Carlo 186
Schäuble, Wolfgang 232
Schieber, Miquette 45, 46
Schirmann, Sylvain 241, 245
Schisselé, Jacqueline (épouse Pfohl) 42, 53
Schmitt, Helmut 237
Schmitt, Léontine 43, 47, 48
Schmitt, Pierre 59
Schuijt, Wilhelmus 167
Schulz, Martin 246
Schumacher, Jean-Pierre 246
Schuman, Robert 6, 9, 10, 13, 14, 15, 16, 21, 24, 65, 72, 73, 75, 78, 82, 84, 85, 86, 87, 88, 89, 90, 91, 92, 93, 94, 95, 96, 97, 98, 99, 100, 101, 103, 106, 107, 110, 122, 123, 133, 142, 144, 145, 147, 149, 152, 153, 162, 171, 173, 181, 201, 202, 203, 205, 206, 207, 215, 217, 218, 220, 221, 228, 233, 234, 236, 237, 238, 239, 240, 241, 242, 246, 257, 262, 263, 265, 270
Schumann, Maurice 106
Scius, Marie (épouse Bourgine) 41
Seiler, Richard 49, 50
Seitlinger, Jean 103, 123, 240
Senghor, Léopold Sédar 71, 78, 102, 103, 105, 109, 136
Sennep, Jean 109
Serrarens, CoE 105
Si Bekkaï, Mbarek 106
Siegel, Maurice 153
Smither, Pierre 182
Smoquina, Giorgio 163
Snoy et d'Oppuers, Jean-Charles (comte) 110, 122

Soarès, Mario 191
Spaak, Antoinette 238
Spaak, Paul-Henri 84, 110, 111, 159, 206, 238
Spinelli, Altiero 119, 259
Staline, Josef 73
Stappen, Pierre (van) (Père) 197
Stock, Richard 241
Stoetzel, Jean 117
Stulpnagel, Joachim (von) 163, 165

T

Tassigny, de Lattre (de) 70
Tatu, Michel 186
Teitgen, Paul-Henri 106
Thatcher, Margaret 223, 229
Thorn, Gaston 211
Thyssen, Marianne 92, 253
Tonglet, Jean 249

U

Uri, Pierre 106

V

Van Rompuy, Hermann 241
Vasto, Lanza (del) 78

Veil, Simone 140, 209, 237, 238, 250
Verdeau, Pascal (France 3) 244
Verhest, Sabine 238, 247
Vernet, Daniel 232
Victor, Éliane 153
Vilar, Jean 79
Vinci, Enrico 238

W

Wagenlehner, Günter 215
Wagner, Robert 32, 40
Wehrer, Albert 154
Weiss, Louise 176, 195, 196
Weiten, Patrick 142, 240
Weizsäcker, Carl Friedrich (von) 37
Welker, Lucie 43
Wellenstein, Edmund 116, 150
Welschinger, Lucienne 43, 47
Werner, Pierre 184, 227
Wrezinski, Joseph (Père) 197, 231

X

Xiaoping, Deng 193

Z

Zitrone, Léon 186

Liste des abréviations

ADEIF	Association des Évadés et des Incorporés de Force
ADIC	Association chrétienne belge des dirigeants et cadres
AGF	Association Générale des Familles
AOF	Afrique Occidentale Française
APA	Association pour la Promotion de l'Alsace
BDM	Bund Deutscher Mädel (les Hitlerjugend pour les filles)
BILD	Bureau International de Liaison et de Documentation
BIOs	Bureau Information Only
CCIC	Centre Catholique des Intellectuels Français
CCE	Communauté Européenne Économique
CECA	Communauté Économique du Charbon et de l'Acier
CED	Communauté Européenne de Défense
CEDH	Convention européenne des droits de l'homme
CERS	Centre Européen Robert Schuman
CFDT	Confédération Française Démocratique du Travail
CFTC	Confédération Française des Travailleurs Chrétiens
COREPER	Comité des représentants permanents
CUEJ	Centre Universitaire d'Enseignement du Journalisme
CVCE	Centre Virtuel de la Connaissance de l'Europe
DATAR	Délégation à l'Aménagement du Territoire et à l'Action Régionale, directement rattachée au Premier ministre français
DESS	Diplôme d'études supérieures spécialisées
DG	Direction Générale
DGB	*Deutscher Gewerkschaftsbund* – principal syndicat allemand
DNA	*Dernières Nouvelles d'Alsace*

FAZ	*Frankfurter Allgemeine Zeitung*
FEC	Foyer de l'étudiant catholique
FEDER	Fonds européen de développement économique régional
ICS	Intellectuels chrétiens sociaux
IEP	Institut d'études politiques
JAC	Jeunesse Agricole Catholique
JEC	Jeunesse étudiante chrétienne
JOC	Jeunesse ouvrière chrétienne
LREM	La République en Marche
MRP	Mouvement Républicain Populaire
OECE	Organisation européenne de coopération économique
ONG	Organisation non gouvernementale
PCF	Parti Communiste Français
PPE	Parti populaire européen
RAD	Reichsarbeitsdienst (Période de formation militaire, précédant le service dans la *Wehrmacht* pour les jeunes hommes)
RFA	République Fédérale allemande
STO	Service du Travail Obligatoire
UCL	Université Catholique de Louvain
UE	Union Européenne
UEM	Union Économique et Monétaire
UPOJ	Union patriotique des organisations de la jeunesse
UJRF	Union de la Jeunesse républicaine de France

Europe des cultures

Histoires vivantes

« Europe des cultures » est une collection d'études, de monographies, d'essais, de récits, de recherches et de compte-rendu de conférences et de débats consacrés à la complexité et l'évolution des réalités dans les sociétés européennes. Elle relie passé et futur au carrefour des défis et opportunités de la transformation des sociétés européennes. L'étude des changements dans les sociétés se réfère à l'interconnexion des différentes dimensions et niveaux de l'élaboration des politiques, incluant les traditions et comportements économiques, sociaux, politiques, démocratiques, communication, philosophiques, artistiques, religieuses ainsi qu'éthiques. Comme projet éditorial, la collection est structurée en deux sous-séries complémentaires: la série « (L'Europe des) Dialogues » et la série « (L'Europe des) Histoires Vivantes ».

– La série « (L'Europe des) Dialogues » se concentre principalement sur les diversités (culturelles), l'identité et la citoyenneté en Europe ainsi que sur les structures de gouvernance et de communication multi-niveaux pertinentes dans la transformation des sociétés européennes. L'Europe est un laboratoire pour comprendre cette réalité multiculturelle et interculturelle. Le but est de contribuer à une meilleure compréhension et communication des changements qui ont lieu en observant les sociétés européennes en général, et les spécificités des différentes cultures et communautés nationales, régionales et locales dans un cadre de dialogues. La collection présente des vues interdisciplinaires et critiques axées sur des réflexions des valeurs et politiques. En outre, elle offre de nouvelles perspectives dans la compréhension de la façon de gérer, valoriser et communiquer la diversité culturelle, l'identité et la citoyenneté. Elle veut aussi contribuer au développement de nouvelles façons de « vivre ensemble », dans lequel les cultures et les communautés sont perçues comme des forces de liaison à l'égard de la société créative.

– La série « (L'Europe des) Histoires Vivantes » (anciennement « Mémoires de l'Europe en devenir », directeur Gabriel Fragnière †) est consacrée à des récits destinés à un large public en vue de contribuer à une meilleure compréhension, communication et contextualisation de la nouvelle Europe émergente. Elle se concentre principalement sur des histoires, des souvenirs et des témoignages de personnes, d'événements, des institutions et des questions qui ont transformé les mentalités, la conscience européenne et enfin façonné l'avenir de l'Europe. Ces histoires servent de références et d'outils de communication pour des développements futurs de l'Europe dans le monde. Cette collection se veut ouverte et diversifiée, originale et dynamique dans son contenu, méthode et pédagogie fidèle au rôle et référence de l'Europe dans un monde globalisé.

Collection dirigée par : Léonce Bekemans,
Professeur Jean Monnet *ad personam*, Université de Padoue

Comité scientifique

Raphaela Averkorn, Jean Monnet Professor *ad personam*, University of Siegen, averkorn@geschichte.uni-siegen.de

Martyn Barrett, Emeritus Professor of Psychology, University of Surrey, m.barrett@surrey.ac.uk

Léonce Bekemans, Professeur Jean Monnet *ad personam*, Université de Padoue, leonce.bekemans@unipd.it

Franco Bianchini, Professor of Cultural Policy and Planning, Leeds Metropolitan University, f.bianchini@leedsbeckett.ac.uk

Gabriel Fragnière †, ancien directeur de la collection « Europe des cultures »

Luciano Morganti, Professor, Free University Brussels, luciano.morganti@vub.ac.be

Antonella Valmorbida, Director, Association of Local Democracy Agencies, Brussels, antonella.valmorbida@aldaintranet.org

Albin Wagener, Professor, Faculty of Humanities, Université Catholique de l'Ouest, Angers, awagener@uco.fr

Titres parus

Vol. 1. Mark Dubrulle et Gabriel Fragnière (dir.), *Identités culturelles et citoyenneté européenne. Diversité et unité dans la construction démocratique de l'Europe*, 2009.

Vol. 2. Gily Coene et Chia Longman (dir.), *Féminisme et multiculturalisme. Les paradoxes du débat*, 2010.

Vol. 3. Muriel Rouyer, Catherine de Wrangel, Emmanuelle Bousquet et Stefania Cubeddu (dir.), *Regards sur le cosmopolitisme européen. Frontières et identités*, 2011.

Vol. 4. Lénia Marques, Maria Sofia Pimentel Biscaia and Glória Bastos (eds.), *Intercultural Crossings. Conflict, Memory and Identity*, 2012.

Vol. 5. Léonce Bekemans (ed.), *A Value-Driven European Future*, 2012.

Vol. 6. Albert Doja, *Invitation au terrain. Mémoire personnel de la construction du projet socio-anthropologique*, 2013.

Vol. 7. Alain Michel, *Dompter le dragon nucléaire. Réalités, fantasmes et émotions dans la culture populaire*, 2013.

Vol. 8. Jacques Migozzi, Stéphanie Delneste et Olivier Odaert, *Les racines populaires de la culture européenne*, 2013.

Vol. 9. Laure Clément-Wilz et Sylvaine Poillot-Peruzzetto (dir.), *Construire la citoyenneté européenne*, 2014.

Vol. 10. Pascaline Gaborit (ed.), *The Strength of Culture for Development. Why Culture Matters in International Cooperation*, 2014.

Vol. 11. Albin Wagener, *L'Échec culturel. Vie et mort d'un concept en sciences sociales*, 2015.

Vol. 12. Céline Romainville, *European Law and Cultural Policies / Droit européen et politiques culturelles*, 2015.

Vol. 13. Bertrand Vayssière, *Penser les frontières européennes au XXIe siècle*, 2015.

Vol. 14. Monica Simeoni (ed.), *Europe or Not ! Multiple Conversations and Voices. With Alberto Martinelli, Vittorio Cotesta, Nadia Urbinati and Alain Touraine*, 2016.

Vol. 15. Michel Theys, *Jacques-René Rabier. Fonctionnaire-militant au service d'une… certaine idée de l'Europe*, 2017.

Vol. 16. Paal J. Frisvold, *Towards Europe. The Story of a Reluctant Norway*, 2018.

www.peterlang.com

www.ingramcontent.com/pod-product-compliance
Lightning Source LLC
Chambersburg PA
CBHW052046220426
43663CB00012B/2464